기독교문서선교회(Christian Literature Center: 약칭 CLC)는 1941년 영국 콜체스터에서 켄 아담스에 의해 시작되었으며 국제 본부는 미국 필라델피아에 있습니다. 국제 CLC는 59개 나라에서 180개의 본부를 두고, 약 650여 명의 선교사들이 이동도서차량 40대를 이용하여 문서 보급에 힘쓰고 있으며 이메일 주문을 통해 130여 국으로 책을 공급하고 있습니다. 한국 CLC는 청교도적 복음주의 신학과 신앙 서적을 출판하는 문서선교기관으로서, 한 영혼이라도 구원되길 소망하면서 주님이 오시는 그날까지 최선을 다할 것입니다.

현대 선교

선교 현장과 전략에 대한 논의

Contemporary Mission

Written by Seok Jae Jeon
All rights reserved.
Korean Edition Copyright ⓒ 2020 by Christian Literature Center, Seoul, Korea

현대 선교: 선교 현장과 전략에 대한 논의

2020년 3월 31일 초판 발행

지은이	|	전석재
편집	|	박민구
디자인	|	박성준, 김진영
펴낸곳	|	(사)기독교문서선교회
등록	|	제16-25호(1980.1.18.)
주소	|	서울특별시 서초구 방배로 68
전화	|	02-586-8761-3(본사) 031-942-8761(영업부)
팩스	|	02-523-0131(본사) 031-942-8763(영업부)
이메일	|	clckor@gmail.com
홈페이지	|	www.clcbook.com
송금계좌	|	기업은행 073-000308-04-020 (사)기독교문서선교회

ISBN 978-89-341-2115-2 (93230)

이 도서의 국립중앙도서관 출판예정도서목록(CIP)은 서지정보유통지원시스템 홈페이지 (http://seoji.nl.go.kr)와 국가자료공동목록시스템(http://www.nl.go.kr/kolisnet)에서 이용하실 수 있습니다. (CIP제어번호: CIP 2020008845)

이 책의 저작권은 저자와 (사)기독교문서선교회가 소유합니다. 신저작권법에 의하여 한국 내에서 보호받는 저작물이므로 무단 전재와 무단 복제를 금합니다.

선교 현장과 전략에 대한 논의

현대 선교

전석재 지음

CLC

목차

저자 서문　6

제1장 | 바울 전도 여행에서 배우는 현대 선교의 의미　9
제2장 | 변화하는 현대 선교의 트렌드와 패러다임　39
제3장 | 미래 세대를 향한 전도 방향과 전략　50
제4장 | 선교적 교회를 위한 리더십　82
제5장 | 선교와 상황화　108
제6장 | 현대 전문인 선교　137
제7장 | 이주 근로자의 빈곤과 복지 선교　159
제8장 | 생태 체계 모형을 통한 난민 아동과 선교　187
제9장 | 남북 통일을 향한 한국교회의 선교　212
제10장 | 한족 선교를 통한 중국 복음화　241

저자 서문

전 석 재 박사
서울기독대학교 선교학 교수

　현대 사회와 문화가 제4차 산업 혁명의 영향으로 급격히 변하고 있다. 북미 관계, 미중 관계 속에서의 상황 변화와 국내 환경은 기독교에 새로운 도전과 기회를 요구하고 있다. 현대 선교에도 강력한 패러다임의 변화를 요구하고 있다.
　종교 다원주의 확장, 포스트모더니즘 사회가 기독교를 향한 도전, 인공지능(AI)의 발달로 인한 삶의 변화, 세속주의와 물질주의의 팽창 등이 현대 선교에 도전을 주고, 위협하고 있다. 선교 패러다임의 변화도 서구 중심의 선교에서 비서구 선교로 축의 이동, 미전도 종족 중심의 선교 패러다임 전환, 이슬람의 확장, 다문화 다인종 사회에서 선교의 변화와 방향, 디아스포라 선교, 전문인 선교, 그리고 선교적 교회 등 선교의 중요한 트렌드이다.
　변화하는 선교 현장에서 현대 선교의 방향성은 무엇인가?
　이러한 트렌드 속에서 이 책은 현대 선교의 여러 주제를 다루고 있다. 중요한 주제들을 생각해 보면, 바울에게서 현대 선교의 의미를 찾아보면서, 한국교회의 현대 선교의 적용점을 발견해 보았다. 그리고 변화하는 현대 선교의 트렌드와 패러다임을 밝히고, 거기에서 중요한 이슈와 현안을 찾아

보았다. 한국교회가 침체와 쇠퇴의 상황에서 다음 세대에 대한 고민을 담아서 미래 세대를 교회가 품고 전도할 수 있는 길을 찾기 위해서 미래 세대를 위한 전도 방향과 전략을 논의하였다.

지금 한국교회와 학계에서 가장 뜨겁게 논의하는 주제는 선교적 교회이다.

선교적 교회를 이루기 위한 리더십의 방향은 무엇인가?

선교적 관점에서 교회의 본질적인 모습을 어떻게 만들 것인지, 그리고 선교적 교회를 어떻게 만들 수 있는지 구체적으로 언급하였다. 한국교회의 미래는 전통 교회를 어떻게 선교적 교회로 만들어 가느냐에 달려 있다고 본다. 선교의 출발은 "복음이며, 선교의 끝은 상황화이다"라는 말이 의미하듯이 선교와 상황화의 문제는 선교의 성패를 가름한다고 해도 틀림이 없다. 뿐만 아니라, 현대 전문인 선교는 새로운 대안으로 논의되고 있다.

이 책에서는 현대 전문인 선교를 논의하였다. 다문화 사회와 다인종 문화에서 한국 사회가 230만 명이 되는 이주민을 선교해야 할지를 논의하였다. 이주민 중 가장 많은 이주 이주민 근로자의 삶과 필요를 찾아 거기에 적절한 맞춤식 선교를 시행해야 한다.

또한, 한국교회의 가장 큰 이슈 중의 하나는 남북 통일의 문제이다. 한국교회가 남북 통일을 위해 어떻게 준비해 왔는지를 살피고, 남북 통일을 향한 선교적 과제가 무엇인지 논의하였다. 타문화권 선교에 있어서 난민 선교가 화두가 되고 있다. 생태 체계 모형을 통한 난민 아동과 선교의 전략이 무엇인지, 사회 과학적인 접근을 논의하면서 대안을 설명하였다. 마지막으로 15억 인구인 중국 선교를 위해서 한족을 통한 중국 복음화 전략을 논의하였다.

이 책은 필자가 2010년 『21세기 세계 선교 전략』을 발간하고, 계속 **선교**

전략에 관심을 갖고, 2014년에 『변화하는 현대 선교 전략』을 집필하였다. 이후에도 한국선교신학회와 한국기독교학회에서 **선교 현장과 전략**에 관해 발표한 논문들을 정리하여 수정 보완하여 『현대 선교』를 집필하게 되었다. 이 책은 변화하는 선교 환경에서 어떻게 구체적으로 선교할 수 있는지를 고민하며 선교의 대안과 전략을 세워 보았다. 『현대 선교』의 발간으로 선교 현장과 전략에 대한 논의가 활발히 진행되기를 기대해 본다.

  이 책이 현대 선교 트렌드와 패러다임 연구에 출발점이 되어, 현대 선교의 다양한 이슈에 대한 도전과 기회가 되기를 간절히 열망한다. 무엇보다 교회 지도자와 신학생과 선교에 헌신하는 자와 목회자들에게 현대 선교에 대한 안내서가 되기를 기대한다. 『현대 선교』가 나오기까지 하나님의 은혜와 인도하심이 함께 하셨으며, 이 모든 영광을 하나님께 올려 드린다. 이 책이 나오기까지 진심으로 격려해 준 한국선교신학회 회원 동역자들에게 진심으로 감사를 드린다.

  온 마음과 성심을 다해 출간까지 수고해 주신 기독교문서선교회(CLC) 박영호 사장님과 교정과 편집을 맡아 애써 주신 관계자들께 성심을 다해 감사를 드린다. 어려움을 함께 견디며 기도하고 격려해 준 서울기독대학교 동료 교수들에게 감사의 마음을 전하고 싶다. 마지막으로 늘 기도와 격려, 그리고 사랑으로 후원하는 나의 사랑하는 아내와 두 아들과 함께 기쁨을 나누고 싶다.

-2020년 2월 서울기독대학교 연구실에서

제1장

바울 전도 여행에서 배우는 현대 선교의 의미

1. 들어가는 말

　많은 성경학자와 선교학자는 시대를 초월하여 바울을 위대한 선교사와 선교 전략가로 인정하는 데 주저하지 않는다.[1] 바울은 세 차례의 전도 여행을 통하여 수많은 교회를 개척하였고, 기독교의 확산에 중요한 역할을 감당하였다.

　본 연구는 바울의 제1차, 2차, 3차 전도 사역을 통하여 그의 다양한 선교 사역의 패턴에 나타난 선교 전략을 탐구하였다. 바울이 세 차례 전도 여행을 떠나기 전에 구체적인 선교 전략을 개발했는지에 대해서는 알 수 없지만, 바울의 일정한 사역의 형식과 내용에서 선교의 원리와 전략이 나타나고 있다. 바울의 전도 여행 중에 나타난 선교 전략을 논의하며, 그 선교의 방법과 전략들이 현대 선교에 주는 의미와 가치가 무엇인지를 설명하고자 한다.

1　John M. Terry & J. D. Payne, *Developing a Strategy for Missions* (Grand Rapids: Baker Academic, 2013), 54.

2. 바울의 제1차, 2차, 3차 전도 여행

　기독교 선교가 예루살렘으로부터 시작하여 유대 중심(행 1:1-8:3)과 사마리아 영역(행 8:4-12:25), 그리고 온 세상(행 13:1-28:31)까지 하나님 나라 복음을 선포한 것으로 보인다. 세 차례에 걸친 바울의 전도 여행은 사도행전 1:8에 나오는 주님의 약속과 명령이 어떻게 로마 제국의 역사와 문화 가운데 성취되어 갔는지 자세히 다루고 있다.[2] 하나님은 사도 바울을 세우셔서 이방인 선교를 이루어 가셨으며, 바울의 제1차, 2차, 3차에 걸친 전도 여행에서 기독교 복음의 확산 과정[3]을 구체적으로 설명하고 있다.

1) 제1차 전도 여행(행 13:1-14:26)

　사도행전의 저자인 누가는 바울과 바나바가 세계 최초의 선교사로서 그 첫발을 내딛는 장면을 크게 6가지로 나타낸다. 그것은 성령의 지시로, 두 사람을 따로 세우고, 금식하며, 기도하며, 안수하고, 파송한 것이다(행 13:2-3).[4] 이른바 바울의 제1차 전도 여행이라고 불리는 이 여행은 주로 오늘날 터키와 남부 지방을 무대로 이루어진다.[5]

　바울의 세 차례에 걸친 전도 여행은 시간상으로는 약 11년간, 거리상으로는 적어도 약 2만km 이상에 이른다. 때로는 마차, 때로는 배편을 이용하기도 했지만, 육지 여행에서는 로마 제국이 건설한 도로를 따라 주로 도보

2　홍기영, "사도행전에 나타난 선교학적 주제들의 고찰," 「선교신학」 제23집(2010): 262.
3　강보영, "바울과 교회 사이의 선교적 상관관계," 「선교신학」 제35집(2014): 18.
4　권오현, 『바울의 생애(상)』(서울: 대한기독교서회, 1997), 391.
5　이승호, 『바울의 선교와 신학』(서울: 대한기독교서회, 2009), 56-57.

로 다녔다. 그것은 이 지상의 척도로 의미를 가늠할 수 없는 숭엄한 구속사적 순례의 행진이었다. 즉, 갈릴리에서 시작되어 예루살렘에서 마감된 예수의 구원 노정은 이제 바울이 이어받아, 마침내 그 길은 "땅끝까지"에 이를 수 있었던 것이다. 사도행전에 의하면, 바울의 첫 전도 여행은 다음과 같은 지역을 순방하는 것으로 되어 있다.

조광호는 다음과 같이 말한다.

> 바울은 시리아의 안디옥을 출발(행 13:3), 실루기아에서 배편으로 키프로스 섬의 살라미스에 이른다(행 13:4-5). 섬을 가로질러 바보(Paphos)에 도착하여 머물다가 다시 배편으로 밤빌리아의 버가에 닿는다(행 13:13). 거기서 바울은 비시디아의 안디옥으로 올라가 머문 후(행 13:14), 이고니온으로 가게 된다(행 13:51). 그곳에서 루스드라, 더베와 인근 지역으로 피신했다가(행 14:6), 루스드라에서의 치료 기적 이후(행14:8), 더베로 향하게 된다(행 14:20).[6]

다음에 바울은 다시 루스드라, 이고니온, 안디옥으로 되돌아간다(행 14:21). 그후 비시디아를 통해 밤빌리아 지방까지 이르렀다가(행 14:24), 또다시 버가를 거쳐(행 14:25), 잇달리아로 내려가고(행 14:25), 배편으로 시리아의 안디옥으로 돌아오는 여정이었다(행 14:26).[7]

---

[6] 조광호, 『바울이 머물다 간 지중해 섬들』(서울: 대한기독교서회, 2015), 17-18. 키프로스 섬은 바나바의 고향이며, 바울과 바나바가 제1차 전도 여행을 시작하면서 첫 번째로 방문한 지역이다.
[7] 유상현, 『바울의 제 1차 선교 여행』(서울: 대한기독교서회, 2002), 7.

바울의 제1차 전도 여행에서 자주 등장하는 안디옥은 예루살렘에서 북쪽으로 약 300마일이 되는 곳에 있는 크게 번영하는 중요한 상업 도시이다.[8]

도널드 시니어(Donald Senior)는 다음과 같이 말한다.

> 스데반 선교사 이후 있었던 핍박으로 많은 제자가 안디옥까지 피신하여 유대인들에게 복음을 전했다(행 11:19). 예루살렘교회가 흉년으로 고생할 때 안디옥의 성도들은 구제금을 보내 주었다(행 11:27-30). 그리고 첫 이방교회가 안디옥에 세워졌으며, 제자들이 그리스도인이라고 처음으로 불린 곳이 안디옥이었고, 기독교 이방 선교의 요람이기도 하였다(행 13:1).[9]

루스드라는 이고니온에서 남쪽으로 약 32km 떨어진 곳, 비시디아 안디옥에서는 동쪽으로 약 208km 떨어진 곳이다. 이곳은 주변의 활발한 상업 활동으로부터 소외됐으며, 동서를 잇는 길에서 벗어나 있으나 지역 도시를 잇는 '비아 세바스타'(*Via Sebasta*)를 통해 이고니온, 안디옥과 연결되어 있었다.[10] 바울은 이곳에서 복음을 전하면서 태어나면서부터 걷지 못하게 되어 걸어본 적이 없는 자를 고쳤다(행 14:8). 이 사람은 바울이 복음을 전하는 말을 들었고, 바울은 그에게 구원받을 만한 믿음이 있음을 보게 된다(행 14:9).

---

[8] E. S. 모이어, 『인물 중심의 교회사』, 곽안전, 심재천 역 (서울: 대한기독교서회, 1980), 16.

[9] Donald Senior, *The Biblical Foundations for Mission* (Maryknoll: Orbis Books, 2000), 275-77.

[10] 유상현, 『바울의 제1차 선교 여행』, 153.

바울이 큰 소리로 "네 발로 바로 일어서라"(행 14:10)라고 하니 그 사람이 일어나 걸었다. 이런 기적을 본 사람들은 바나바를 제우스, 바울은 헤르메스와 같은 신이라고 말한다(행 14:12). 그러나, 바울과 바나바는 자신들에게 제사를 드리려는 사람들을 만류하며 하나님 나라의 복음을 전파했다(행 14:13-18).[11]

이러한 복음의 전파에도 불구하고 안디옥과 이고니온에서 온 유대인들이 바울과 바나바를 신들인 줄 알고 제사까지 드리려고 했던 루스드라 사람들을 설득하여 돌로 죽도록 쳐서 성 밖으로 끌어내게 했다(행 14:19). 믿는 제자들이 바울을 찾았을 때, 바울은 깨어 일어났고, 성안으로 들어갔다가 다음날 바나바와 함께 더베로 떠나게 된다(행 14:20).[12]

더베는 제1차 전도 여행의 마지막 지점이다. 더베는 루스드라에서 약 96km 떨어진 루가오니아의 남동부 도시로서, 이고니온에 이어 중요한 도시로 기원전 1세기부터 로마의 황제들이 건설하여 발전시킨 로마의 식민지이다. 주민은 루스드라 같이 루가오니아인이 살고 있었으며, 헬라인과 로마 시민과 유대인들도 있었다. 바울의 제1차 전도 여행지 중 유일하게 박해를 받은 기록이 없는 도시이며, 바울의 동역자인 가이오가 바로 이곳 출신이었다(행 20:4).[13]

루스드라의 사역 보고가 상세했던 것과는 다르게 더베에서 바울의 사역은 매우 간단한 설명으로 제한된다(행 14:21). 바울이 루스드라에서 고난을 당하였으나, 더베에서는 복음을 전하여 많은 제자를 얻는 성과를 본다.[14]

---

[11] Robert L. Gallagher & Paul Hertig, *Mission in Acts* (Maryknoll: Orbis Books, 2004), 96-97.
[12] 김득중, 『선교를 위한 복음서』 (서울: KMC, 2012), 151.
[13] 이승호, 『바울의 선교와 신학』, 61.
[14] 유상현, 『바울의 제1차 선교 여행』, 171.

그리고 이 지역을 끝으로 제1차 전도 여행을 마무리 지으며, 선교 초기에 개척한 현지 교회들을 다시 한번 방문하여 그들을 격려하였다(행 14:25-26). 이렇게 바울의 제1차 전도 여행은 그 시작점이었던 수리아 안디옥에서 끝났다. 바울의 1차 전도 여행에서 나타난 선교의 형태를 보면, 바울은 선교지에서 동역자를 세우며, 능력 전도를 행하였으며, 복음 전도를 하는 중에 박해와 핍박을 받았음을 알 수 있다.

2) 제2차 전도 여행(행 15:36-18:22)

바울의 2차 전도 여행은 사도행전 15장 후반절부터 18장에 걸쳐 나타나고 있다. 중심 지역으로는 빌립보, 데살로니가, 베뢰아, 아덴, 고린도 등으로 그리스 남북 대도시들을 중심으로 전도를 시행하였다. 바울의 제2차 전도 여행 이후에 디모데는 그와 가장 가까운 동역자로 묘사된다. 바울의 제2차 전도 이후에 계속하여 약 15년의 기간을 바울의 동료로 활동했다. 이처럼 바울의 동역자로서 디모데는 그의 활동 자체와 인품, 능력 등 그가 가진 개인적 품성이 중요한 요소들로 작용했을 것이다.

하지만, 그런 것들에 덧붙여 그의 자질을 이루는 주요 사항 중 하나는 그가 유대인과 이방인을 묶을 수 있는 태생적 조건을 갖추고 있다는 점이다. 이런 점에 있어서 디모데의 할례조차도 양자의 관계를 이을 수 있는 자격에 좀 더 가까이 가려는 의도였음이 분명하다.[15]

바울 선교팀은 제1차 전도 여행 후에 다시 방문하고 격려하여 현지 교회들을 믿음이 더 성장하도록 세웠으며, 기독교인들이 성장하는 결과를 가져

---

15 유상현, 『바울의 제2차 선교 여행』 (서울: 대한기독교서회, 2008), 45-46.

왔다.[16] 바울의 제2차 전도 여행은 바울과 예루살렘 출신 유대계 그리스도인이자 로마 시민인 실라(행 15장)는 바울이 이미 제1차 선교한 바 있는 터키 남부 지역을 찾아갔다.[17]

다소의 치드누스강을 따라 북상하여 47km 지점에서 길리기아 관문을 통과한 다음 더베를 거쳐 루스드라로 갔다. 바울은 루스드라에서 디모데를 제자로 삼았다(행 16:1-3). 이어서 당시의 갈라디아 지방, 오늘의 터키 수도 앙카라 주변을 지나가던 중에 갑작스런 발병이 계기가 되어 갈라디아에 이방인 중심의 여러 교회를 창립하였다(갈 4:13-15, 행 16:6).

드로아에 이르러 교회를 세운 다음(행 16:8-10; 20:6-12), 밤에 계시를 받고서는 에게 해를 건너 그리스의 항구 도시 네압볼리(오늘날의 휴양 도시 카발라)에 닿았다(행 16:6-11). 그리고 나서 바울은 그리스 북부 지역 마케도니아에 빌립보, 데살로니가, 베뢰아교회를, 그리스 남부 지역 아가야에 고린도교회를 창설하게 된다.

네압볼리(네아폴리스)에 닻을 내린 바울은 에냐시아 국도를 따라 15km 내륙으로 들어가 빌립보에서 선교했다. 빌립보교회는 바울이 유럽 대륙에 세운 첫 번째 교회이다. 빌립보교회는 바울의 생계와 선교를 물심양면으로 후원한 유일무이한 교회다.[18] 빌립보 선교 말기에 바울은 점쟁이 노예에게서 점 귀신을 떼어준 관계로 감옥에 갇히게 되고, 그 기회에 간수의 가족을 입교시킨다. 빌립보에서 사역을 마치고, 교회를 세우며, 바울은 압비볼리와 아볼로니아를 거쳐 마케도니아의 수도 데살로니가에 가서 전도하였다.

---

16 유상현, 『바울의 제2차 선교 여행』, 46-47.
17 로버트 L. 프러머 & 존 마크 테리, 『바울의 선교 방법들』, 조호형 역 (서울: CLC, 2016), 121.
18 정양모, 『위대한 여행 - 사도 바울의 발자취를 따라』 (서울: 생활성서사, 2006), 356.

바울은 관례대로 안식일에 유대교 회당에 가서 설교하여 제법 많은 시민을 입교시켰다. 그러나 유대인들이 그의 전도를 반대하는 바람에 바울 일행은 올림푸스 산중에 있는, 75km 떨어진 베뢰아(지금의 베리아)마을로 피신했다(행 17:1-10; 살전 2:13-16).

사도행전 17:1-10까지의 내용을 보면, 바울 일행이 데살로니가에 들어가서 그들의 선교 전략에 따라 유대인의 회당에 들어가 안식일에 성경을 가지고 강론했다. 바울의 설교의 핵심은 그리스도가 고난을 받고 십자가에 죽으셨다는 것과 그가 죽은 자 가운데서 다시 살아나셨다는 부활이었다(행 17:3). 데살로니가에서의 복음 선포는 크게 성공하여 많은 성도를 구하게 되었다. 야손과 그의 형제들은 빌립보의 루디아와 같이 바울뿐 아니라 실라와 디모데까지 그의 집에서 접대하고(행 17:7), 그 집에서 가정교회로 모였다(행 17:5).

야손은 법적인 책임까지 지고 보석금을 낸 것을 보면 상당한 재력이 있어서 데살로니가에 세워진 첫 가정교회의 후원자가 된 듯하다. 데살로니가에서의 선교에서 특이한 점은 경건한 헬라인 중에서 많은 사람과 귀부인이 예수를 믿은 것이다(행 17:4). 헬라인들은 구약성경에서 증거하는 하나님의 말씀을 받아들이지만, 유대교의 할례를 받지 않고 회당의 예배에 참석하는 경건한 이방인들을 말한다.[19]

바울이 베뢰아에서 전도하던 중에 데살로니가 유대인들이 들이닥쳐 훼방하는 바람에, 바울은 실라와 디모데를 베뢰아에 남겨두고 홀로 아테네로 갔다(행 17:10-15). 당시 정치, 경제적으로 몰락했지만, 문화적으로는 여전히 수준급이던 아테네에서 바울의 설교는 거의 먹히지 않았다. 이것은 마

---

[19] 권오현, 『바울의 생애(상)』 (서울: 대한기독서회, 1997), 479-480.

치 대학 도시에서 공개 강의하는 것과 같았다.[20] 바울은 아테네의 아레오바고에 모인 지적인 사람들에게 예수의 부활을 말하자 그들은 비웃고 조롱했다. 이 전도 실패담이 사도행전 17:16-34이다. 바울은 아테네에서 남쪽으로 89km 떨어진 고린도에서 무려 18개월 동안 머물면서 제법 큰 교회를 세웠다(행 18:2-17). 고린도는 그리스 남부 지역 아가야 속주의 수도였을 뿐만 아니라, 북쪽에는 레카이온 항구를, 동쪽에는 겐그레아 항구를 끼고 있는 상업의 중심지이기도 했기에 자연히 풍기도 문란했다. 고린도 뒷산에는 미의 여신 아프로디테 신전이 있었다.[21]

유상현은 "바울은 브리스길라와 아굴라와 함께 사역을 위해, 고린도를 떠나 겐그레아에서 자신이 서원한 것을 지키기 위해 머리를 깎는다(행 18:18). 그 후 에베소에 이르러 홀로 회당에 들어가 유대인들과 변론한다(행 18:19). 에베소에서 잠시 동안 활동한 이 일은 좋은 결과를 가져왔다"라고 말했다.[22] 바울은 에베소를 떠나 가이사랴에 상륙하여 예루살렘으로 올라가 교회에 안부를 묻고 다시 안디옥으로 향한다(행 18:22). 그 후 얼마 있다가 갈라디아와 브루기아 땅을 두루 다니며 모든 제자를 굳건히 하고 바울의 고린도교회 설립과 아가야 전도의 막이 내리게 된다.[23]

3) 제3차 전도 여행(행 18:23-21:16)

바울의 제3차 전도 여행을 통해서, 바울이 3년 동안 머문 에베소를 주목

---

20 캐롤린 오시에크, 『신약의 사회적 상황』, 김경진 역 (서울: CLC, 1999), 75.
21 정양모, 『위대한 여행 – 사도 바울의 발자취를 따라』, 358.
22 유상현, 『바울의 제2차 선교 여행』, 228.
23 권오현, 『바울의 생애(상)』, 500.

해야 한다. 바울이 에베소에 머물면서 효과적으로 선교하여 골로새, 히에라볼리, 서머나, 버가모, 두아디라, 사데, 빌라델비아, 라오디게아에 교회가 세워진 시기가 바로 이 시기였다. 사도행전 19장부터 시작되는 바울의 제3차 전도 여행은 이러한 에베소를 중심으로 시작된다. 김득중은 다음과 같이 말한다.

> [바울은] 요한의 세례만을 알고 있을 뿐 성령에 대해서는 모르고 있는 (행 19:2) 열두 명의 제자들(행 19:7)을 만나 세례를 베풀고 안수하여 새로운 개종자를 얻은 후, 언제나 그랬듯 회당에 들어가 석 달간 복음을 전파하였다(행 19:8). 그리고 자리를 옮겨 두란노서원에서 2년간 하나님 나라의 복음을 전파하여 많은 사람이 주의 말씀을 듣게 하였다(행 19:10).[24]

바울은 에베소에서 사역하며 에베소에 기거하는 유대인, 헬라인이 주의 이름을 높이게 했으며(행 19:17), 마술을 행하던 많은 사람이 그들의 책을 모아 와서 사람들 앞에서 불태웠으며(행 19:19), 주의 말씀이 흥왕케 되는 것을 보게 했다(행 19:20). 그러므로 이것은 에베소에서 사탄의 마술 행위에 대한 예수 그리스도의 능력이 이기는 결과이다. 또한, 예수 그리스도의 복음이 에베소에서 거둔 마술에 대하여 영적 전쟁에서 승리한 사건이다.[25]

바울은 제2차 전도 여행 때 설립한 갈라디아 지방의 교회들을 돌본 다음 아시아 지방의 수도 에베소로 내려가서 무려 27개월 가까이 활약했다(행 19:8-10). 여기서 사도 바울은 한편으로는 전도하고 또 한편으로는 많

---

[24] 김득중, 『선교를 위한 복음서』, 218.
[25] 김득중, 『선교를 위한 복음서』, 219.

은 편지를 써 보냈다. 사도 바울은 에베소에서는 능력 대결로 전도가 이루어졌다고 말하고 있다. 또 바울은 제자 에바브라를 시켜 에베소 동쪽 500리쯤에 위치한 골로새, 라오디게아, 히에라폴리스에도 교회를 세웠다(골 4:12).

에베소 사역을 마칠 즈음 바울은 마게도냐와 아가야를 거쳐 예루살렘에 가기로 작정하였다(행 19:21). 바울은 에베소를 떠나 마게도냐를 통해 헬라에 이르러 석 달간 머문다(행 20:2-3). 거기서 직접 수리아로 떠나려 했던 바울은 유대인들로 인해 신변의 위협을 느끼고 북쪽의 마게도냐로 우회하여 돌아가게 된다(행 20:3). 바울이 마게도냐의 빌립보를 거쳐 드로아에 도착하게 되는 데는 이러한 사정이 있었던 것이다.[26]

마침내 바울은 고린도로 내려가서 석 달 가량 머무르는 동안(행 20:3)에 자신의 사상을 집대성한 로마서를 쓰게 된다. 고린도교회에서 로마서를 집필한 다음 빌립보교회로 가서(기원후 58년) 유월절을 보내고(행 20:6), 에베소 남쪽에 자리 잡은 항구 도시 밀레도에 도착한다. 사도 바울은 밀레도에서 에베소에 사람을 보내서 교회 장로들을 초청하여 설교하였다(행 20:17). 유상현은 바울의 설교를 크게 네 가지로 구분하여 다음과 같이 설명하고 있다.

> 지난 일에 대한 설명(행 20:18-21), 현재 상황에 대한 설명(행 20:22-24), 앞으로 있을 일에 대한 설명(행 20:25-31), 결론(행 20:32-38)이었다.[27]

---

[26] 유상현, 『바울의 제3차 선교 여행』 (서울: 대한기독교서회, 2011), 213-214.
[27] 유상현, 『바울의 제3차 선교 여행』, 214-215.

바울의 밀레도 설교에서 주목할 점은 이 설교에 사도행전의 주요 주제들이 거의 포함되고 있다는 것이다. 김득중은 에베소에서의 설교를 "하나님의 뜻, 성령, 예수로부터의 사명 수임, 증언, 모범, 역할, 회개와 믿음 선포, 은혜와 복음과 하나님 나라, 유대인 관련, 고통, 경제 문제가" 그것이다.[28]

자신이 중요시하는 신학적 주장, 개념 등을 고도로 농축시킨 바울의 이러한 설교는 실제로 흔히 '후대 목사들을 위한 모델 설교'로도 불린다"라고 했다.[29]

3. 바울의 전도 여행을 통해 배우는 현대 선교 전략

바울의 세 차례의 전도 여행에도 불구하고, 학자들 사이에서는 "바울에게 선교 전략이 있었는가?"라는 의문이 제기되었다. 로랜드 알렌(Roland Allen)은 바울이 선교 전략을 계획했다는 것을 인정하지 않았다. 마이클 그린(Michael Green)은 다음과 같이 주장한다.

> 사도 바울이 책상 앞에 앉아 계획했었다고 믿는 것은 큰 실수를 범하는 것이다. 기독교의 확산은 … 대부분 비공식적인 선교사들에 의해 전파되었고, 상당 부분은 거의 닥치는 대로 그리고 동시다발적으로 진행되어왔다.[30]

허버트 케인(J. Herbert Kane)도 역시 알렌이 바울에게 선교 전략이 없었다

---

[28] 유상현, 『바울의 제3차 선교 여행』, 342-343.
[29] 김득중, 『선교를 위한 복음서』, 235.
[30] John M. Terry & J. D. Payne, *Developing a Strategy for Missions*, 54.

고 주장했다고 말하면서, 바울은 선교의 전략보다는 성령의 이끄심에 의해서 선교하였다고 말했다.³¹

케인이 '바울의 선교에서 전략이 있는가?'의 핵심은 전략이라는 말의 정의라고 생각한다. 케인은 다음과 같이 말한다.

> 전략을 인간의 관찰과 경험을 기초로 한 의도적이며 공식화된 인위적인 활동 계획을 의미하는 것으로 이해할 경우 바울에게 거의 혹은 전혀 전략이 없었다.³²

그러나, 필자는 바울이 성령의 지시와 통제를 철저히 따르는 융통성 있는 운용 방식을 의미하는 것으로 이해할 경우에는 바울은 분명히 일정한 전략을 가지고 있었다고 할 수 있다고 생각한다. 바울 서신 13편에서 바울의 선교 전략이 다양한 형태로 나타나고 있다. 특별히 바울의 전도 여행의 경험에서 나타난 현대 선교의 의미를 설명해 보고자 한다.

4. 회당 중심의 선교

바울의 선교 전략은 회당 중심으로 한 선교 전략이다.³³ 바울의 회당 중심의 선교는 전도 여행 중에 가장 많이 사용한 선교 방법이었다. 회당을 그 도시의 선교 거점으로, 또 그 지역의 수도나 인구가 많고 번성한 도시를 선교의 거점으로 삼았다. 존 테리(John M. Terry)는 다음과 같이 언급한다.

---

31 허버트 케인, 『선교신학의 성서적 기초』, 이재범 역 (서울: 나단, 1994), 107-108.
32 케인, 『선교신학의 성서적 기초』, 108.
33 Terry & Payne, *Developing a Strategy for Missions*, 58.

로마의 지배 아래 있던 빌립보, 아시아 선교의 전진 기지로서의 에베소에서 바울이 무려 3년간이나 체류하였으며, 로마로 향한 집념과 일루리곤까지 나아가려는 그의 계획 속에는 한 선교사가 효과적으로 맡을 수 있는 선교지의 한계를 극복하기 위한 노력으로서의 '집중적 선교의 효율성'이라는 전략을 생각하였다.[34]

그래서 바울은 성령의 지시에 따라 인구가 많은 대도시였던 지역에서 집중 전도를 하였다. 곧 아시아, 마게도냐, 아가야, 갈라디아 등의 네 지역이었다.[35]

예수 당시 이스라엘 국내에 거주하는 유대인보다는 디아스포라인 유대인의 수가 훨씬 많았는데,[36] 그들은 지중해 연안에 있는 로마 제국에서 전체 인구의 약 70%를 차지하고 있었다. 하르낙(Harnack)은 초기 기독교 시대의 유대인 총인구는 450만 명이었을 것이라고 추산하였다.[37]

이들은 거주하는 곳마다 회당을 세웠고 주일마다 모여서 신앙 예식을 드렸다. 그뿐만 아니라 회당에서 방문하는 랍비에게 모인 경배자들을 상대하여 권면의 말씀을 하도록 초청하는 습관이 있었다(행 13:15). 이것은 바울이 어디를 가든지 이미 준비된 상황에서 관심을 가지고 경건하며 성경 지식이 있는 청중들에게 증거할 수 있는 기회를 얻었다는 것을 의미한다. 바울은 항상 그 기회를 최대한 활용했다.[38]

---

[34] Terry & Payne, *Developing a Strategy for Missions*, 58.
[35] Terry & Payne, *Developing a Strategy for Missions*, 57.
[36] E. 론잘레스, 『신약성서 배경사』, 박창건 역 (서울: 대한기독교출판사, 1984), 102.
[37] 로저 E. 헤드룬드, 『성경적 선교신학』, 송용조 역 (서울: 서울성경학교출판부, 1990), 227.
[38] 김명혁, 『선교의 성서적 기초』 (서울: 성광문화사, 1985), 62.

그러나, 경건한 이방인들과는 달리 유대인들은 흔히 바울과 그의 메시지를 거부했다(행 13:45, 50; 14:2, 19; 17:5; 18:12; 21:27; 23:12 등). 그래서 그는 회당에서 추방당하는 일이 잦았지만, 그때마다 다른 곳으로 이동하였으며 (행 18:7; 19:7) 다른 도시에 도착하는 즉시 또다시 회당으로 향하곤 하였다. 이러한 회당 중심의 선교에 대해 케인은 "바울을 대적하는 대부분의 세력이 회당에서 일어났음에도 불구하고 회당은 로마 세계에 복음을 선포하는 데 있어 최선의 기회를 제공하였다"라고 평가하였다.[39]

바울이 성경을 강론하며 "예수는 그리스도"라 전도한 회당들은 구브로에서의 살라미회당(행 13:5), 비시디아의 안디옥회당(행 13:13-52), 이고니온회당(행 14:1-6), 데살로니가회당(행 17:1-9), 베뢰아회당(행 17:10-14), 아덴회당(행 17:15-34), 고린도회당(행 18:1-17), 에베소회당(행 18:18-22) 등이다.

바울은 회당을 중심으로 거점 선교하다가 추방이 되면 즉시 다른 지역으로 이동하였다. 다른 도시에 도착하면 곧바로 회당을 찾아갔다. 회당에서 사역에 여러 가지 어려움과 고난이 따랐지만, 회당에서 많은 열매를 얻을 수 있었다. 그만큼 바울의 선교에서 전략적으로 중요한 원리 중의 하나는 당시 여러 지역에 흩어져 있던 유대인들의 회당을 거점으로 한 선교였다.[40]

1) 대도시 중심의 거점 선교

바울은 대도시 중심의 거점 지역을 활용한 선교를 하였다. 대도시 중심의 거점 선교를 한 것은 그 도시가 복음화됨으로써 다른 지역으로 복음이

---

[39] 케인, 『선교신학의 성서적 기초』, 116.
[40] 케인, 『선교신학의 성서적 기초』, 60.

확산되기 위한 전략적 전진 기지가 되었기 때문이다. 존 테리는 다음과 같이 말한다.

> 바울은 데살로니가와 에베소에서 했던 것처럼 그의 복음이 주변 지역으로 울려 퍼질 수 있는 곳을 중심으로 삼았다. 바울이 대도시를 선택하게 된 것은 거기에는 생활이 보다 안락하고 많은 사람이 모여 있었기 때문이 아니라, 그러한 대도시들이 복음의 빛을 주변 지역에 전파하는 데 있어서 전략적 기지로서의 역할을 감당할 수 있는 이점이 있었기 때문이다.[41]

바울의 선교 전략에 있어서 대도시 집중은 도시의 특성을 살려 복음을 전파함으로 그가 직접 가지 않은 지역에도 복음이 전파되고 교회가 설립되었다. 케인은 대도시 중심의 선교에 대하여 다음과 같이 언급한다.

> 갈라디아 지역은 안디옥교회가 담당하고, 소아시아 지역에는 에베소교회를, 마게도냐 지역에는 데살로니가교회를, 아가야 지역에는 고린도교회를 세웠다. 이러한 전략적 중심 도시는 선교 기지가 될 수 있는 여건을 형성하고 있었다.[42]

알렌은 바울이 로마 행정의 중심지, 헬라 문명의 중심지, 유대 세력의 중심, 상업 중심지를 복음으로 공략한 점에 대해 다음과 같이 설명한다.[43]

---

[41] Terry & Payne, *Developing a Strategy for Missions*, 58.
[42] 케인, 『선교신학의 성서적 기초』, 112.
[43] 로랜드 알렌, 『바울의 선교 방법론』, 김남식 역 (서울: 베다니, 1993), 33-34.

첫째, 바울은 크고 작은 많은 읍을 지나치고 로마 행정의 중심지들인 도시나 읍에서 교회들을 개척했다. 바울이 단지 더 안전하거나 복음 전파를 덜 방해하기 때문에 그곳들을 선택한 것이 아니라 그곳들은 세계적인 제국을 대표했기 때문이었다.

둘째, 바울이 선택한 모든 중심지는 또한 헬라 문명의 중심지였다. 바울은 헬라어로 설교하고, 글을 쓰고, 가르쳤다. 헬라의 교육과 문명이 발달하면서 헬라어는 복음을 전파하는 데 유익한 도구가 되었다.

셋째, 바울이 세운 모든 중심지는 또한 유대인들의 문화와 영향이 큰 중심지들이었다. 이와 같은 전략은 그 당시 유대인들이 하나의 계층으로 누리고 있었던 특권을 이용한 것이었다. 유대인들은 그들의 기금을 자유롭게 관리할 수 있었고, 황제 숭배와 징집을 면제받았다.

넷째, 바울은 세계의 교차로인 세계 상업의 중심지들을 선택했다. 이곳에 세계의 물적, 지적, 부들이 몰려왔다.[44]

바울의 선교는 안디옥을 기점으로 시작되었다. 이 도시의 중요성은 지도를 보면 즉각적으로 드러난다. 안디옥은 여러 종족이 뒤섞여 사는 도시였고, 지리적으로 동서의 상업을 연결하는 요충지이며 팔레스타인 경계선이 인접해 있는 도시로 팔레스타인으로부터 헬라, 로마로 들어가는 관문으로서 예루살렘으로부터 퍼져 나아가기 시작한 기독교 신앙의 확장에 있어서 가장 중요한 위치에 있었다.

실제로 안디옥교회는 훌륭한 선교 기지로 바울의 유명한 제3차 전도 여행의 출발지도 이곳이었고 끝마친 곳도 바로 안디옥이었다. 안디옥교회는

---

[44] 로랜드 알렌, 『바울의 선교 방법론』, 35-38.

선교의 중요성을 인식한 교회였고 또한 직접 선교한 교회였다.[45]

제3차에 걸친 전도 여행을 통해 바울은 당시 로마 제국의 도로들을 잘 활용했다. 그 도로를 따라서 제국의 중요한 대도시들이 자리잡고 있었다. 그 도시들은 로마의 식민지인 빌립보, 마게도냐의 주요 도시인 데살로니가, 로마의 치하에 있는 그리스 수도인 고린도, 키프로스의 로마 통치 중심지 파포스(Paphos), 그리고 아덴과 같은 로마 제국의 종교적 중심지도 있었다.[46]

바울이 사역했던 도시들 가운데 가장 중요한 곳이 에베소였다. 에베소는 아시아의 중심 도시이며 아데미 신전에 자리잡고 있었다. 또한, 로마 제국의 종교적 중심지였으므로 매년 수십만 명의 순례자들이 방문했고, 상인들은 막대한 관광 수입을 벌고 있었다(행 19:25-27). 바울이 에베소에 머물며 전체 선교 활동을 감독하고, 동역자들을 에베소에서 3년 남짓 긴 기간을 체류하게 했으며(행 20:31), 또한 에베소에서 떠날 때 디모데를 잔류케 했다(딤전 1:3).

브리스길라와 아굴라, 아볼로도 에베소에서 활동하였으며(행 18:24-26), 그 후 사도 요한도 그곳에 정착하기로 했다. 바울은 정거장식 선교 방법을 사용하여 큰 도시를 중심으로 선교 활동을 하고, 그 주변의 복음화는 새로 성립된 교회에 일임하였다.

케인은 에베소가 주변의 많은 상인, 관리, 군인이 빈번히 왕래했던 곳으로, 이들 중 많은 사람이 두란노서원에서 바울이 설교하는 하나님의 말씀을 들었을 것이며, 그들이 귀향할 때에는 복음도 가지고 돌아갔을 것이라

---

[45] 프러머 & 테리, 『바울의 선교 방법들』, 237.
[46] 마이클 그린, 『초대교회의 복음 전도』, 김경진 역 (서울: 생명의말씀사, 1984), 478.

고 했다. 그러므로 에베소 지역에 걸쳐 현지 교회들이 세워졌다.[47] 홍기영은 바울이 도시들을 선교 전략적인 중심지로 택한 이유를 설명하고 있다.

첫째, 도시에 사람들이 모여 살기 때문에 짧은 시간에 많은 사람에게 복음을 전할 수 있다.
둘째, 도시들은 대중을 전도하기가 쉽게 여러 시설을 가지고 있다.
셋째, 도시에는 도서관과 학문적 공동체들이 있다.
넷째, 도시에 잠재적인 지도자가 살고 있다. 이러한 요인들은 도시 사회 전반을 변화시킬 수 있도록 돕는다.

바울이 선택한 도시들은 위와 같은 조건들을 갖추고 있었을 뿐만 아니라 통일성(unity)을 보여주고 있다. 도시는 예수 그리스도의 복음을 주변 지역으로 전파할 수 있는 거점들(points)이다.[48] 바울이 선택한 전략적인 도시들은 바울이 거기에서 새로운 능력으로 새롭게 선교 활동을 시작할 수 있는 중심지였다. 바울은 언제나 중심지를 찾았고, 그 중심 지역을 붙잡고 그곳을 선교의 거점 지역으로 삼았다.

김에녹은 최근의 그의 저서 『도시 선교 전략』에서 도시가 선교적으로 중요한 것은 무엇보다도 하나님의 관심이 사람에게 있기 때문이라고 말했다. 또한, 도시는 사람들이 몰리는 곳이고, 그렇기 때문에 하나님의 관심이 불리는 곳이다.[49] 도시는 선교의 거점 지역이 될 수 있고, 미전도 종족들을 만나기 용이하게 하고, 특별히 도시로 이주한 이주민들의 네트워크가 형성

---

47 케인, 『선교신학의 성서적 기초』, 115.
48 홍기영, "사도행전에 나타난 선교학적 주제들의 고찰," 278.
49 김에녹, 『도시 선교 전략』 (서울: 죠이선교회, 2019), 223-224.

되어 있어 "새로운 친구와 동료들을 사귀는 데 용이하다."⁵⁰

이주민들은 자신이 속한 공동체에서 누군가가 회심을 하면, 가족이나 친족들과 갈등을 경험하는 경우가 있다. 이주민들이 회심 초기에는 자기의 종족, 부족, 민족 공동체 안에서 갈등을 일으키기 때문에 신뢰를 얻는 것이 매우 중요하다. 그러기 위해서 처음 관계망은 이주민이 회심을 할 경우, 가족과 친족으로부터 존경과 신뢰를 받아야 복음이 전달될 수 있다.⁵¹ 실제로 도시 안에는 다양한 문화(multi-culture)에 사는 사람들이 공존한다. 바울의 사례에서 보듯이 사도행전 10장의 고넬료의 회심이 가족, 친족, 공동체에 영향을 주었고, 복음 확산의 기회가 될 수 있었다.

2) 바울의 팀 사역을 통한 현대 선교의 의미

바울의 전도 여행 중 그의 선교 전략에 나타난 것은 동역자와 함께하는 팀 사역이다.⁵² 로버트 스피어(Robert Speer)는 『인간 바울의 연구』라는 책에서 바울의 일곱 가지 선교 전략의 특징을 논하였는데 그중 가장 먼저 언급한 내용이 바로 '팀 선교'이다.⁵³ 로버트 뱅크스(Robert J. Banks)는 그의 책 『바울의 그리스도인 공동체 사상』에서 바울의 사역을 모두 선교 사역으로 이해하고 '선교 팀 사역'(Mission Team Ministry)이란 용어를 많이 사용한다.⁵⁴ 또한, 그는 바울의 팀 사역을 논증할 때 "바울은 동역자 및 수종자와 함께

---

50 김에녹,『도시 선교 전략』, 219.
51 김에녹,『도시 선교 전략』, 220-21.
52 Terry & Payne, *Developing a Strategy for Missions*, 58.
53 김성태,『세계 선교 전략사』(서울: 생명의말씀사, 2002), 22.
54 로버트 J. 뱅크스,『바울의 그리스도인 공동체 사상』, 장동수 역 (서울: 여수룬, 1991), 253-263.

선교 사역을 시작한다"라고 주장한다.[55]

또한, 헤롤드 웨스팅(Harold Westing)은 바울에 대해서 이렇게 말한다.

> 바울의 많은 선교 동역자를 생각하지 않으면 우리는 그를 개인 활동가로 보기 쉽다. 이처럼 선교사로서의 바울의 사역이 그렇게 높게 평가되고 그 영향력이 견실하게 된 것은 뱅크스의 지적대로 바울이 혼자서 일하지 않고 언제나 다른 사람과 더불어 일했기 때문이다.[56]

"우리가 하나님과 함께 일하는 자로 너희를 권하노니 … "(고후 6:1)라는 말씀이 있다. 여기서 우리는 바울 사역에서의 팀 사역 원리를 발견하게 된다. 바울이 사용한 "우리가"라는 표현 속에는 바울 혼자만이 아니라 다른 사람과 함께 일하는 동역자(team worker)가 있었음을 알 수 있다. 바울의 팀 사역의 내용은 그의 서신서 여러 곳에서 "우리"라는 단어를 사용함으로 더욱 명확하게 증명된다.[57]

웨인 믹스(Wayen A. Meeks)는 말한다.

> 1세기에 기록된 바울 및 그의 제자들의 서신서들(목회 서신 제외) 속에는 바울의 동역자, 대리인 등의 자격으로 바울과 여행했던 사람이 65명이나 거론되며, 사도행전에 13명의 다른 이름이 추가됨으로써 거의 80명의 사람들이 바

---

[55] 뱅크스, 『바울의 그리스도인 공동체 사상』, 240.
[56] 프러머 & 테리, 『바울의 선교 방법들』, 356-364. 로버트는 여기에서 바울은 계속적으로 동역자들에게 리더십 훈련과 멘토링 리더십 개발을 시행하였다고 설명하고 있다.
[57] 강보영, "바울과 교회 사이의 선교적 상관 관계," 「선교신학」 제35집 (2014): 23. 강보영은 바울이 동역자들이 사역을 '공동체의 선교로서의 동역자들의 선교'라고 파악하고 있다.

울 계열 기독교에 속한 사람들이다.[58]

　바울은 다수의 팀원을 지휘한 리더로서 선교 사역이 활발하게 이루어질수록 항상 팀원들과 함께 사역했다.[59] 그의 팀 사역은 많은 동역자와 함께 장·단기적으로 사역함으로 자신의 선교 사명을 수행하였으며, 동시에 자신이 세운 교회에 모든 것을 위임하고 떠난 후 지속적으로 자신의 선교 사역을 후원하여 줄 것을 촉구하였다.
　이러한 바울 선교에서 동역자들의 형태를 분류해 보면 다음과 같다.[60]

> 우선, 장기적인 관계(long-term relationship)로서 바울의 사역을 도운 디모데, 두기고, 마가, 에라스도가 이에 해당한다. 또한, 브리스길라와 아굴라, 아볼로는 바울과 파트너십을 가지면서 선교하고, 독립적으로도 사역하였다. 그리고 바울과 특별한 일에만 함께 한 관계(senior co-worker)로는 바나바와 실라가 있다. 그리고 스데바나, 에바브로디도, 에바브라, 아리스다고, 가이오(행 20:4), 야손 등은 지역 교회의 대표자들이다.

　올로그(Ollrog)는 이들이 단순한 의미에서의 지원자나 부하가 아니라 참으로 동역자였다는 견해를 밝힌다.[61]
　바울의 전도 여행은 동역자와 함께 하는 사역이었다. 팀을 이끌고 함께 사역지로 출발하였으며, 각 처소마다 또 다른 팀을 세워 교회를 유지해 나

58　웨인 A. 믹스, 『바울의 목회와 도시 사회』, 황화자 역 (서울: 예장출판국, 1988), 105.
59　케인, 『선교신학의 성서적 기초』, 177.
60　홍인규, "바울과 선교," 『선교와 개혁』 제2권 (2007), 20-21.
61　데이비드 보쉬, 『변화하고 있는 선교』, 김병길, 장훈태 공역 (서울: CLC, 2002), 212.

갈 수 있도록 돕고, 그들이 잘 감당할 수 있도록 계속적인 돌봄을 제공하였다. 이러한 것은 그가 쓴 13권의 서신을 통해 잘 드러난다. 각 교회에 편지를 쓸 때마다 바울은 자신의 파트너와 협력자들에 대해 일일이 안부를 묻고 그들이 믿음에 굳게 서기를 권면한다. 특별히 로마서 16장에서는 동역자들의 이름을 일일이 부르며 그들의 안부를 묻고, 로마 교인들에게 그들을 부탁하는 모습을 볼 수 있다.[62]

이러한 팀 사역은 바울의 사역에 커다란 활력소가 되었으며, 사역의 효율성도 증가시켰다. 그들로 하여금 전체 교회의 기능으로 선교와 사역을 간주하였기 때문이다. 바울은 이러한 팀 사역을 위한 원리를 가지고 선교의 동역자를 세웠다.[63]

바울의 전도 여행에서 팀 사역의 중요성은 아무리 강조해도 지나치지 않다. 현대 선교에서 선교 사역의 지속성과 성패를 가름하는 것은 함께 팀으로 동역하는 것이다. 목회자 선교사와 평신도 전문인 선교사 간의 파트너십, 교단 선교사 간 연합, 교단 선교사(Modality)와 선교 기관(선교 단체. Sodality) 선교사 간의 협력, 그리고 서구 선교사와 비서구 선교사 간의 협력 등 함께 동역자들을 세워주고, 후원하고 돌보며, 파트너십을 갖는 것은 현대 선교가 나아가야 할 방향이다.

3) 자비량 선교

바울은 스스로 일해서 자신과 동료들의 필요를 감당하였고, 현지 교회들

---

[62] 크레그 S. 키너, 『바울과 여성』, 이은순 역 (서울: CLC, 1997), 307-322.
[63] 에크하르트 슈나벨, 『선교사 바울』, 정옥배 역 (서울: 부흥과개혁사, 2014), 333-335.

도 재정적으로 자립하게 했으며, 동시에 가난하고 어려운 교회들을 위하여 그들의 궁핍을 외면하지 않고 돕도록 하였다. 그러나, 그는 또한 교회가 보내주는 선물을 거절하지 않고 감사함으로 받아 사용하기도 하였다.[64]

바울 자신이 고린도전서 9장에서 이에 관해 언급한 바와 같이 자비량 선교는 반드시 바울 선교의 원칙은 아니었던 것 같다. 당대 사도들은 대개 생업에 종사하지 않고 교회에서 주는 것으로 생계를 유지했으리라는 것을 짐작할 수 있다. 바울도 다른 사도들처럼 일하지 않고 교회에서 사례를 받는 것이 정당하다고 생각했다. 복음을 전하는 사도는 그 복음을 받아들이고 살아가는 그리스도인들에게 먹을 것을 받는 것이 당연하다는 것이다.

그리고 이것은 율법에 그 근거가 있다고 성경적으로 입증까지 한다(고전 9:9-11). 그러나 바울이 자비량으로 선교하는 것은 단 한 가지 이유가 있다. 그것은 그리스도의 복음에 아무 장애가 없게 하려는 것이었다. 자비량 선교는 그의 선교 원칙이 아니지만, 복음을 전하는 데 아무런 장애도 없게 하려고 택한 방식이다.[65]

현대 선교에서 자비량 전문인 선교가 중요한 선교적인 주제로 대두되었고, 실제로 전문인 선교사들이 많이 파송되어 세계 각 지역에서 사역을 하고 있다. 21세기 평신도 전문인 선교사들이 그들의 직업과 기술을 가지고 선교 현장에 많은 영향을 끼치고 있다. 특별히 이슬람권, 힌두권, 공산권 등에서는 직업을 가진 평신도 전문인 선교가 매우 효율적이다. 현대 선교의 초점이 전문인 선교로 패러다임의 전환이 이루어지고 있다.

---

[64] 이용원, "바울과 선교," 「선교와 신학」 제1집 (1998): 113.
[65] 프러머, 테리, 『바울의 선교 방법들』, 259-60.

4) 상황화 선교 전략

바울은 복음의 진리는 변하지 않기에 지켜가되, 문화적인 요소로 판단되는 것은 기꺼이 양보한다는 전략을 가지고 있었다. 바울은 복음에는 타협이나 양보가 있을 수 없음을 확실히 했고, 대신 복음을 전하기 위해서 복음 이외의 문화적인 면에 있어서 철저히 상황화의 원리(principle of contextualization)를 따랐다.[66] 고린도전서 9장의 "유대인에게는 유대인처럼, 율법 아래 있는 자에게는 율법 아래 있는 것처럼, 약한 자에게는 약한 자처럼 됨으로 더 많은 사람을 구원으로 인도하려고 했던 것"이다(고전 9:19-23).[67]

이러한 상황화 안에는 바울의 융통성도 포함된다.[68] 대상에 따라 다른 접근 방법을 취한 것이 그것이다. 바울은 복음 전도를 위해 기회와 장소, 대상을 놓치지 않고 활용하였다. 회당, 시장, 공회당, 가정집 등 복음을 전할 기회를 만들었고, 상황에 따라 다른 접근 방법을 찾아 이용했다.

아덴에서는 이교 철학자들의 한가운데서 그들의 문화와 종교에서 접촉점을 찾았고, 물리쳐야 할 우상 숭배에 대한 공격을 자제하고 오히려 그들의 종교성을 들어 그들을 칭찬함으로써 복음 전파의 기회로 삼은 것이었다(행 17:22-31).[69]

현대 선교도 다양한 문화적인 접촉점과 매개로 사람들을 만나고 복음을 전달하고 있다. 실제로 복음이 상황화되고, 토착화되어 전파되어야 한다. 부족, 종족, 민족들의 사람들, 즉 현지인들에게 복음이 낯선 것이 아닌, 그

---

[66] 전석재, 『변화하는 현대 선교 전략』(서울: 대한기독교서회, 2014), 207-208.
[67] 이용원, "바울과 선교," 109-110.
[68] Terry & Payne, *Developing a Strategy for Missions*, 58-59.
[69] Terry & Payne, *Developing a Strategy for Missions*, 112-113.

들의 언어와 문화적인 요소의 옷을 입고 전달되도록 상황화되어야 한다.

5) 현지 지도자 양성

바울의 대표적인 현지인 지도자 양성을 위한 교육 장소는 '두란노 서원'이라고 할 수 있다. 바울의 두란노 서원은 성경 공부, 제자 훈련, 전도 집회를 여는 장소였다. 그는 복음 전도로 개종한 자들을 훈련하고 가르쳐서 그리스도의 지체, 그리고 교회의 공동체로서 서로 협력할 수 있게 교육하여 지도자로 세웠다(행 14:23; 20:28).[70] 바울은 현지인 지도자를 교육하여 지역 교회에 직분자로 세웠던 것이다.

바울은 이러한 선교 전략을 펼치면서 현지인 지도자를 교육하고 수많은 현지인 교회를 세웠다.[71] 이러한 점을 볼 때 바울과 우리 사이의 가장 현격한 차이는, 현재의 우리가 선교지에서 해야 할 모든 것을 바울이 먼저 보여준 것이다. 바울이 세운 교회는 선교 사역의 대상만이 아니라, 오히려 그의 선교 사역에 능동적으로 참여한 파트너였다.[72] 교육하고 양육하여 사람을 세우는 것이 선교의 중요한 핵심이다. 선교는 결국 하나님의 사람을 양육하고, 교육하고 제자 훈련을 해서 진정으로 하나님의 나라를 확장하기 위해 하나님의 백성을 길러내는 것이다.

---

[70] 윤기순, 『사도 바울의 선교와 21세기 한국교회 선교 방향』(용인: 도서출판목양, 2011), 103.
[71] 윤기순, 『사도 바울의 선교와 21세기 한국교회 선교 방향』, 105.
[72] 이승호, "도시 중심 선교-동역자 선교-교회 선교: 바울의 선교 전략," 「선교와 신학」 제16집 (2005): 223.

6) 성령의 능력과 인도하심을 받음

바울은 자신의 모든 선교 활동과 전략을 실행해 가면서 전적으로 성령을 의지했다. 바울은 오직 성령 안에서만 그리고 성령을 통해서만 자신의 선교와 사명을 감당할 수 있다고 확신했다(고전 2:4-5).[73] 바울은 선교에 있어서 성령의 인도하심에 겸허하게 순종했다. 사도행전 16장에서 보면 바울과 그의 팀들이 아시아에 가서 복음 전도하기를 원했지만, 성령이 막았다.

따라서 북쪽 방향의 비두니아로 갈 계획을 세웠지만, 예수의 영이 허락지 않았다. 결국 드로아로 갔고, 그곳에서 마게도니아의 환상을 보았다. 그 선교팀은 즉각적으로 순종하여 마게도니아로 떠났다(행 16:6-10).[74]

바울은 성령의 능력에 힘입어 기적을 베풀기도 하였다(행 19:12; 20:10). 바울의 선교 전략은 철저히 성령에 의존하고 성령의 능력에 힘입고, 성령의 인도하심에 순종하였다. 바울의 선교는 성령의 강림과 역사로 예수 그리스도의 복음을 이방인 지역으로 전파하도록 촉진했다. 성령의 역사는 개방성과 포괄성, 그리고 보편성을 가지고 기독교의 복음이 자유롭게 경계를 넘어 세계로 확장하도록 이끌어 갔다.[75]

선교는 철저한 준비와 계획, 전략을 필요로 한다. 하지만 기도와 말씀의 무장, 그리고 성령의 인도하심에 순종해 나아가야 할 것이며, 선교 현장에서 영적 전쟁의 승리는 성령의 능력을 힘입는 것이다.

---

[73] Terry & Payne, *Developing a Strategy for Missions*, 60.
[74] Terry & Payne, *Developing a Strategy for Missions*, 61.
[75] 홍기영, "사도행전에 나타난 선교학적 주제들의 고찰," 263.

5. 나가는 말

바울의 제1차, 제2차, 제3차 전도 여행에서 나타난 선교 전략을 살펴보았다. 바울의 회당 중심의 선교, 대도시 중심의 거점 선교, 자비량 선교는 당시의 시대 배경이나 문화에 대한 융통성을 활용한 선교라고 설명했다.

바울의 선교 전략은 현장 중심적 선교로서 현지인과 현지 교회와 함께한 선교였다. 팀 사역과 현지인 지도자 양성 개발은 지금 현시대에 시행하고 있는 전략이지만, 효율성에서 바울의 모델로 점검해 볼 필요가 있다. 선교 현장에 먼저 들어가 있는 선교사들 간의 팀 사역과 파트너십, 그리고 현지 교회와의 긴밀한 관계성 유지는 현대 선교에서 논의해야 할 중요한 의제이다. 또한, 선교사는 현지의 문화적 상황에 대한 올바른 인식하에 상황화 전략을 해야 한다.

선교사가 실패하는 이유 중 하나는 올바른 상황화 전략을 수행하지 못하기 때문이다. 바울이 현지인을 지도자로 세우는 리더십 개발이 그의 전략적인 선교였다. 지금 시대에도 시행되고 있는 팀 사역과 리더십 개발 선교에 대한 도전과 반영을 바울로부터 배울 필요가 있다. 바울이 동역자를 세우고, 그들에게 권한을 위임하며, 파트너십 선교를 중요하게 시행하고, 평신도 전문인 선교의 중요성을 시사하고 있다. 또한, 바울 선교는 현대 선교의 나아가야 할 방향성을 제공해 주고 있다고 생각한다.

참고 문헌

국내 도서

강보영. "바울과 교회 사이의 선교적 상관 관계."「선교신학」제35집 (2014): 11-42.
권오현.『바울의 생애(상)』서울: 대한기독서회, 1997.
김득중.『선교를 위한 복음서』서울: KMC, 2012.
김명혁.『선교의 성서적 기초』서울: 성광문화사, 1985.
김성태.『세계 선교 전략사』서울: 생명의말씀사, 1994.
김에녹.『도시 선교 전략』서울: 죠이선교회, 2019.
이승호.『바울의 선교와 신학』서울: 대한기독교서회, 2009.
_____. "도시중심 선교-동역자 선교-교회 선교: 바울의 선교 전략."「선교와 신학」
　　제16집(2005): 220-242.
이용원. "바울과 선교."「선교와 신학」제1집 (1998): 101-120.
유상현.『바울의 제 1차 선교여행』서울: 대한기독교서회, 2002.
_____.『바울의 제 2차 선교여행』서울: 대한기독교서회, 2008.
_____.『바울의 제 3차 선교여행』서울: 대한기독교서회, 2011.
윤기순.『사도 바울의 선교â와 21세기 한국교회 선교 방향』용인: 도서출판목양, 2011.
전석재.『변화하는 현대 선교 전략』서울: 대한기독교서회, 2014.
정양모.『위대한 여행-사도 바울의 발자취를 따라』서울: 생활성서사, 2006.
조광호.『바울이 머물다간 지중해 섬들』서울: 대한기독교서회, 2015.
홍기영. "사도행전에 나타난 선교학적 주제들의 고찰."「선교신학」제23집 (2010):
　　261-291.
홍인규. "바울과 선교."『선교와 개혁』제2권 (2007): 2-21.

번역서

그린, 마이클.『초대교회의 복음 전도』김경진 역. 서울: 생명의말씀사, 1984.
글래서, 아더.『성경에 나타난 하나님의 선교』임윤택 역. 서울: 생명의말씀사, 2006.
라이트, 크리스토퍼.『하나님의 선교』정옥배 역. 서울: IVP, 2010.
론잘레스. E.『신약성서 배경사』박창건 역. 서울: 대한기독교 출판사, 1984.

모이어, E. S. 『인물 중심의 교회사』 곽안전, 심재천 역. 서울: 대한기독교서회, 1980.
믹스, 웨인 A. 『바울의 목회와 도시 사회』 황화자 역. 서울: 예장출판국, 1988.
보쉬, 데이비드 보쉬. 『변화하고 있는 선교』 김병길, 장훈태 공역. 서울: CLC, 2002.
슈나벨, 에크하르트. 『선교사 바울』 정옥배 역. 서울: 부흥과개혁사, 2014.
알렌, 로랜드. 『바울의 선교 방법론』 김남식 역. 서울: 베다니, 1993.
헤드룬드. 로저 E. 『성경적 선교 신학』 송용조 역. 서울: 서울성경학교출판부, 1990.
카롤린, 오시에크. 『신약의 사회적 상황(21세기 신학시리즈 1)』 김경진 역. 서울: CLC, 1999.
케인, J. 허버트. 『선교 신학의 성서적 기초』 이재범 역. 서울: 도서출판나단, 1994.
키너, 크레그 S. 『바울과 여성』 이은순 역. 서울: CLC, 1997.
테리, J. 마크 & 페인, J. D. 『선교 전략 총론』 엄주연 역. 서울: CLC, 2015.
플러머, 로버트 L & 테리, 존 마크. 『바울의 선교 방법론』 조호형 역. 서울: CLC, 2016.

해외 도서

Gallagher, Robert L. & Hertig. *Paul. Mission in Acts*. Maryknoll: Orbis Books, 2004.
Senior, Donald & Stuhlmueller, Carroll. *The Biblical Foundations for Mission*. Maryknoll: Orbis Books, 2000.
Terry, John M. & Payne, J. D. *Developing a Strategy for Missions*. Grand Rapids: Baker Academic, 2013.
Wright, Christopher J. H. *The Mission of God*. Dower Grove: IVP, 2006.

제2장

변화하는 현대 선교의 트렌드와 패러다임

1. 들어가는 말

급변하는 사회와 문화 속에서 현대 선교도 새로운 패러다임과 흐름으로 변화되고 있다. 미국의 선교 잡지인 「선교학」(*Missiology*)의 경향을 보면, 선교의 주제들이 다양하게 변화되고 있는 것을 알 수 있다. 타 종교와의 갈등과 회심의 문제, 선교와 상황화, 커뮤니케이션, 미전도 종족의 선교, 선교적 교회와 리더십, 선교 전략, 사회 봉사와 선교, 선교사의 사역 형태, 영적 전쟁의 문제, 이슬람의 확장과 선교 등 다양한 주제들이 논의되고 있다.

전반적으로 어떤 한 주제에 집중하고 있는 경향이 아니라 선교 현장의 여러 가지 이슈들과 선교사의 사역과 형태들에 대하여 논의되고 있다. 또한, 서구 중심의 선교에서 비서구 세계의 선교로 그 무게 중심이 옮겨지는 현상을 찾아볼 수 있다. 서구와 비서구 세계가 함께 선교의 파트너십을 갖고 고민하는 모습들을 발견해 볼 수 있다.

2. 변화하는 현대 선교의 패러다임과 트렌드

변화하는 현대 선교의 트렌드를 살펴보면, 다음과 같이 몇 가지로 정리해 볼 수 있다. 여기에서는 통전적 선교, 선교와 상황화의 문제, 오순절 선교의 부흥과 확산, 확산되는 세속화와 종교의 재흥, 종교 다원주의로 인한 갈등, 문화 현상으로서의 소셜 네트워크 서비스의 확장, 그리고 이슬람의 확장에 따른 기독교 선교 전략을 논의해 보도록 하겠다.

1) 통전적 선교(Wholistic Mission)

복음 전도와 사회 봉사의 총체적 사역이 계속 토론되고 있다. 1974년 로잔대회는 고전적 선교의 개념을 벗어나서 선교를 복음 전도와 기독교인의 사회적 봉사와 책임, 양자라고 선언하였다.[1] 그리고 이후 계속된 파타야 회의나 그랜드 래피즈 회의는 이 정의를 거듭 확인하였고, 1989년 마닐라에서 열린 로잔 II 대회는 1974년의 로잔 선언문을 재확인하는 것으로 막을 내렸다. 또한, 로잔과 동일한 그룹으로 보기는 좀 어렵더라도 지난 80년대와 90년대에는 하비 콘이라든지 올란도 코스타스, 르네 빠디아 등의 총체적 복음 개념이 강조되어 왔다.

특히 2010년 제3차 로잔대회인 '케이프타운 선언'은 세계 선교의 방향과 흐름에 대하여 논의하면서 제2부 "우리가 섬기는 세상을 위하여: 행동

---

[1] 제1차 로잔대회는 존 스토트가 중심이 되어 복음 전도, 교회 설립과 개척, 미전도 종족의 전도, 회심이 중심이 되었다. 이 제1차 로잔대회에서는 "선교"를 복음 전도와 사회봉사를 포함하는 넓은 의미로 이해하였다.

을 위한 요청"에서 세상을 향한 진정한 섬김의 정신을 역설하고 있다.[2] 모두 교회의 선교를 더 넓은 개념으로 제시하면서 복음 전도와 사회적 책임을 함께 논의하였다. 교회의 선교 개념에서 배제하던 흐름과는 다른 면모를 보이고 있는 것이다.

통합적 선교는 복음주의 선교적 측면에서의 발전이라고 할 수 있다. 하지만 예수 그리스도의 사역은 총체적 사역 모델을 보여주고 있다. 사도행전의 사도들 역시 복음 전도의 모델에서 통합적인 모습을 보여주고 있다. 이를 종합해 보면, 변화하는 '선교'의 트렌드와 흐름은 복음 전도와 사회봉사를 통전적으로 이해하고 있다.

2) 선교와 상황화의 문제

상황화 개념의 등장은 현시대의 시대적 사조의 영향이 절대적이었다. 그 이유를 살펴보면 다음과 같다.

① 기독교의 탈서구화 현상으로 나타난 것이다. 여기의 뿌리는 포스트모더니즘에 의한 발달 과정 사고의 붕괴가 영향을 주었다.[3] 실제로 오늘날 복음적 기독교인의 거의 70% 이상이 비서구에 위치한다.
② 문화인류학의 발달과 자기 위치 정립, 그리고 기독교 선교에서 문화인류학을 수용하게 됨에 따른 문화인류학적 영향으로 문화의 상대성

---

[2] 제3차 로잔대회, "케이프타운 선언문," 제2부, 2010.
[3] David J. Bosch, *Transforming Mission: Paradigm Shifts in Theology of Mission* (Maryknoll: Orbis Books, 1991), 349-350. 여기에서 데이빗 보쉬는 현대 사회의 특징은 포스트모더니즘의 등장이라고 설명하고 있다.

개념이 확산되고 있는 것이다.

③ 포스트모더니티의 특징인 사실(fact)과 가치(value) 간의 분명치 않은 구분이다.[4]

이러한 현상 역시 상황화 등장의 기조가 되었다. 선교의 시작은 복음이고, 선교의 끝은 상황화이다. 실제로 타문화권에서 선교를 위하여 상황화를 하는 것은 선교지의 현지인들과 효과적인 커뮤니케이션과 복음의 결실을 위한 절대적인 과정이다.

'타문화권에서 선교사가 어떻게 커뮤니케이션을 하느냐?'는 선교의 성패를 가름한다. 아무리 좋은 메시지를 가지고 있어도 현지인들과의 의사소통 문제와 현지인들에 대한 이해가 부족하다면, 복음 전달에 장애를 가져오는 결과를 초래한다. 폴 히버트는 상황화의 형태를 세 가지로 구분하였다.[5]

첫째, 무조건 상황화 거부이다.

과거에는 선교사들이 스스로의 결정에 의해 대부분의 옛 관습을 '이교도적"인 것으로 여겨 거부했다. 북, 노래, 연극, 춤, 몸치장, 특정한 옷과 음식, 결혼 관습과 장례식 등은 전통적인 종교와 직/간접적으로 관련되어 있으므로 그리스도인들은 받아들일 수 없다는 이유로 대부분 정죄되었다. 이러한 거부는 자문화 중심주의(ethnocentrism)에 기인한 것으로 선교사들은 복음을 자신의 문화와 동일시함으로써 결과적으로 다른 문화의 관습들을

---

[4] 전석재, 『21세기 복지와 선교』(서울: 대서, 2008), 164
[5] 히버트, 『선교와 문화 인류학』, 정홍호 외 역 (서울: IVP, 2018), 261.

나쁜 것으로 판단하는 경향이 있었다. 무조건적 상황화를 거부하면, 선교 사역의 어려움을 겪고, 현지인과 커뮤니케이션하기가 어렵다.

둘째, 무비판적인 상황화 수용이다.

무비판적으로 교회에 수용하는 것이다. 이 경우는 옛 관습들을 기본적으로 선한 것으로 보고 사람들이 그리스도인이 되어 그러한 관습을 그대로 유지해도 별 상관이 없다고 생각하는 것이다. 이러한 관점은 회심자의 삶에 있어서 변화를 최소화하는 무비판적인 상황화를 주장한다.

셋째, 비판적 상황화이다.

옛 방식에 대한 무비판적 거부와 무비판적 수용이 선교 사역에 어려움을 줄 수 있고, 혼합주의에 빠질 수 있다. 세 번째 형태는 비판적 상황화이다. 즉, 옛 신념들과 관습들을 거부하거나 수용하기에 앞서 잘 점검해 보는 것이다. 이는 우선 자신의 문화적인 상황에서 전통적인 신념과 관습이 차지하는 의미와 위치가 무엇인지를 생각해보고 성경의 기준에 비추어 평가하는 것이다.

그러면 어떻게 이러한 일을 이룰 수 있겠는가?

① 현지의 전통을 편견 없이 수집한다.
② 현지 지도자의 도움을 받는다.
③ 성경 공부를 통해 성경적 조명을 받는다.
④ 성경적 진리에 비추어 과거의 관습을 비판적으로 평가하고, 그 관습을 어떻게 할 것인가를 결정한다.
⑤ 현지인 스스로 결단하게 한다.[6]

---

6   폴 히버트.『선교와 문화 인류학』, 262-267.

선교와 상황화의 문제는 혼합주의(syncretism)를 초래할 결과가 있다고 하더라도 타문화권 선교 현장에서 다양한 형태로 나타나고 있다.

3) 오순절 선교의 확산과 부흥

아프리카 남미 비서구 세계를 중심으로 오순절 성령 사역 중심의 선교가 확장되고 있다. 제임스 필립스는 "오순절 선교는 폭발적인 양에서 뿐만 아니라 전략과 신학에서도 중심으로 부각되고 있다"라고 설명하고 있다.[7] 선교신학에서 성령론에 대한 논의가 활발히 진행되지 않았다. 복음주의신학에서 성령에 대한 언급은 있었지만, 오순절 운동에서 '성령의 사역'을 통하여 선교의 부흥과 확산을 이루고 있다. 오늘날 오순절 선교 운동은 선교신학의 중심 영역일 뿐만 아니라 21세기에는 오순절 운동의 선교 사역이 활발히 전개되고 있다.

라틴 아메리카의 개신교회(Evangelical Christian)와 아프리카에서 급성장하는 교회의 상당수는 이 오순절 운동과 선교의 열매이다. 제2차 로잔대회는 은사 운동 계통의 강사를 초빙하는 등 복음주의 계열에서 오순절 선교를 주목하고 있다. 현재 전 세계적인 기독교의 성장은 1.27%이지만, 오순절 운동의 교단은 성장률은 8.1%로 나타나고 있다.[8] 오순절 선교의 확산과 부흥은 미래의 선교에서도 계속될 것으로 예견해 볼 수 있다.

---

7 제임스 M. 필립스 & 로버트 쿠트, 『선교신학의 21세기 동향』, 홍용표 외 역 (서울: 이레서원, 2000), 23-24.

8 Michael Pocock, *The Changing Face of World Mission* (Grand Rapids, MI: Baker Academic, 2005), 84.

4) 확산하는 세속화와 종교적 재흥

세속화는 계몽주의 운동 이후 빠르게 진행되어왔다. 특히 유럽과 북미에 후기 기독교 시대가 도래되었다.[9] 종교적 재흥은 주로 세속화와 동반된 종교적 그리고 전통적인 가치관의 상실에 대한 반작용으로 나타났다. 그리고 공산주의 지배 아래 있던 나라들 가운데서 무신론주의의 도산에 대한 반작용이었다. 종교적 재흥 역시 힌두교, 불교, 전통 종교, 서구에서의 뉴에이지 형태, 그리고 러시아와 동구권 나라들로부터 출현하는 민족 국가들의 애니미즘(정령숭배 사상)을 섬기는 부족들 가운데 일어나고 있다. 하지만 이슬람이 가장 빨리 성장하는 세계 종교이다.[10] 새로운 종교의 운동과 확산은 매우 빠르게 진행되고, 다양한 문화의 요소들과 혼합되어 나타나고 있다.

5) 종교 다원주의 현상과 갈등의 확산

세계화(Globalization)와 4차 산업 혁명(The Fourth Industrial Revolution)으로 인하여 세계가 초연결과 커뮤니케이션으로 서로 많은 영향을 주고받으면서 활발히 교류가 일어나고 있고, 세계적으로 다양한 형태의 이민으로 다문화 다인종들이 세계를 만들고 있다.[11] 이러한 결과들로 인하여 점차적으로 여러 종교들이 진리의 다른 통로들을 수용하면서 종교 다원주의 현상이

---

9 Michael Pocock, *The Changing Face of World Mission*, 88-91.
10 전석재, 『변화하는 현대 선교 전략』(서울: 대한기독교서회, 2014), 214-236. 이슬람의 이해와 확장에 대하여 설명하고 있다.
11 인공 지능, 사물 인터넷, 빅데이터, 모바일 등 첨단 정보 통신 기술이 경제, 사회, 문화 전반에 융합되어 혁신적인 변화가 나타나는 차세대 산업 혁명이다.

나타나고 있으며, 그 안에서 서로 갈등과 심지어는 종교 간의 테러도 일어나고 있다.

새뮤얼 헌팅턴(Samuel P. Huntington)은 종교들이 종종 가장 영향력이 큰 문명의 충돌(the clash of civilizations)을 일으킨다고 설명하고 있다.[12] 헌팅턴은 8가지 문명을 예로 든다. 그것은 서양 문화, 동방 정교회 문화, 라틴 아메리카 문화, 중국 문화, 이슬람 문화, 힌두 문화, 일본 문화, 그리고 아프리카 문화이다. 여기에서 이슬람 문화와 서양 문화인 기독교 문화의 충돌을 예견하였다.[13]

6) SNS 발달(사회 관계망 서비스)로 기구·제도 중심의 선교에서 비조직·비제도 중심의 선교로

SNS의 영향으로 조직과 제도가 다양한 네트워크로 유동적으로 움직이며 비조직과 비제도가 활성화된 선교로 탈바꿈되고 있다. 더불어 SNS를 활용하는 선교의 다양한 형태와 구조가 나타나고 있다.[14] 소셜 네트워크 서비스는 선교의 효율성을 높여 주고 있다. SNS는 현대 선교의 패러다임과 트렌드에 변화를 주었고, 선교지에 거주하지 않는 비거주 선교도 가능하게 만들었다. 그뿐만 아니라 선교사 간의 정보와 관리 역할을 하기도 하고, 선교 현장의 이슈와 문제를 속도감 있게 파악하며, 위기 관리와 선교의

---

[12] 새뮤얼 헌팅턴(1927-2008년)은 "문명 충돌론"으로 널리 알려진 미국의 정치학자이다. 그는 하버드대학교에서 정치학과 교수로 58년간 강의를 하였으며, 비교 정치와 국제 정치 분야에서 많은 연구 업적을 남겼다. 특별히 그의 저서, 『문명의 충돌』은 8권역의 문명의 충돌을 예견하고 있다.

[13] Michael Pocock, *The Changing Face of World Mission*, 92-93.

[14] 전석재, 『변화하는 현대 선교 전략』, 146-148.

접근성을 높이게 되었다. SNS의 영향으로 현대 선교의 패러다임과 흐름은 지금도 계속 변화되고 있으며 더욱 발전되어 가고 있다. 현대 선교는 타문화에 대한 개방성과 SNS 시대에 발맞춘 네트워크와 파트너십 협력이 요구된다.

7) 이슬람의 부흥과 확장에 대한 기독교 선교

현재 세계인구는 77억 9천(2019년 통계청, UN 통계)으로 나타나고 있다. 이슬람의 급성장에 대하여 일본의 오사마 미야타 학자는 이슬람의 평등, 기부금 제도, 예배와 금식이 이슬람을 세계적 종교로 만들어 2030년에는 세계 인구의 1/3이 이슬람교가 될 것으로 예견한다.[15] 지난 50년간 기독교가 47%의 성장을 보였고, 불교는 63%의 성장률을 보여왔다. 힌두교가 117%의 성장률을 보였는데 반해, 이슬람교는 500%의 성장을 보였다.[16]

세계 이슬람교 인구는 17억이라고 하며, 세계 인구의 1/4정도이다. 한국에 체류하는 이슬람교도(무슬림)가 약 15만 명 이상으로 추정하고 있으며, 4만 명 정도는 한국인 이슬람교도라고 한다. 10년 후에는 국내 이슬람교도가 100만 명이 넘을 것이라는 추정을 하는 선교사도 있다. 특히 이슬람의 포교 정책은 이민, 다산, 결혼, 개종 등의 방법으로 그 인구를 넓혀 가고 있다. 또한 이슬람은 석유의 힘으로 세계 전면에서 막강한 영향력을 미치고 있다.[17]

이러한 중동의 급변하는 정황과 이슬람의 빠른 성장은 기독교 선교가 나

---

15 전호진, 『전환점에 선 중동과 이슬람』(서울: SFC, 2005), 113.
16 장훈태, 『최근 이슬람 상황과 선교적 이슈』(서울: 대서, 2011), 202.
17 이정순, 『21세기 한국이슬람의 어제와 오늘』(서울: 대서, 2012), 6.

아가야 할 방향을 어렵게 하고 있다. 이슬람의 부흥과 확산은 기독교 선교의 중요한 과제이다. 급변하는 중동의 변화와 국제 정세가 맞물려 이슬람의 확산은 계속될 것이다. 이슬람은 다산, 이민, 난민, 이주 근로자, 결혼 이주자, 유학생 등 다양한 형태로 부흥과 확장되어 나아갈 것이다.[18]

확산하여 가는 이슬람에 대해 기독교 선교에서 강조해야 할 점은 '이슬람 여성의 인권에 대한 관심'과 '난민,' 그리고 '아동'과 '박해를 받고 있는 이슬람교도' 등이다. 이슬람 국가에서 여성과 아동에 대한 인권 유린은 심각한 문제이다. 이러한 이슬람 여성과 아동, 최근에 시리아를 중심으로 급속히 증가하고 있는 '난민'을 위한 선교가 관심 사항으로 집중해야 할 필요가 있다.

3. 나가는 말

현대 문화와 사회는 포스트모더니즘의 영향, 그리고 종교 다원주의로 인한 긴장과 갈등, 세속화의 증폭, 이슬람의 부흥과 확장에 대한 기독교 선교의 대안, 그리고 제4차 산업 혁명으로 인한 인공 지능, 로봇, 사물 인터넷 등으로 현대 선교가 급속히 패러다임의 전환이 일어나고 있다. 이러한 시

---

[18] "퓨포럼"이 2009년 10월에 발표한 "세계 무슬림 인구 지도"(Mapping the Global Mulism Population)에 따르면 현재 이슬람교도 인구는 15억 7천 명이며, 전 세계 인구의 23%를 차지했다. 지난 세기 동안 이슬람교도가 무려 500%나 성장했고, 특히 기독교가 감소하는 유럽에서 지난 30년 동안 이슬람교도 인구가 300% 급성장했다. 현재 이슬람은 유럽 인구의 5%를 차지하고 있다. 2025년에는 유럽 인구의 16%에 달할 것으로 예상한다. 2019년 현재 세계 이슬람교도 인구는 약 17억 명이며, 세계 인구의 4분의 1에 가까운 수치이다.

대의 변화와 관점에서 선교의 트렌드를 읽어내는 눈(insight)과 안목을 가지고, 선교 전략과 범위를 재정립하고 방향성을 설정해 가야 한다.

참고 문헌

국내 도서
이정순. 『21세기 한국이슬람의 어제와 오늘』 서울: 대서, 2012.
장훈태. 『최근 이슬람 상황과 선교적 이슈』 서울: 대서, 2011.
전석재, 박현식. 『21세기 복지와 선교』 서울: 대서, 2008.
전석재. 『변화하는 현대 선교 전략』 서울: 대한기독교서회, 2014.
전호진. 『전환점에 선 중동과 이슬람』 서울: SFC, 2005.
제3차 로잔대회, "케이프타운 선언문," 제2부, 2010.
"퓨포럼." 2009년 10월, "세계 무슬림 인구 지도"(*Mapping the Global Mulism Population*)

번역서
히버트, 폴. 『선교와 문화 인류학』 정홍호 외 역. 서울: IVP, 2018.
필립스 제임스 M.·쿠트 로버트 T. 『선교 신학의 21세기 동향』 홍용표 외 역. 서울: 이레서원, 2000
헌팅턴 P. 새뮤얼. 『문명의 충돌』 이희재 역. 서울: 김영사, 1997.

해외 도서
Bosch David J. *Transforming Mission: Paradigm Shifts in Theology of Mission* . Maryknoll: Orbis Books, 1991.
Pocock, Michael. *The Changing Face of World Mission*. Grand Rapids, MI: Baker Academic, 2005.

제3장

미래 세대를 향한 전도 방향과 전략

1. 들어가는 말

미래 세대는 어떻게 변화되어 가는가?

필자가 2004년 조사 중심으로 작성한 학위 논문의 일부인 "전자 문화에 살아가는 N세대를 향한 전도 전략" 연구 결과의 후속 작업이다. 15년이 지난 이후 당시의 N세대(당시 17-25세)는 이제 32-40세의 나이가 되었다. 15년 동안 세대의 변화를 겪었고, 사회 문화적인 맥락에서도 많은 변화를 그들이 경험하였다. 여기에서 미래 세대라는 14-34세, 즉 중학생부터 대학을 졸업하고 직장 생활이나 갓 결혼을 한 세대에 이르기까지 연구 조사하였다. 제3장에서의 초점은 그들의 라이프 스타일 조사와 교회 인식에 관한 조사이다.

먼저 필자가 15년 전의 N세대 연구와 이번 교회 리서치 연구소의 통계 분석에서 나타난 미래 세대의 라이프 스타일과 교회 인식에 대하여 비교 분석을 하고자 한다. 결과적으로 15년 동안 그들의 라이프 스타일, 가치관, 세계관이 세대별로 어떻게 변동되었는지 살펴보고자 한다.

본 연구에서 보다 중요한 관점은 그들의 라이프 스타일과 교회 인식을 토대로 하여 미래 세대를 향한 전도 방향과 전략을 제시하고자 하는 것이다. 따라서 미래 세대에 대한 한국교회의 선교 방향을 조명하여 한국교회의 미래 세대를 향한 관리, 전도와 선교에 도움을 주고자 한다. 하지만 14-34세를 구분하여 중학생과 고등학생, 대학생, 직장인을 대상별로 전도의 방향과 전략을 세밀하고 집중적으로 다루기보다는 미래 세대라는 전제를 두고 전체적이고 포괄적으로 다루었다는 한계가 있음을 밝힌다. 세대별로, 나이별로, 학생(중고등학생과 대학생)과 직장인으로 구분하여 구체적으로 전도 방향을 계획하고 전략을 세우는 것은 다음에 연구하고자 한다.[1]

2. 미래 세대의 라이프 스타일과 교회 인식 분석

1) N세대와 미래 세대의 라이프 스타일 비교 분석

N세대는 SNS 네트워크 관계망을 자유롭게 운영하는, 넷(Net)을 중심으

---

[1] 에코 붐세대(echo-boom generation): 베이비 붐 세대(1955-1963년생) 자녀들로 1979년과 1992년(36세-23세) 사이에 태어난 2030세대 954만 명을 가리킨다. 최근 학자금 대출, 취업난 등으로 주거 불안에 시달리지만 내 집 마련 욕구는 강한 편이다. 통계청은 2010년 인구 주택 총조사 결과를 바탕으로 분석한 '베이비 붐 및 에코 세대의 인구·사회적 특성'을 발표했다. 조사 결과 2010년 11월 현재 베이비 붐 세대는 695만 명, 에코 세대는 954만 명으로 이 두 세대가 전체 인구의 34.4%를 차지했다. 전체 인구 비율 중 19.9%를 차지하는 에코 세대는 앞으로 20, 30년간 한국 사회를 이끌어야 할 세대지만 사회에 첫발을 딛는 시기부터 취업난, 결혼난, 주거난의 3중고를 겪고 있다. 에코 세대는 베이비 붐 세대의 자녀들로서 비교적 출생률이 높아 에코 붐 세대라고 한다. 즉, 메아리 세대라고 칭한다. 이들은 대체로 풍족한 환경에서 자라났고, 유행에 민감하며, 쇼핑을 좋아하고, 어려서부터 컴퓨터에 익숙하며, IT 기술 환경을 잘 활용하고 스마트폰으로 대변하는 SNS 문화 특징을 가지고 있다. 이들은 Y세대, M세대(밀레니엄세대), N(net)세대라고 부르기도 한다. 매일경제, 2014년 12월 1일. 두산백과 "에코 붐 세대"

로 살아가는 세대이다. 또한, N세대는 포스트모던 문화의 중심 가운데 살아가고 있다. 감성과 경험, 그리고 상대적인 가치와 다양성을 추구하는 문화에서 활동하고 있다. N세대는 개인주의적인 성향으로 소비적인 문화의 절대적인 영향을 받고 살아가며, 실제로 본인이 원하는 것은 가격에 구애받지 않고 구매하는 경향이 있다. N세대는 디지털 환경에서 자라나고 있다.

이러한 N세대는 70년대 후반과 80년대 이후 태어나 소비 문화를 주도하며, 인간의 이성보다 다양한 경험과 개인의 감성을 중시하고, 절대적인 권위와 객관적인 진리를 인정하지 않고, 상대적인 것을 추구하는 포스트모던의 사회 속에서 살아가면서 컴퓨터, 스마트폰, 통신과 인터넷이 삶의 필수가 되어 디지털 환경 속에 사는 N세대(Net Generation)라고 말할 수 있다.[2]

한국의 N세대(Net Generation)란 1990년 후반에 등장한 용어로 컴퓨터 정보 통신의 발달과 함께 자라고, 네트워크(Network)를 자유롭게 다루며, 그 속에서 생활하는 세대를 일컫는 말이다.[3] 이미 20대 중후반과 30대 초반에

---

[2] Aubrey Malphurs, *Church Next: Using the Internet to Maximize Your Ministry* (Grand Rapids, MI: Kregal Publication, 2003), 24. Aubrey는 그의 책에서 미국의 세대 구분을 Builders(born before 1946), Boomers(born 1946-64), Busters(born 1965-1976), Bridgers(born 1977-1994)로 나누었다. 미국의 Net Generation은 1977년 이후에 출생한 Bridgers 세대에 해당한다. Aubrey는 이 책에서 미국 Builders가 교회에 출석하는 퍼센트는 51%로, Boomers는 41%로, Busters는 34%로, 그리고 Bridgers는 29%라고 말하고 있다.

[3] 신상언, 『N세대를 위한 열 가지 교육 전략』(서울: 낮은울타리, 2001), 208-212. 신상언은 N세대는 1977년 이후 태어난 세대로 인지 능력이 생길 때부터 컴퓨터와 친숙한 세대를 말한다. N세대는 '접속'을 중시하는 네트워크 세대인 만큼 PC와 휴대폰이 필수품이다. 이 두 가지는 N세대를 시간과 장소의 제약으로부터 해방시키는 것이다. 그들을 다양하게 표현하는 데, N Generation, N-genders, Net Generation, Digital Kids 등으로 사용되는 N Generation은 컴퓨터, 비디오 게임, CD-ROM과 같은 디지털 미디어를 가지고 오락, 학습, 의사 소통, 쇼핑, 친교 등 거의 모든 것을 하며 성장했기 때문에 디지털 기술은 자연스럽게 그들의 문화가 되어버렸다.

이르는 N세대(Net Generation)는 힙합을 즐기고, 전자 메일을 띄우며, 직접 대화보다는 온라인과 SNS 안에서 네트워크를 즐긴다. 자기가 선호하는 일을 하고, 자신만의 전문 분야를 갈고 닦으며, 개인적인 가치를 소중히 여기고 좋아하는 일에 몰두한다. 스마트폰의 활용을 즐기며, 개성 있게 살면 성공한다고 믿는다. 항상 색다른 것과 변화를 추구한다. 이러한 N세대는 상상력과 창의력, 예술성과 문화적 감성들을 과학 기술 세계와 접목하면서 새로운 문화를 만들어 내고 있다.[4]

N세대는 포스트모던의 영향으로 다양한 가치와 감성을 중요시하며, 소비 문화 속에서 그들의 삶의 방식과 가치를 결정하고, 변화와 개성을 중요시하고, 새로운 디지털 환경 속에서 살아간다. 특별히 스마트폰 문화 안에서 SNS 같은 커뮤니케이션을 이용하여 서로의 관계를 만들어 가고, 정보를 수집하며, 공동체를 형성함으로 그들의 존재를 확인하고 있다.

또한, N세대들은 자기의 당면한 문제에 매우 민감하게 반응하는 것을 볼 수 있는 데, 이성 문제, 가족 간의 관계, 술이나 담배 문제보다 미래에 대한 계획, 직업의 선택, 그리고 입시 문제가 그들에게 중요한 이슈가 되고 있음을 알 수 있다.[5]

다음의 통계를 중심으로 N세대의 가치관을 살펴보면, 한국의 N세대는 여가 시간(Free Time)에 스마트폰 하기, 인터넷 하기(33%), 친구 만나기(23.2%), TV 보기(13.8%), 음악 듣기(12.2%), 책 읽기(4.7%), 비디오 보기(4.7%), 기타(8.4%) 등으로 시간을 보내는 것으로 나타났다.[6]

---

4 이금만, "N세대의 가치관 신앙 교육 방법" 「기독교 사상」 2006년 5월호, 54-55.
5 전석재, "사이버 문화와 신세대 전도 전략," 「선교신학」 제10집 (2005), 152-3.
6 필자의 통계는 조사에 응한 N세대 433명 중 응답자 300명을 중심으로 해서 데이터를 내어 분석한 것이다. 이 데이터에서는 고등학교 학생에 해당하는 17-19세가 32.6%, 그리

N세대들이 좋아하는 음악을 보면, 아이돌의 대중가요(42.7%), 팝, 락(19.7%), 랩, 힙합(12.7%), 클래식(8.8%), 복음 송(6.7%), 기타(9.4%) 등으로 나타났다.[7] 그들이 당면한 중요한 과제와 이슈는, 미래의 계획(37.8%), 입시와 진로(23.5%), 경제적 문제(15.8%), 이성 문제(5.8%), 가족 간의 단절(5.8%), 술, 담배의 문제(5.2%), 학교 폭력(3.8%), 기타(2.3%) 등으로 파악되었다.[8]

본 보고서는 미래 세대를 다음과 같이 분류하였다. 한국의 미래 세대는 출생 동시 집단별(2001년-1999년, 1998년-1996년, 1995년-1992년, 1991년-1987년)로 구분하고, 이들의 행동 패턴을 이해하기 위해 객관화가 가능한 라이프 스타일에 의한 접근이 요청된다.[9] 이러한 미래 세대에 대한 라이프 스타일에 대한 분석은 본 보고서를 중심으로 특징을 나타내었으며, 거기에 따른 필자의 해석이 함께 제시되었다.

본 보고서에 따르면, 신인류 세대는 현재 20대에 해당하는 사람들로 일명 "N세대"라고 불린다. 1980년에서 1989년 사이에 태어난 이들은 2000년 남북 이산 가족 상봉, 김대중 대통령 노벨 평화상 수상 등 남북 간 교류가 증가하고 민족적 화합이 이루어지는 시기에 청소년기를 보내고 있다.[10] 경제적으로는 기업의 구조 조정이 가시화되고 젊은이들 사이에서 벤처 창

고 20-22세가 34.7%, 23-24세가 19.3%, 25-27세가 12.7%, 기타 0.7%로 나타났다. 남녀 비율은 남자가 41.6%로, 여자는 58.4%로 나타났다. 그리고 인터뷰는 개인 인터뷰와 그룹 인터뷰를 나누어서 시행하였고, 그룹은 3개의 그룹으로 나누어서 인터뷰를 하였다. Seok Jae Jeon ,"Toward Effective Evangelism Strategy in Electronic Culture: A Focus on New Generation in Korea." (Dayton, OH: United Theological Seminary, 2004).

7 이금만, "N세대의 가치관 신앙 교육 방법," 55.
8 이금만, "N세대의 가치관 신앙 교육 방법," 56.
9 한국의 총인구는 2005년 현재 47,041,434명으로, 15-19세는 총인구의 6.7%를, 20-29세는 총인구의 13.9%(20-24세: 7.4%, 25-29세: 6.5%)를 차지하고 있다.
10 박관희, "한국의 미래 세대 그들은 누구인가?" 교회 리서치연구소, 2014, 9.

업의 열풍이 부는 등 급격한 변화와 혼란이 계속되고 있다. 정보화 시대를 사는 이들에게 컴퓨터와 인터넷은 일상 생활에서 필수적인 요소가 되었다.

사이버 공간을 통해서 혹은 그 속에서 새로운 사람들과 만나기를 꺼리지 않는다. 또한 "엽기"와 같은 새로운 의미의 언어 만들기를 즐긴다. 이들은 편리함, 빠름, 이용, 자유, 개성, 재미, 감각 등에 큰 가치를 둔다. 현재 이들은 사회 초년생으로서 자신의 이상과 비전 만들기에 열중한다. 미래를 위해 준비하면서 자신만의 인생을 처음으로 설계하기 시작한다. 또한, 인생의 스승을 찾고 다른 사람들과 친밀감을 형성하기 위해 노력한다.

밀레니엄 세대는 일명 "M세대"(Millennium Generation)라고 명명하고자 한다. 청소년(10대)인 이들은 신체적, 심리적으로 불안한 과도기적 상태에 놓여 있고, 부모로부터 심리적으로 독립하려고 시도하며, 자신의 정체감을 형성하려 애쓴다. 이들에게는 또래인 친구들이 아주 중요하고, 그들의 영향력 또한 매우 크다.[11]

그러면 출생 동시 집단별의 분류를 보면, 2001-1999년과 1998-1996년은 "물질-권위형"의 특징을, 1995-1992년은 "개인-주도형"과 "현실-동조형" 및 "집단-개방형"을, 1991-1987년과 1986-1981년은 각 "전통-보수형"의 특징을 갖고 있다.[12]

이를 통해 알 수 있는 사실은 2001-1999년과 1998-1996년과 1991-1987년과 1986-1981년의 양대 출생 동시 집단은 "물질-권위형"과 "전통-보수형"과 같이 명확하게 구별되는 라이프 스타일 유형을 갖는다는 점이다. 그

---

[11] 2000년-2009년 사이에 태어난 사람들은 "D세대"(Digital Generation)라 명명하고자 한다. 이들은 지금 유·소년기를 보내는 집단으로, 디지털 문화(Digital)에 접하고, 이것을 선도할 세대이다.
[12] 박관희, "한국의 미래 세대 그들은 누구인가?" 교회 리서치연구소, 2014, 23.

것은 출생 동시 집단이 처한 상황, 즉 중·고등학교 생활과 대학 졸업과 사회 초년생의 과도기가 반영된 것으로 보인다. 독특한 것은 대학 생활을 하는 출생 동시 집단은 위에서 설명한 양대 출생 동시 집단과는 다른 라이프 스타일 특징을 갖는다는 것이다.[13]

인생의 목표를 보면 건강한 것(29.5%), 가정 생활이 즐거운 것(21.5%), 좋은 친구가 많은 것(17.5%), 돈과 여가/휴가가 10.7% 등의 순으로 나타났다. 이를 통해 알 수 있는 것은 미래 세대들은 경제 생활(직업과 돈)보다는 인간 관계(친구와 가정생활)와 웰빙(well-being)의 삶(건강 및 여가/휴식이 삶)을 중요하게 생각한다는 것이다.

미래 세대는 인생의 고민거리를 보면 진로/학업(36.0%)이 가장 높게 나타났고, 경제적 어려움(14.7%), 건강(10.3%), 이성 문제(9.7%)와 친구 관계(8.5%) 순으로 나타났다. 주목할 점은 미래 세대들에게는 건강이나 인간관계(친구 관계, 이성 문제, 부모와의 갈등)보다는 경제 생활(진로/학업, 경제적 어려움)이 더 중요한 것으로 나타났다.[14]

미래 세대들은 일요일에 시간을 어떻게 보내는지를 보면 집에서 휴식(26.0%)과 종교 행사 참여(26.0%)가 절반 이상을 차지하였고, 가족과 놀러 감·나들이(8.3%), 학업 문제(7.1%), 스포츠·레저 활동(4.1%) 순으로 나타났다. 이를 통해 알 수 있는 것은 집 밖의 외출(32.0%) 또는 집 안에서의 휴식

---

[13] 박관희, "한국의 미래 세대 그들은 누구인가?," 24.
[14] 박관희, "한국의 미래 세대 그들은 누구인가?," 24. 2004년 필자의 N세대 설문 조사와 비교해 보면, 진로와 미래의 계획, 경제적인 문제가 여전히 미래 세대 전반에 걸쳐 가장 큰 고민거리임을 알 수 있다. 미래 세대는 2004년 N세대보다 이성 문제와 친구 관계의 문제에도 보다 더 고민을 하고 있음을 알 수 있다. 이들의 인생의 목표는 건강과 가정 생활의 행복이 50%가 넘고, 좋은 친구를 만나는 것 등이 매우 높게 나왔다. 물질의 여유 있는 생활 속에서 자란 미래 세대는 인생의 목표가 돈/물질이 인생의 최고의 가치가 아님을 본 보고서에서 밝혔다.

(29.8%)과 같은 여가 시간(61.8%)과 종교 행사 참여(26.0%)의 2가지 형태로 나타난다는 점이다. 미래 세대는 휴일에 여가 시간을 어떻게 활용하느냐가 매우 중요한 가치임을 알 수 있다.[15]

2) N세대와 미래 세대의 교회 인식 분석

N세대들이 생각하는 이상적인 한국교회의 상(Ideal Church)은 무엇인가? 먼저 N세대들이 생각하는 교회의 이미지와 인상은 다소 부정적임을 알 수 있다. 본 설문 조사의 응답자 300명 중 203명이 한국 개신교회의 이미지에 대하여 대답했는데, 약 80% 정도 가까이 한국교회에 부정적인 이미지를 가지고 있음을 확인할 수 있었다. 그들이 생각하는 부정적인 요인을 보면, 너무 '한국교회와 기독교가 배타적이다'(28%), 그리고 '자기중심적이고 타 종교에 폐쇄적이다'(23%), '지나친 상업적인 확장'(21%)에 집중되어 있고, '사회적 책임이 부족'(15%)하고, '교회, 교파 간의 연대가 없다'(13%)고 부정적인 요인을 밝히고 있다.[16]

교회성장연구소의 자료에 의하면, 불신자들이 생각하는 개신교의 부정적인 이미지를 보면, '참 진리보다 교세 확장에 우선됨'(32.3%), '헌금을 강요함'(19.4%), '너무 규율을 강조함'(15.5%), '배타적이고 불친절함'(12.0%),

---

[15] 박관희, "한국의 미래 세대 그들은 누구인가?," 25.
[16] 이원규, 『한국교회 어디로 가고 있나?』 (서울: 대한기독교서회, 2002), 253-4. 이원규는 한국교회가 배타적인 이유를 다음과 같이 이야기하고 있다. 첫째로, 한국교회가 지나치게 경쟁 의식에 사로잡혀 있고, 성공에 집착하기 때문이라고 했다. 둘째로, 한국교회가 무비판적으로 서구 신학을 답습하고 있기 때문이다. 지금까지의 서구 신학을 불변의 진리로 고수하고 있는 근본주의 신학 전통의 보수 교단들이 한국 개신교의 주류를 형성하고 있다는 사실이 한국교회로 하여금 타 종교에 대하여 강한 거부감과 적대감을 갖게 만든 주요한 이유이다.

'목회자의 자질이 문제임'(9.0%), '교인들이 사랑이 없음'(6.5%), '지역 사회 봉사에 너무 소극적임'(5.3%)으로 나타났다.[17] 불신자의 눈에 비친 개신교의 부정적인 이미지에서 가장 많이 응답한 것이 상업적인 교세 확장에 대한 부정적인 시각이었다. 교회성장연구소의 조사와 같이 N세대들 역시 개신교의 배타적이고, 폐쇄적이며, 수단과 방법을 가리지 않은 교세 확장에 대하여 상당한 거부감을 가진 것을 알 수 있다.[18]

기독교윤리실천운동본부의 최근 발표, "2010년 한국교회의 사회적 신뢰도 여론 조사"에 따르면, 한국교회를 '신뢰한다'는 응답 비율이 17.6%였던 반면, '신뢰하지 않는다'는 응답은 48.4%로 나타났는데, 신뢰도가 감소한 이유는 '언론에서 부정적인 내용을 접해서'가 18.6%, '언행일치의 모습을 볼 수 없어서'가 15.6%, '교인들의 비윤리적인 행동 때문에'가 14.9%로 나타났다.[19] 그리고 가장 신뢰하는 종교 기관으로는 로마 가톨릭 41.4%, 불교 33.5%, 개신교회가 20%로 나타났다.

응답 내용을 종교별로 보면, 개신교인의 경우 개신교회를 신뢰하는 비율

---

[17] 교회성장연구소, 『한국교회 불신자 전도 전략에 대한 연구』(서울: 교회성장연구소, 2004), 45. 본 연구소에서는 "불신자의 생활 양식, 종교 선호도, 그리고 개신교에 대한 시각"의 대한 실태 파악을 연구 목적으로, 9개 지역 18세 이상 불신자 1,500명을 대상으로 2004년 3월 25일부터 5월 25일까지, 질문지(Structured Questionnaire)를 통해 가구 방문에 의한 일대일 개별 면접을 한 후 연구 발표하였다.

[18] 필자의 통계는 조사에 응한 N세대 433명 중 응답자 300명을 중심으로 해서 데이터를 내어 분석한 것이다. 이 데이터에서는 고등학교 학생에 해당하는 17-19세가 32.6%, 그리고 20-22세가 34.7%, 23-24세가 19.3%, 25-27세가 12.7%, 기타 0.7%로 나타났다. 남녀 비율은 남자가 41.6%로, 여자는 58.4%로 나타났다. 그리고 인터뷰는 개인 인터뷰와 그룹 인터뷰를 나누어서 시행하였고, 그룹은 3개의 그룹으로 나누어서 인터뷰를 하였다. Seok Jae Jeon "Toward Effective Evangelism Strategy in Electronic Culture: A Focus on New Generation in Korea." Dayton, OH: United Theological Seminary, 2004.

[19] 기독교윤리실천운동본부, "2010년 한국교회의 사회 신뢰도 여론조사 결과 발표 세미나" (서울: 기독교윤리실천운동, 2010), 11.

은 59%이고, 불신한다는 비중은 16.8%로 나타났다. 그러나, 비기독교인의 경우는 개신교회를 신뢰하는 사람은 8.2%이고 불신하는 사람들의 비중은 55.4%로서 절반이 넘는 사람들이 개신교회를 불신하고 있는 것으로 나타났다.[20]

최근의 기독교윤리실천운동본부가 발표한 2014 한국교회 사회 신뢰도 설문 조사에 의하면, 가장 신뢰하는 종교가 로마 가톨릭 29.2%, 불교 28%, 기독교 23.1% 순으로 응답 되었다. 2014년 2월 발표한 기독교윤리실천운동본부의 조사에서는 가장 신뢰하는 종교가 기독교 19.4%, 로마 가톨릭 29.2%, 불교가 28.2%로 나타났다. 실제로 세 종교 가운데 기독교의 신뢰도가 가장 낮음을 알 수 있다. 기독교에 대한 신뢰도는 2010년 대비 소폭 상승한 것으로 나타났다.

한편, 한국교회를 신뢰하지 않는 이유로는 '언행일치가 되지 않아서'(24.8%)가 가장 크게 나타났으며, 다음으로 '교회 내부적 비리나 부정부패가 많아서'(21.4%), '타 종교에 대해 비판적이고 배타적이어서'(10.2%), '선교 활동이 지나치고 강압적으로 전도해서'(10.0%) 순으로 응답하였다.[21]

미래 세대들의 과거 교회 출석 경험을 보면 '있다'가 82.7%, '없다'가 15.3%로 과거에 교회 출석 경험이 대부분을 차지하는 것으로 나타났다. 이것은 미래 세대들이 자신의 신앙과 믿음에 의해 출석하기보다는 모태 신앙이나 집안의 가풍에 의해 출석한 것으로 그 가능성을 보여주는 수치이다. 미래 세대가 과거 교회를 떠난 이유를 보면, '교회에 관심 없다'(22.5%),

---

[20] 전석재, 『변화하는 현대 선교 전략』(서울: 대한기독교서회, 2014), 160-61.
[21] 기독교윤리실천운동본부, "2013년 기윤실 한국교회 사회적 신뢰도 여론조사," "2014년 기윤실 한국교회 사회적 신뢰도 여론조사" (서울: 기독교윤리실천운동본부, 2013, 2014), 10.

'믿음이 없는데 믿음을 강요한다'(13.0%)와 '지나친 전도가 싫다'(12.9%), '없다'(11.0%) 및 '많은 모임과 행사 참여가 부담스러워'(10.1%), '나와 안 맞아 편안함이 없다'(8.5%)와 '주위 가족의 영향 때문에'(7.5%) 순으로 나타났다.[22]

미래 세대의 기독교 선호도를 보면 5:3의 비율로, '선호하지 않는 것'(31.6%)보다는 '선호한다'(53.1%)가 높은 것으로 나타났다. 미래 세대가 생각하기에 교회 이미지를 보면 '구제나 봉사 활동을 잘함'(23.0%), '참된 진리 추구보다 교세 확장 관심'(17.2%), '사회에 미치는 영향력 증가'(11.4%), '지나치게 헌금을 강요하는 경향'(9.3%), '시대의 변화에 빠르게 적응함'(8.6%), '종교 지도자의 자질이 우수함'(8.1%), '개인적인 문제에 해답을 줌'(8.0%) 순으로 나타났다. 이것은 미래 세대에게 있어 교회 이미지가 부정적인 것보다는 의외로 긍정적이라는 것이다.[23]

미래 세대가 보는 바람직한 교회 상(像)을 보면 '교회는 자유롭고 편안해야 한다'(21.2%), '교회는 예배가 제일 중요하다'(19.1%), '교회는 친교 및 인간관계가 제일 중요하다'(11.1%), '교회는 전도와 선교가 살아있어야 한다'(10.6%), '교회는 기도와 찬양이 많아야 한다'(9.1%)와 '교회는 설교가 좋아야 한다'(9.0%) 순으로 나타났다.

이를 통해 알 수 있는 것은 예배(기도, 찬양 및 설교 포함)와 더불어, 내적 회중보다는 외적 청중과의 관계가 중요하다는 점이다. 이것은 향후 미래 한국교회의 사명과 그 사명의 방향성을 고려해야 하는 수치이기도 하다. 왜냐하면, 교회 사명은 내적 회중에게는 경배와 제자도 및 전도와 같은 수

---

22 박관희, "한국의 미래 세대 그들은 누구인가?" 25-26.
23 박관희, "한국의 미래 세대 그들은 누구인가?" 31.

직적 관계(믿음)를, 외적 청중에게는 교제 및 사회적 행동과 같은 수평적 관계(사랑)를 지향해야 하기 때문이다.[24]

미래 세대가 기독교를 생각할 때, 선호하는 단어는 '예수'(57.7%)라는 단어가 절반 이상을 차지하였고, '성경'(19.7%), '교회'(12.6%) 순으로, 싫어하는 단어는 '기독교인'(58.2%)이 60%를 차지하고, '목사'(14.5%), '교회'(10.2%)와 '성경'(10.1%) 순으로 나타났다. 미래 세대는 신앙의 대상으로서 예수님은 선호하지만, 종교로서 기독교는 부정적으로 인식하는 것이라는 것이다. 이것은 한국교회가 한국 사회에서 기독교의 종교 지형이 개신교는 감소하고, 로마 가톨릭은 증가하는 등의 지형으로 변화하고 있는 이유이다.[25]

물론 각 종교의 종교인 증가가 그 종교(특히, 증가하는 종교인 불교와 로마 가톨릭)의 신앙에 적극적으로 찬성하는 것만은 아니라는 것이다(표 3-2). 왜냐하면, 교회 인식에서 '신앙 없는 소속인'(42.5%)이나 '종교적 무신론자'(15.3%)와 같이 '종교성은 있지만, 신앙심이 없는 사람들'(57.8%)이 절반 이상(60.0%)을 차지하기 때문이다(표 4-3). 2004년 필자의 설문 조사와 2014년 교회 리서치 연구소의 설문 조사를 비교해 보면, 교회 인식에 대한 이미지는 미래 세대가 긍정적인 선호도로 높아진 의외의 결과가 나왔지만, 기독교와 기독교인에 대하여서는 비슷하게 부정적인 이미지로 나타나고 있음을 알 수 있다.

미래 세대의 라이프 스타일과 교회 인식, 전도에 대한 인식 조사를 토대로 하여 미래 세대를 향한 전도 방향과 전략을 설명해 보고자 한다.

---

[24] 박관희, "한국의 미래 세대 그들은 누구인가?" 33-34.
[25] 박관희, "한국의 미래 세대 그들은 누구인가?" 35.

3. 미래 세대를 향한 전도 방향과 전략

계속해서 다음 세대를 연구하며, 강의하면서 고민하며 관심을 가졌던 분야가 미래 세대(N세대)를 향한 선교이다. 미래 세대를 향한 전도의 방향과 전도 전략은 여러 가지 관점에서 시행할 수 있지만, 필자는 포스트모던 문화라는 현대 문화에서 적절하고 실현 가능한 전도 방향과 방법을 몇 가지로 정리해서 논의해 보도록 하겠다.

1) 미래 세대를 향한 교회의 전도 방향

미래 세대를 향한 전도 방향은 크게 다섯 가지 영역에서 설정하였다. 연구 보고서를 기준으로 대상자를 세분화하여 전도하는 맞춤 전도, 미래 세대의 삶의 중심이 된 SNS 문화를 활용하는 접촉점을 갖는 방법, 사회 관계망, 공동체를 형성하여 관계성을 형성, 이미지가 이데올리기가 되어 버린 사회에서의 이미지를 적극적으로 표현, 경험과 라이프 스타일을 소개하는 방향으로 논의했다.

(1) 대상자를 구체적으로 세분해라

중·고등부의 필요와 대학생의 필요, 초기 직장인들이 원하는 것과 갓 결혼한 미래 세대의 필요는 구체적으로 다르게 나타나고 있다. 거기에 따른 적절한 세분화 작업을 시행해서 각각의 출생 집단의 기호와 필요에 따른 전도의 방향이 설정되어야 한다.

본 보고서는 출생 동시 집단별(2001년-1999년, 1998년-1996년, 1995년-1992년, 1991년-1987년)로 구분하였다. 중·고등학생, 대학생, 직장인의 라이프 스타일과 추구하는 가치, 교회의 인식, 소속감, 신앙의 정도가 다름을 알 수 있다. 교회에서 전도 대상자를 파악하고 전도를 시행하기 위한 계획을 설정할 때, 어떤 대상자에게 전도할지 세분화하여 맞춤 전도를 기획하고 전략적으로 소통해야 한다. 예를 들면, 중·고등학생들의 경우는 입시와 공부에 대한 부담감, 대학생들은 진로와 취업, 직장인(20대 후반, 30대 초반)은 결혼과 직장 생활 등이 그들의 중요한 관심이며, 이슈인 것이다.

(2) SNS 문화를 적극적으로 활용하라

현대인의 커뮤니케이션의 방식이 혁명적으로 바뀌었다. SNS 공간에서의 인간관계는 오프라인보다 더 개방적이다. 내가 직접적으로 아는 친구나 지인 외에 친구의 친구처럼 간접적으로 아는 사람, 그리고 전혀 모르는 사람과 관계를 형성하는 것도 어렵지 않게 이루어질 수 있다. 한 번도 만나지 못한 SNS 친구들은 가상 친구이긴 하지만 온라인상의 피드백으로 오프라인에서 만나는 친구보다 더 많은 '소통'을 하기도 한다. 이러한 복잡한 SNS 친구들과의 관계는 자신을 더 멋지게 만들어 보이고 싶은 마음을 표현한다.[26]

SNS를 통해 많은 정보를 제공 받고, 서로 간의 커뮤니케이션을 오프라인보다는 온라인 안에서 더 많이 이루어지는 것을 볼 수 있다. 그리고 사이버 공간 안에서 '나'를 표현하고 '다른 이들'과 소통해 보려는 욕구로 표현되는 블로그나 그룹 방은 이제 미래 세대들에게 중요한 문화가 되었다.[27]

---

[26] 김난도 외 4명, 『트렌드 코리아 2015』 (서울: 미래의창, 2015), 323.
[27] '블로그'(blog)는 '웹'(web)과 '일지'(log)의 합성어로 인터넷에 쓰이는 웹일지를 일컫는 용어이다. 취업 포털 사이트인 '사람인'에 따르면 2004년 6월 13-20일에 직장인 655명을 대상으로 조사한 결과 70.4%(461명)가 근무 시간에 SNS에서 미니 홈피나 블로그를

그러므로, 스마트폰과 인터넷을 통하여 개인적이고 주체적이며 쌍방적인 관계를 맺으며 성장한 이른바 디지털 세대라고 할 수 있는 미래 세대는 철저한 개인주의와 감성을 바탕을 둔 지적 개방성을 지녔다. 또한, 스마트폰과 인터넷을 통한 세계 내의 다양성을 체험함으로 가능해진 포용성의 확대와 함께, 쌍방향적 관계성 안에서의 교육 및 대화를 통한 자유로운 자기표현과 강한 자기주장, 혁신을 추구하는 문화, 성숙성에 대한 집착, 탐구적 문화, 성급하기까지 한 신속성 추구, 끊임없는 사실 확인을 통한 신뢰 추구 등이 디지털 사회의 대표적 특징들로 지적된다.

스마트폰은 바로 이러한 미래 세대가 추구하는 변화가 실제의 삶 속에서 더욱 구체화되고 있다는 것을 보여주는 한 예이다.[28]

해외의 온라인 선교사인 제니 호넥(Jenney Horneck)은 'Global Media Outreach'와 2004년부터 전 세계의 사람들에게 트위터를 비롯한 SNS를 활용하여 선교 사역을 해 오고 있다. 그들은 이러한 방법으로 놀라운 회심을 경험했다고 말한다. 세계적으로 1천7백만 명의 영혼을 구했다고 밝히고 있다.[29] 번개탄으로 불리는 징검다리선교회 대표 임우현 목사는 자신의 활동 모습, 라디오 프로그램 소식이나, 소소한 일상 이야기, 신앙적인 권면 등을 포스팅하는 것으로 페이스북을 활용하고 있다.[30]

SNS는 소통과 관계를 중요시 여기며, 전도 대상자에 초점을 맞추며 전도할 수 있으며, 시대적인 요청에 맞는 전도, 언제 어디서나 복음 전도를

관리하고 있는 것으로 확인했다.
[28] 임성빈, "블로그 세대의 특징과 목회적 접근"「목회와 신학」2010년 10월호, 219.
[29] 구성모, "사이버스페이스 안에서 N세대를 위한 선교 방법,"「선교신학」제37집 (2014), 33-34. www.kcjlogos.org/⋯/articleList.html.
[30] http://jing.co.kr.

할 수 있는 전도법이다. SNS는 비신자들에게 교회가 세상과 함께 아름다움을 만들어 가기 위해 소통하며 관계하여 복음과 교회에 대한 긍정적인 시각을 갖게 하며, 교회에 부정적 거부감을 감소시키는 전도법이다.

SNS를 통한 인맥 관리나 소통은 오프라인에 비해서 전도자에게 부담을 적게 해 주며, SNS를 통해 관계 맺은 사람들을 초청하여 식사나 특별 공연을 통해 세상과 교회가 연결될 수 있다.[31] SNS로 전도하는 것은 한계점이 있지만, 이 시대 미래 세대들과 관계와 소통할 수 있는 기회라고 생각한다.[32]

(3) 사회 관계망(공동체)을 넓혀라

신개인주의에 익숙한 문화를 가진 미래 세대에게 그들의 네트워크 관계망을 만들어서 공동체를 만들어 주는 것이 소속감과 참여를 가질 수 있다. 실제로 공동체의 삶에 목말라 있는 그들에게 온라인과 오프라인에서 관계망을 형성하여 서로 소통할 수 있는 장을 제공하는 것이다. 반드시 기독교적인 이야기나 모임이 아니라도 그들이 안고 있는 이슈에 대한 논의와 토론, 아니면 일상적인 삶의 이야기를 나눌 수 있는 공간을 제공하자는 것이다.

레너드 스윗(Leonard Sweet)은 그의 책 『포스트모던 필그림』(*Postmodern Pilgrim*)에서 관계의 문제는 포스트모던 문화의 중심에 놓여 있다고 했다.[33] 사회학자 다니엘 얀켈로비치는 개인주의에 속해 있는 미국 문화가 얼마나 공

---

[31] 고재관, 이동현, 『스마트 전도법』 (서울: 은혜출판사, 2012), 18-22.
[32] 황병배, "미디어 선교를 통한 기독교 커뮤니케이션," 『선교신학』 제26집, 324.
[33] Leonard Sweet, *Postmodern Pilgrims* (Nashville, TN: Broadman & Holman Publishings, 2000), 29-30.

동체 안에서 관계를 원하고 있는지를 다음과 같이 말해준다.

> 개인주의에 익숙한 사람들은 사회 연구를 통해, 세상 어디에나 넘치는 온정과 신실한 믿음이 있음을 알아냈다. 서구인들은 영적으로 중요한 삶의 질적인 향상, 더 깊은 유대감, 공동체적인 삶에 굶주려 있다.[34]

개인주의의 추구가 아닌 혈연이나 지연 공동체가 아닌 선택 공동체의 연합을 갈망하는 모습을 반영하고 있다. 포스트모던 시대에 살아가는 사람들이 아주 개인적이면서도 동시에 매우 공동체적인 삶을 살고 싶어 하는 이중적인 모습을 보여주고 있다.

그러므로 많은 사람은 그들이 갈망하는 공동체를 발견하고, 소속감을 느끼기 원하며, 그러한 공동체를 찾고 추구한다. 교회는 그들에게 자연스러운 다리가 되어 포스트모더니즘의 세계관에서 살아가는 비신자 미래 세대를 사회 관계망, 공동체 안으로 초대해야 한다.[35]

이와 더불어 교회는 수직적인 구조보다는 네트워크라는 수평적인 구조로 전환해야 한다. 전통에 기반을 둔 교회와 교단의 조직에서 벗어나 그물망처럼 연결된 비신자들의 인간, 사회적 네트워크 속으로 들어가 연계돼야 한다. 이러한 비신자 미래 세대들이 속해 있는 사회와 문화의 네트워크 속에서 기독교 공동체가 관계를 맺고 공유하여 예수 그리스도의 현존이 되어야 한다.[36]

---

[34] Sweet, *Postmodern Pilgrims*, 110.
[35] Craig Van Gelder, "Postmodernism and Evangelicals," 498.
[36] 김영래, "웹 2.0 문화와 21세기 교회"「문화시대의 창의적 그리스도인」, 143-144.

(4) 이미지를 적극적으로 표현하라

모던 문화가 언어를 기반으로 했다면, 포스트모던 문화는 이미지를 추구한다. 포스트모던인들은 문자나 교리를 통해 메시지를 이해하기보다는 이미지나 은유를 통해 메시지를 이해한다.[37] 이미지 생산의 대표적인 예는 SNS, 대중 전자 매체인 TV, 여러 매체의 광고, 영화 등을 볼 수 있다. 이미지가 상품을 팔고, 또한 이미지는 그 문화를 주도한다.

현대 세계는 언어에 근거를 두었다. 신학자들조차 이성과 질서를 종교의 핵심에 놓으면서 지적인 신앙을 창조하려고 했다. 신비와 은유는 지나치게 불분명하고, 모호하며, 비논리적이라고 해서 배제했다. 그러나 이미지는 인간 정신의 가장 심오한 능력에 영향을 주며, 인간과 관계를 맺으면서 세계 공용어가 되어 가고 있다. 은유는 세계의 공통적인 언어로 되었다. 왜냐하면, 영상 이미지는 문자보다 더욱 강하기 때문이다. 그래서 레너드 스윗은 언어에 대한 이미지 영상의 우위는 명백하다고 말하고 있다.[38]

이미지 문화는 은유, 상징, 이야기가 복잡한 그물처럼 짜인 상징화된 시스템이다. 문화 안에 있는 가장 기초적인 가치는 그 문화 안에 있는 가장 근본적인 개념의 은유 구조와 연결된다. 이미지 추구는 포스트모더니즘 문화뿐만 아니라 인간 정신 자체가 지니는 특별한 활동이다. 인간의 정신은 은유로 이루어져 있고, 은유는 실재를 창조한다. 또한, 은유는 사고와 행동을 구성한다. 은유는 언어 이상의 것이다. 포스트모던 문화에서 이미지는 힘의 언어로 작용한다.[39]

---

[37] 전석재, "포스트모던 문화와 선교 전략,"「선교신학」제12집 (2006).
[38] 레너드 스윗,『미래 크리스천』, 김영래 역 (서울: 좋은씨앗, 2005), 110.
[39] 예를 들면, 사이버상에서 아바타 문화, 동방 정교회의 아이콘들, 자산이 되는 상표들, 우리에게 보이는 광고물 등 이것들은 우리에게 이미지를 형성하고, 전달되며, 심지어 교육

오늘날은 이미지가 이데올로기가 되어 버린 사회이다.[40] 일상을 촬영하기 위해 더이상 무겁고 번거로운 카메라가 필요 없이 스마트폰으로 모든 것이 가능해졌다.

SNS 이용자들은 즉각적인 정보, 즉각적인 사진, 즉각적인 영상에 익숙하다. 이들의 즉각성은 SNS의 인터페이스를 점점 간편하게 만들었고, 더 많은 이미지 세대를 집결시켰다. 이러한 시대를 가리켜 이미지가 이데올로기가 되어 버린 사회, 즉 이마골로지(imagology)의 시대라고 부르기도 한다.[41] 이러한 시대에 교회와 기독교인들이 미래 세대 비신자들을 향하여 이미지를 적극적으로 활용하여 복음의 접촉 기회를 만들어야 한다.

(5) 경험과 라이프 스타일을 소개하라

현대 문화는 경험(experience)을 중요하게 생각하는 문화이다. 포스트모던 사람들에 대해 레너드 스윗은 다음과 같이 말한다.

> 현대인들은 삶이 무엇인지를 알고 싶어 한다. 포스트모던인들은 삶을 경험하고 싶어 한다. 특별히 스스로 경험하고 싶어 한다. 포스트모던인들은 경험할 수 없는 곳에서는 살고 싶어 하지 않는다. 그들은 경험이 폭발하는 환경 속에서 살고 싶어 한다. 그들은 정확한 정보를 원하지 않는다. 그 정보가 경험으로 포장되어 있기를 바란다. 그 경험은 극단적일수록 좋다.[42]

적 효과까지 나타낸다.
[40] 김난도 외 4명, 『트렌드코리아 2015』, 319-320. 직캠의 영향, 셀피라고 하는 '자기 사진 찍기' 등을 통해 즉각적인 사진 올리기가 SNS 문화 안에서 손쉽게 이루어지고 있다.
[41] 김난도 외 4명, 『트렌드코리아 2015』, 319.
[42] Sweet, *Postmodern Pilgrims*, 33.

미래 세대는 포스트모던 문화인 그들의 삶 속에서 경험을 원하며 살아간다. 일상적인 생활의 이야기와 경험이 SNS를 타고 우리에게 감동을 주는 경우가 있다. 현재 종교 중 기독교의 신뢰도가 가장 낮고, 교회와 목사의 이미지가 좋지 않은 상황에서 실제적인 경험이 비기독교인들에게 반향을 일으키는 좋은 사례라고 생각한다.[43]

2) 미래 세대를 향한 전도 전략

미래 세대를 향한 전도의 방법과 전략은 전방위적 방향에서 시행해야 한다. 복음을 소통(커뮤니케이션)하는 데 있어서도 스토리텔링의 방법, 학교의 동아리와 연계 방법, 급진적인 사회 봉사 방법, 필요 중심적인 전도 전략, 관계 전도에서 넛지(nudge) 전도의 방법, 거시적인 차원에서 교회와 선교 단체의 문화 선교 전략을 제시하였다.

(1) 복음을 스토리텔링으로 전달하고, 미래 세대가 고민하는 시대의 물음에 귀 기울이고 복음적인 대답을 제시하라

10년 전의 N세대와 마찬가지로, 현재 미래 세대 역시 한국교회와 기독교인의 전도 방식과 방법에 있어서 매우 부정적이다. 한국교회가 전통적으로 내려왔던 전도 방법과 내용이 미래 세대에게 상당히 거부감을 주고 있다. 예를 들면, 단순히 "교회 나오세요," "예수 믿어야 천국에 간다," "예수

---

[43] 2014년 10월, 11월에 2차례 여의도순복음교회의 이영훈 목사께서 1,000여 명의 구역장들에게 1만 원씩 주어 세월호의 아픔을 경험했던 단원고교 근처의 재래시장에 가서 물건을 사게 보냈다. 구역장 1인당 가서 물건을 산 것이 평균 3만8천 원 정도였다고 한다. 이러한 이야기가 페이스북에 반향을 일으켰던 일이 있었다.

믿지 않으면 지옥에 간다" 등 일방적이고 상대방을 배려하지 않는 큰소리 지르는 전도 방식을 거부하며 싫어한다. 필자의 경험에서 보면, 복음을 전하고 소통하는 방식은 상대방과 신뢰 관계가 형성되고, 직접적이고 일방적인 방식보다는 스토리텔링을 이용한 방법이 매우 효과적이었다.[44]

양희송의 저서 『가나안 성도 교회 밖 신앙』에서 이렇게 묻는다.

"왜 우리의 구원론 이해는 「사영리」에서 더 나아가지 않는가?"

"현대 무신론의 다양한 질문 속에서 우리는 어떻게 효과적으로 답하고 있는가?"[45]

"시대와 사회가 던지는 진지한 질문과 씨름하는 예수 그리스도를 만날 수는 없는가?"[46]

이러한 수많은 질문에 우리가 간단한 대답으로 해결할 수 있는가?

현실의 다양한 이슈에 대한 진지한 고민과 토론이 필요하고 복음적인 해답을 제시해 주어야 한다.

(2) 학교(중·고등학교, 대학교)의 동아리와 교회가 네트워크 연계하고, 적극적으로 동아리를 후원하라

교회가 학교(중·고등학교, 대학교)의 동아리와 네트워크를 해서 동아리 활동을 통하여 믿지 않는 비신자 학생들을 전도할 수 있는 기회와 동력을 제공해 준다. 실제로 '넥타선교회'는 지역교회와 학교가 협력하여 학생들에

---

[44] 필자는 믿지 않는 학생들이 참여하던 수업에서 한 학기 동안 좋은 신뢰 관계를 맺고, 마지막 시간에 스토리텔링으로 필자가 경험한 예수를 전하여서 학생들의 좋은 반응을 받았고, 기독교에 대한 호감과 예수를 믿겠다는 학생들에게 복음을 전한 기회를 가졌다.
[45] 양희송, 『가나안 성도 교회 밖 신앙』 (서울: 포이에마, 2014).
[46] 양희송, 『가나안 성도 교회 밖 신앙』, 132-33.

게 복음 전도를 시행하고 있다.

일선 중·고등학교의 기독교 동아리와 지역교회를 연계하는 사역을 펼치고 있는 학원 선교 단체 '넥타선교회'(NecTar-Network for Christian Teenager's Revival)가 지역교회 및 학교와 손잡고 사역하는 현장이다. 선교회는 학교와 지역교회를 연결해 장소 및 프로그램 부재로 어려움을 겪고 있는 교사를 돕고 학생들에게 복음의 씨앗을 뿌리기 위해 사역을 시작했다.

사례를 보면 다음과 같다.

넥타선교회의 주최로 열린 한광고 기독학생반 학생 30여 명이 참석해 3시간 동안 웃고 떠들며 교제를 나눴다. 처음에는 무표정하게 자기들끼리 이야기를 나누던 학생들은 게임이 시작되자 이내 빠져들었다. 이어진 적성 검사에도 학생들은 10대답지 않은 진지한 태도로 참여했다. 3시간이 꽉 차도록 프로그램이 진행됐지만, 도중에 수업 현장을 이탈한 학생은 없었다. 학생들의 반응도 매우 긍정적이었다.

지난해부터 동아리 활동에 참여했다는 고3 이수미 양은 "사실 전에는 큰 소리로 전도하거나 교회에 나오라고 강요하는 것 때문에 교회에 다니는 사람들에 대해 부정적인 생각을 가졌었다. 하지만 막상 교회에 와서 보니 다들 좋은 사람들이라는 생각이 든다"라고 말했다.

같은 학년 김정은 양도 "처음 보는 사람을 이렇게 반갑게 맞이해 주는 것은 처음 봤다"라며 "우리 학교에서 이런 수업이 계속됐으면 좋겠고, 다른 학교에도 개설되면 좋을 것 같다"라고 말했다.

넥타선교회와 지역교회의 사역은 일선 교사들에게도 큰 힘이 되고 있었다. 담당 교사인 태명옥(59·여) 씨는 "일선 학교에서는 기독교 동아리를 운영하는 데 현실적인 어려움이 많다"라며 "지역교회에서 장소와 프로그램을 제공할 뿐 아니라 아이들도 따뜻하게 섬겨줘서 얼마나 큰 힘이 되는지

모르겠다"라고 고마워했다.

넥타선교회는 1997년부터 현재까지 103개 학교와 84곳의 지역교회를 연결해 기독교 동아리 활동을 지원하고 있다. 넥타선교회 김경래 목사는 "교사 및 교역자가 전근을 가거나 교회가 단기 성과에 집중할 경우 사역이 이어지는 데 한계가 있다"라며 "학교와 교회가 '복음의 씨앗'을 뿌린다는 생각으로 참여해 주면 좋겠고, 선교회도 최선을 다해 사역에 임하겠다"라고 말했다.[47] 청소년교육선교회의 손종국 목사는 이렇게 언급한다.

> 지역교회는 기독 청소년들이 학교에 심어진 선교사로서 자신의 본분을 잘 감당하려면 무엇보다 인정받은 학생으로 성장할 수 있도록 도와주어야 한다. 또한 공부를 잘하는 것과 규칙을 잘 지키는 것 외에도 배려할 줄 알고, 특히 소외되는 학생들에게 다가가 관계를 맺을 줄 아는 학생이 되도록 교회와 학교, 가정이 함께 관심을 가질 필요가 있다. … 이미 많은 기독 학생들이 또래들 사이에서 상담가의 역할을 감당하고 있다. 보다 효과적인 '또래 상담 훈련'에 참여하여 훈련을 받아, 또래 친구들을 상담할 수 있도록 도와주어야 한다.[48]

---

[47] 최승욱, "학교-지역교회연결 학원 선교 돕는 넥타선교회" 「국민일보」 쿠키뉴스, 2013년 6월 9일자.

[48] 손동준, "학교를 변화시키는 기독 청소년" 「기독교연합신문」 연중기획, 2014년 11월 23일자.

(3) 급진적인 봉사 방법을 활용하라 — 노숙자, 독거 노인, 장애인, 한부모 가정, 조손 가정 등, 급진적인 봉사 프로그램을 개발하라

미국의 오하이오주 신시내티 빈야드공동체교회 사례를 보면, 다양한 지역 사회 봉사 사역 중에서 성육신 사역에 깊은 인상을 받았던 경험이 있다.[49] 2012년 7월 초 방문 시, 무더운 여름에도 불구하고, 청소년들이 지역에서 실제로 봉사 활동을 하고 있었다. 다양한 사역, 예를 들면 노숙자 사역, 차량 세차, 쓰레기 수거, 교회 주변의 지역 사회 잡초 제거, 이삿짐 옮기기, 가장 인상 깊었던 것은 이민자(멕시코계 히스패닉)를 위한 고장 난 자전거 수집 및 수리 등을 하고 있었다.

실제로 급진적인 아웃리치(outreach)를 시행하는 것은 청소년, 청년들에게 존재론적인 앎과 삶의 실천에서 기독교인 정체성을 갖게 할 수 있다.[50] 기독교인 미래 세대와 비기독교인 미래 세대가 함께 이러한 봉사 사역에 동참할 수 있는 장을 만들어 주어 함께 공존할 수 있는 기회를 만들어 준다.[51]

---

[49] 실제로 필자는 오하이오주 신시내티에 있는 빈야드공동체교회를 세 차례 방문하였다. 교회를 방문해서 교회 캠퍼스를 순례한 후에 사회봉사 사역을 담당하는 목사와 인터뷰를 시행하였다. 2014년 7월. 빈야드공동체교회는 1992년 여름부터 청소년 대학생 중심의 SOS(Sumer of Service) 도시 봉사 활동을 시행하고 있다. 섬김 봉사와 더불어 친절 폭발 운동도 전개하고 있다.
스티븐 쇼그린, 『101가지 전도법』 장세진 역 (서울: NCD출판부) 빈야드공동체교회의 급진적인 봉사 활동과 필요 중심적 전도에 대하여 자세히 소개하고 있다.

[50] 조지 헌터 3세, 『사도적 교회』 전석재, 정일오 역 (서울: 대서, 2014) 급진적 아웃리치에 대하여 자세히 설명하고 있다. 구체적으로 지역 사회를 위한 급진적인 선교를 담당하는 교회의 사례들을 소개하고 있다.

[51] 지미 카터에 의해서 세워져서 세계적으로 활동하는 해비타트는 기독교인이든 비기독교인든 함께 참여할 수 있다. 몇 년 전에 필자도 호서대에서 주도적으로 시행된 한국해비타트에 참여해 아산에 집짓기에 동참한 경험이 있다.

(4) 필요 중심적 전도를 시행하라

볼프 교수의 『배제와 포용』에서, 그는 이제 복음을 전할 때, 예전의 방식인 '머리에서 머리로'(head to head)를 탈피해야 한다고 말했다. 포스트모던 상황에 살아가는 현대인들에게는 능력 있는 설교자가 설교를 하더라도, "난 성경이 뭐라 말하든 상관없어 … 난 성경 자체를 안 믿으니까"라고 말한다. 이러한 사람들에게는 '손에서 마음으로'(hand to heart) 가야 한다고 역설한다.

기독교인의 사랑과 자비의 손길, 그리고 긍휼이 사람들의 마음을 열게 하고 "크리스천이 왜 그리 행하였는지"를 묻는다고 한다. 그때 우리는 복음을 제시할 수 있다고 설명한다.[52] 기독교인들이 비신자들에게 마음이 담긴 진정성 있는 모습으로 그들의 필요를 채워가면서 삶에서 공익을 실천해 가야 한다. 필요 중심 전도에 대한 구체적인 사례는 스티븐 쇼그린의 『101가지 전도법』에서 다양한 예가 나온다. 필요 중심적 전도를 시행을 위해서는 대상자를 세분하여 그들의 필요(needs)를 잘 파악하고, 거기에 적절한 상황에 맞게 전도를 기획하고 시행한 후에 결신자가 생기면 사후 처리로 양육을 해야 한다.[53]

---

[52] 필립 얀시, "기도와 선교 한국교회의 미래를 희망하는 이유입니다"「목회와 신학」306권 (2014, 12월), 46.
[53] 이경선, 『가나안 성도 전도 전략』(서울: 토비아, 2019). 현재 기독교인이지만, 교회를 출석하고 있지 않은(가나안) 다음 세대에 대한 전도전략을 상세히 밝히고 있다.

(5) 관계를 통해 '넛지 전도'를 생활 속에서 실천하라[54]

미래 세대의 문화, 가치, 생활 양식을 이해하며, 관계 전도를 활용하여 넛지 전도를 시행하는 방법이다. 미래 세대의 문화, 가치, 문제, 갈등, 생활을 이해하지 못하고 너무 직접적이고, 강요적인 전도 방법에 대해서 그들은 부정적인 견해를 가지고 있었다. 비신자 미래 세대들은 강압적인 개인 전도에 상당한 거부감을 느끼고 있었다. 그들은 그들 자신의 삶의 문제, 스타일, 문화, 갈등, 그리고 진로를 인정받고 싶고, 이해해 주기를 원하며, 대화하기를 원한다.

우리 기독교인의 도전은 '어떻게 변화하지 않는 복음의 진리를 변화하는 사회와 문화 속에 살아가는 비신자들에게 효과적으로 전달하기 위해서 성육신적 사역을 하느냐?'

이것이 중요한 과제일 것이다.[55] 특별히 미래 세대들의 문화와 가치는 기존의 부모 세대와는 확연히 다름을 알 수 있다. 그러기에 미래 세대들이 살아가는 문화, 그리고 사회를 정확히 인지하고 복음을 증거해야 효과적이다. 미래 세대들은 또래 집단을 스마트폰을 이용한 온라인이나 오프라인에서 형성하고, 친구 혹은 그룹의 사람들을 통하여 관계를 맺고 있다. 이러한

---

[54] 레너드 스윗, 『넛지 전도』 (서울: 두란노, 2014). 넛지 효과(Nudge Effect)란 '타인의 행동을 자연스럽게 유도' 한다는 것이다. 넛지(Nudge)는 팔꿈치로 살짝 쿡 찌른다는 뜻으로, 똑똑한 선택을 유도하는 선택 설계의 틀을 의미한다. 넛지에 의하면 팔을 잡아끄는 것처럼 강제와 지시에 의한 강요보다는 부드러운 개입으로 특정한 행동을 유도하는 것이 효과적이라는 것이다. 실제로 포스트모던 문화 안에서 살아가는 미래 세대는 권위적인 명령이나 지시, 강요를 싫어한다. 전 삶의 관계에서 보이고 나타나는 현존 가운데 자연스럽게 스며들어 우리의 전 인격을 담아 전도를 시행하는 것이다.

[55] 김선일, "선교적 교회의 패러다임에서 조망하는 교회 학교 사역," 「복음과선교」 제17집, (2012), 30.

관계를 이용하여 생활에서 만남과 관계로부터 전도하는 방법이다.[56]

찰스 벤 엥겐(Charles Van Engen)은 "Postmodernism-Possible Contributions"에서 "미래의 교회는 기본적으로 그 자체가 관료적인 조직과 기구들 보다 오히려 그룹과 개인들의 관계적인 네트워크에 의해서 구성되어야 한다고 역설했다."[57] 교회는 전통에만 의지해 일방통행의 조직과 기구를 가질 것이 아니라 관계적인 네트워크를 통하여 모든 기독교인이 세상의 삶 속으로 흩어져서 미래 세대 비신자들이 속한 그룹, 모임, 사회에 참여하여 그들에게 호의적인 접촉점을 만들어야 한다.

(6) 지역교회에서 문화 선교를 시행하라[58]

적절한 문화 선교(cultural mission)를 전략과 방법으로 활용해야 한다. 문화를 도구로 선교하는 방법과 전략은 포스트모더니즘 흐름 속에 살아가는 사람들에게 적절한 접촉점(contact point)이 될 수가 있다.[59] 영화, 연극, 뮤지컬, 애니메이션, 게임, 드라마, 만화, CCM, 블로그, 스마트폰 등 다양한 대중문화적인 요소들 가운데 기독교적인 세계관을 가지고 접근하는 전략[60]이다.

---

56 전석재, "소셜 네트워크 문화와 N세대 선교 전략,"「선교신학」제34집, (2014), 190-91.
57 Chareles Van Engen, "Postmoderism-Possible Contribution" *Evangelical Dictionary of World Missions* (Grand Rapids, MI: Baker Books, 2000), 774.
58 대한예수교장로회,『문화 목회를 그리다』(서울: 대한기독교서회, 2019). 문화 선교와 목회를 상세히 설명하고 있다.
59 문화선교연구원 엮음,『문화선교의 이론과 실제』(서울: 예영커뮤니케이션, 2011), 33-34. 여기에서 문화 선교(cultural mission)는 다양한 해석이 가능한 말이다. 장성배는 문화 선교의 해석에서 첫째로, 문화 선교 사역자들에게는 대체로 문화의 요소들을 도구로 하여 세상과 복음 간의 커뮤니케이션에 대해 시도하는 것을 지칭하는 말로 사용된다고 하였다. 둘째로, 문화 자체가 선교의 대상이라는 의미에서, 문화를 향한 선교로 이해하는 입장이 있다. 이 입장에서 보면 세상의 문화는 하나님으로부터 소외되었기 때문에 하나님 안에서 회복되어야 할 대상이다. 장성배, "문화 선교의 '문화성'을 어떻게 확보할까?"
60 현재 C. S. 루이스가 쓴 7권으로 된 소설『나니아 연대기』가 〈사자, 마녀 그리고 옷장〉

포스트모던 사회는 사람들은 매우 감수성에 예민하며, 감각적이고, 즉흥적이며, 그리고 다양한 가치를 추구하며, 다양한 필요를 느끼고 있다. 그들의 문화적인 감수성과 감각에 맞게 적절한 기독교 선교의 다양한 콘텐츠 개발과 함께 전문적인 문화 선교를 감당할 수 있는 전문 문화 선교 사역자를 키우며, 육성하는 것도 매우 시급한 과제이다. 그뿐만 아니라, 교회가 문화 선교에 직접 관심을 두고, 적극적으로 거리와 현장으로 들어가는 것이다.[61]

4. 나가는 말

미래 세대는 포스트모던 문화와 신자유주의 영향을 직접적으로 받고 자라난 세대이다. 그들은 기독교에 대한 낙관적이지 않고, 다소 부정적인 시선을 가지고 있다. 미래 세대가 기독교와 한국교회에 대하여 비평하는 소리에 귀를 기울여야 하며, 한국교회는 겸허한 마음으로 수용해야 한다. 미래 세대가 비판하는 교회의 양적 팽창, 폐쇄적이고 독단적인 모습, 사회적

을 선두로 매년 한 편씩 제작될 것이라는 예정이다. 월트 디즈니사가 제작한 「나니아 연대기」 시리즈가 어떤 반응을 얻게 될지는 알 수 없지만, 기독교의 관심은 크다고 여겨진다. 앞으로 〈해리포터〉나 〈반지의 제왕〉과 같은 판타지를 소재로 한 영화나 〈노아〉, 〈엑소더스〉 등 기독교적 영화를 비신자들에게 보여줌으로써 기독교에 관심을 갖게 하는 것이다. 따라서 판타지로 표현하는 새로운 세계에 대하여 기독교적 세계관을 심어준다면 좋은 선교의 접촉점을 갖게 될 것이다.

61 전석재, 박현식, 『21세기 복지와 선교』(서울: 대서, 2008), 65-66. 2014년 10월 17일 신촌성결교회에서는 신촌 연세로 문화 공연으로 직접 거리로 나아가 문화 행사를 시행하므로 많은 젊은이의 호응을 얻었다. 실제로 기획을 맡고 참가했던 서울신대 신대원 이상억 전도사의 증언과 2014년 10월 17일 CBS 신촌, "램프나이트" WMV. 뉴스. 신촌교회 청년부의 문화 공연의 결과로 70여 명 이상에게 사영리를 매개로 복음을 전할 수 있었으며, 3명의 결신자를 얻었다.

무책임에 대한 뼈를 깎는 자성과 함께 건강한 교회 본질과 미래 세대 상황을 이해하는 복음 전도가 절실히 요청되고 있다.

미래 세대의 필요(need)와 갈망(desire)을 이해하며, 그들을 향한 전도의 방향을 크게 다섯 가지 영역에서 설정하였다. 미래 세대 대상자를 세분화하여 전도하는 맞춤 전도, 미래 세대의 삶의 중심이 된 SNS 문화를 활용하는 접촉점을 갖는 방법, 사회 관계망, 공동체를 형성하여 관계성을 형성, 이미지가 이데올로기가 되어 버린 사회에서의 이미지를 적극적으로 표현, 경험과 라이프 스타일을 소개하는 방향으로 논의하였다.

무엇보다 미래 세대를 향한 전도의 방법과 전략은 전방위적 방향에서 시행해야 함을 역설했다. 복음을 커뮤니케이션하는 데 있어서도 스토리텔링의 방법, 지역교회가 학교의 동아리와 연계 방법, 급진적인 사회 봉사 방법, 필요 중심적인 전도 전략, 미래 세대의 관계망을 통한 넛지 전도, 교회와 선교 단체의 문화 선교의 전략 등을 제시하였다. 또한, SNS 문화가 삶의 중심이 된 미래 세대를 향하여 SNS 선교의 방법과 전략을 연구해야 한다. 변화하는 문화와 상황에서 SNS 선교를 위해서 전문적으로 사역할 수 있는 사역자를 양성하며, 지역교회가 SNS 전도팀을 육성해야 한다.

참고 문헌

국내 도서

고재관. 이동현.『스마드 전도법』서울: 은혜출판사, 2012.
구성모. "사이버스페이스 안에서 N세대를 위한 선교 방법,"「선교신학」제37집 (2014)
기독교윤리실천운동본부.『2010년 한국교회의 사회 신뢰도 여론 조사 결과 발표 세미나』서울: 기독교윤리실천운동, 2010.
기독교윤리실천운동본부.『2013년 한국교회의 사회 신뢰도 여론 조사 결과 발표 세미나』서울: 기독교윤리실천운동, 2013.
기독교 커뮤니케이션 엮음.「기독교 커뮤니케이션」서울: 예영커뮤니케이션, 2004. 김난도외 4명.『트렌드 코리아 2015』.서울: 미래의 창, 2015.
김도훈. "소셜 네트워크에 대한 신학적 이해,"「목회와 신학」서울; 두란노서원, 2011.
김만형.「SS혁신 보고서」서울: 에듀넥스트, 2002.
김선일, "선교적 교회의 패러다임에서 조망하는 교회 학교 사역,"「복음과 선교」제17집, 2012.
김태한. "인터넷 문화가 교회 청년들에게 미치는 영향들."「목회와 신학」(2000, 4).
김형국. "오늘의 상황에서 교회는 불신자에게 어떻게 다가갈 수 있나?"「목회와 신학」(2002, 6) 두란노서원.
"소셜네트워크 세상에서 목회하기,"「목회와 신학」(2011. 3).
대한예수교장로회.『문화 목회를 그리다』서울: 대한기독교서회, 2019.
문화선교연구원 엮음『문화 선교의 이론과 실제』서울: 예영커뮤니케이션, 2011.
박관희. "한국의 미래 세대 그들은 누구인가?" 교회 리서치연구소, 2014.
박삼열. "한국교회의 현실에 대한 목회자의 인식도 연구."「목회와 신학」(2002. 10).
박용우 외.『크리스천 SNS와 모바일 네트워크』. 서울: 숭실대 출판부, 2011.
손동준. "학교를 변화시키는 기독 청소년"「기독교연합신문」연중기획, 2014년 11월 23일.
신상언.『N세대를 위한 열 가지 교육 전략』서울: 낮은울타리, 2001.
양희송.『가나안 성도 교회 밖 신앙』서울: 포이에마, 2014.
이경선.『가나안 성도 전도 전략』서울: Tobia, 2019.

이복수. "기독교 선교 영역으로서의 문화 사역," 「복음과 선교」 제17집, 2012.
이성희. 「미래 사회와 미래 교회」 서울: 대한 기독교서회, 1999.
이원규. 「한국교회 어디로 가고 있나?」 서울: 대한기독교서회, 2000.
이재현. 「인터넷과 사이버 사회」 서울: 커뮤니케이션북스, 2000.
임성빈. "블로그 세대의 특징과 목회적 접근." 「목회와 신학」 (2011), 10월.
장성배. 『글로벌 시대의 교회, 문화, 그리고 사이버스페이스』 서울: 성서연구사, 2001.
전석재. 『21세기 복지와 선교』 서울: 대서, 2008.
전석재. 『변화하는 현대 선교 전략』 서울: 대한기독교서회, 2014.
전석재. "사이버 문화와 신세대 전도 전략," 「선교신학」 제10집. (2005)
전석재. "포스트모던 문화와 선교 전략," 「선교신학」 제12집. (2006).
전석재. "소셜 네트워크 문화와 N세대 선교 전략," 「선교신학」 제34집, (2014).
최승욱. "학교-지역 교회 연결 학원 선교 돕는 넥타선교회" 「국민일보」 쿠키뉴스, 2013년 6월 9일
최윤식. 『2020 2040 한국교회 미래 지도』 서울: 생명의말씀사, 2013.
필립얀시. "기도와 선교 한국교회의 미래를 희망하는 이유입니다." 「목회와신학」 306권 (2014).
한미준-한국 갤럽조사 보고서. 「한국 개신교인의 교회 활동과 신앙 의식」 서울: 두란노서원, 2002.
황병배. "미디어 선교를 통한 기독교 커뮤니케이션," 「선교신학」 제26집, 2011.
홍영기 외. 「한국교회 불신자 전도 전략에 대한 연구」 서울: 교회성장연구소, 2004.
2014년 10월 17일 CBS 신촌, "램프나이트" WMV.
매일경제. 2014년 12월 1일. 두산백과 "에코 붐 세대."

번역서
스윗, 레너드. 『넛지 전도』 서울: 두란노, 2014.
_____. 『미래 크리스천』 김영래 역. 서울: 좋은씨앗, 2005.
스티브, 쇼그린. 『101가지 전도법』 장세진 역. 서울: NCD출판부, 2001.
헌터 3세, 조지. 『사도적 교회』 전석재, 정일오 역. 서울: 대서, 2014.

해외 도서

Bignell, Jonathan. *Postmodern Media Culture*. Edinburgh, England: Edinburg University Press, 2000.

Careaga, Andrew. *e-Ministry: Connecting with the Net Generation*. Grand Rapids, MI: Kregal Publication, 2001.

Dalton, Russell W. *Video, Kids, and Christian Education*. Minneapolis, MN: Augsburg-Fortress, 2001.

Engen, V. Charles. "Postmoderism-Possible Contribution" *Evangelical Dictionary of World Missions*. Grand Rapids, MI: Baker Books, 2000.

Hiebert, Paul. *Anthropological Insights for Missionaries*. Grand Rapids, MI: BakerBook House, 1985.

Jeon, Seok Jae. "Toward Effective Evangelism Strategy in Electronic Culture: A Focus on New Generation in Korea." Dayton, OH: United Theological Seminary, 2004.

Jewell, John P. *Wired for Ministry: How the Internet Visual Media, and Other New Technologies can Serve Your Church*. Grand Rapids, MI: Brazos Press, 2004.

Jones, Tony. *Postmodern Youth Ministry*. Grand Rapids, MI: Zondervan, 2001.

Malphurs, Aubrey. *Church Next: Using the Internet to Maximize Your Ministry*. Grand Rapids, MI: Kregal Publication, 2003.

Miller, Craig K. *Making God Real for a New Generation*. Nashville, TN: DiscipleshipResources, 2003.

Pastore, Michael, "Internet Use Continues to Pervade U.S. Life," cyberAtlas, Online. 30 May 2001.

Slaughter, Michael. *Out on the Edge*. Nashville, TN: Abingdon Press, 1998.

Sweet, Leonard. *Postmodern Pilgrims* Nashville, TN: Broadman & Holman Publishings, 2000.

Tapscott, Don. *Growing Digital: The Rise of the Net Generation*. New York: McGraw-Hill, 1998.

Wilson, Walter P. *The Internet Church*. Nashville, TN: Abingdon Press, 2004.

제4장

선교적 교회를 위한 리더십

1. 들어가는 말

오늘날 중요한 화두와 이슈 중 하나는 리더십(leadership)이다. 워렌 베니스(Warren G. Bennis)와 버트 나누스(Burt Nanus)는 그들의 저서, 『리더와 리더십』(*Leaders: Strategies for Taking Charge*)에서 리더십의 정의가 850가지 이상이라고 밝혔다.[1] 이것은 리더십의 정의를 한가지로 규정하기가 매우 어렵다는 것을 의미한다.

피터 노스하우스(Peter G. Northouse)는 다음과 같은 이슈들이 리더십에서 중요하다고 말한다.

"무엇이 좋은 리더를 만드는 것인지?"

"효과적인 리더가 되기 위해서 갖추어야 할 요소들은 무엇인지?"[2]

우리가 사는 세상뿐만 아니라 교회 안에서도 리더십의 문제는 매우 중요한 주제이다. 교회에서 요청되는 리더십은 세상의 관점에서 생각하는 리더

---

[1] Warren G. Bennis & Burt Nanus, *Leaders: Strategies for Taking Charge* (NY: Harper Business Essential, 2003), 5.

[2] Peter G. Northouse, *Leadership: Theory and Practice* (Los Angeles, CA: Sage, 2010), 13.

십과는 다르다. 특별히 교회에서 하나님의 백성들에게 하나님 나라를 위하여 살아가게 하는 리더십은 세상적인 리더십과는 확연히 구별된다.

포스트모던 시대에 현대인들은 과거의 시대와 전혀 다른 모습으로 살아가고 있다. 포스트모던 시대는 확실히 영성의 부활을 가져왔지만, 동시에 제도화된 종교에 대한 헌신도가 매우 약화된 지금 현실에서 교회의 사역과 리더십은 새롭고도 창의적인 접근이 필요하다.[3] 급변하는 포스트모던 문화 속에서 교회의 본질을 회복하고 복음을 지켜가는 것이 오늘날 세계 교회들이 지켜 나아가 할 중요한 과제이며, 숙제이다.

레슬리 뉴비긴(Lessille Newbigin)은 『헬라인에게는 미련한 것이요』(Foolishness to the Greek)에서 과학과 정치, 성경, 제도적 교회 간의 긴장을 설명하면서 서구 문화의 모습을 통찰력 있게 설명하였다. 그리고 문화와 복음과의 관계 사이에서 진정한 선교적 참여(missionary engagement)를 어떻게 해야 하는지 밝히고 있으며, 포스트모던 시대에 서구 문화 속에서 교회는 본질적으로 무엇이며(Being), 무엇을 알아야 하며(Knowing), 무엇을 행해야 하는지(Doing)를 설명하고 있다.[4]

이러한 상황 속에서 릭 로우즈와 크레이그 밴 겔더는 "끊임없이 변화하는 세상 속에서 교회가 복음을 효과적으로 전하려면, 교회의 선교적 정체성을 깊이 탐구하고 새로운 방식을 받아들이면서 변화된 사역의 방식들을 적극적으로 활용해야 한다"고 역설했다.[5] 오늘날 이 세계에서 복음을 효과

---

[3] 릭 로우즈, 크레이그 밴 겔더, 『선교적 교회 만들기』, 황병배, 황병준 역 (안성: 한국교회선교연구소, 2013), 24.
[4] Lesslie Newbigin, *Foolishness to the Greek: The Gospel and Western Culture* (Grand Rapids: Eerdmans, 1999), 21.
[5] 로우즈, 밴 겔더, 『선교적 교회 만들기』, 32.

적으로 전하는 '선교적 교회'가 되기 위해서 먼저 교회가 서 있는 방식과 교회의 리더십을 수정해야 한다.

이 장에서는 세상에 파송되어 하나님의 선교를 이루기 위해 선교적 교회로서의 사명을 감당하기 위해 요청되는 리더십, 즉 제도적이고 전통적인 교회에서 추구되었던 리더십을 넘어 서서 급변하고 있는 사회 문화 상황에서 패러다임의 전환이 요청되는 선교적 목회 리더십에 대하여 설명하고자 한다.

현재 세계의 상황과 모습 속에서 교회의 존재 양식 변화에 있어서 가장 중요한 부분인 리더십을 설명하고, 선교적 교회로 전환하기 위해서 어떤 리더십이 필요한지를 규명할 것이다. 또한 선교적 교회에서 하나님의 백성을 세우기 위한 리더십이 무엇인지를 설명하고, 무엇보다 선교적 교회의 목회 리더십 변화의 과정과 내용을 논의하고자 한다.

1. 선교적 교회의 일반적인 이해

1) 선교적 교회의 정의

선교적 교회라는 용어가 등장하면서 선교적 교회를 이해하기 위해서는 먼저 미셔널(missional)이라는 의미와 주제를 정확하게 이해하는 것이 필요하다. 이러한 관점에서 크레이그 밴 겔더와 드와이트 샤일리는 『선교적 교회론의 동향과 발전』에서 다음과 같이 네 가지 주제로 설명하고 있다.[6]

---

6 크레이그 밴 겔더, 드와이트 샤알리, 『선교적 교회론의 동향과 발전』, 최동규 역 (서울:

첫째, 하나님은 교회를 세상으로 보내는 곧 선교하시는 하나님이시다.

둘째, 세상에서 이루어지는 하나님의 선교는 하나님의 통치(나라)와 관련이 있다.

셋째, 선교적 교회는 기독교 국가 이후의(Post-Christendom) 포스트모던과 세계화된(globalized) 상황에 참여하기 위해 보내심을 받은 성육신적 사역(an incarnational ministry) — 끌어들이는 사역(an attractional ministry)과 반대되는 — 이다.

넷째, 선교적 교회의 내적 삶은 선교에 참여하는 제자로 살아가는 모든 신자에게 초점을 맞춘다. 세상에서 이루어지는 하나님의 선교에 참여하기 위해서 모든 제자가 양육되어야 한다는 점에서 그들의 영적 성장은 일차적인 관심사가 된다.[7]

이러한 주제들은 선교적 교회의 논의에 중요한 핵심적인 통찰이다. 선교적 교회는 선교와 교회의 관계(relationship between mission and church)를 재해석하고 새롭게 발견하는 작업이다. 또한, 교회의 본래의 모습을 회복하고자 하는 것이 중요한 의미이다. 선교적 교회의 방향은 교회가 선교를 수행하는 하나의 기구나 조직체가 아니라 오히려 교회의 본질과 정체성은 선교 그 자체에 있음을 강조하고 있다. 교회는 단순히 선교사를 파송하는 주요 기관 중 하나가 아니다. 교회는 이미 이 땅에서 하나님의 선교를 이루기 위해 보내심을 받은 존재로 이해하는 것이다.[8]

CLC, 2015), 27-28.

[7] 밴 겔더, 샤알리, 『선교적 교회론의 동향과 발전』, 28.

[8] David J. Bosch, *Transforming Mission: Paradigm Shifts in Theology of Mission* (Mary-Knoll, NY: Orbis, 1991). 8.

선교적 교회에 대하여 앨런 록스버그와 프레드 로만눅은(Alan J. Roxburgh & Fred Romanuk)는 그들의 저서 『선교적 교회의 리더십』(*The Missional Leader*)에서 다음과 같이 언급하고 있다.

> 선교는 교회에 속한 사람들이(마치 '단기 선교 여행,' '선교 예산' 등의 방식으로 사용하는) 이따금 행하는 프로그램이나 프로젝트가 아니다. 오히려 교회의 본질은 하나님의 선교적 백성이 되는 것이다. 선교는 어떤 프로젝트, 예산 또는 일회적 이벤트에 관한 것이 아니며, 심지어 선교사를 파송하는 일에 관한 것도 아니다. 선교적 교회는 본질적으로 예수 그리스도 안에서 모든 피조물 가운데, 그리고 그들을 위해 하나님이 계획하신 것을 드러내는 사례로서 살아가는 하나님의 선교적 백성의 공동체이다.[9]

앨런과 프레드의 주장처럼 선교적 교회는 하나님의 백성들이 이 땅에서 하나님 나라를 이루어 가는 선교적 공동체이다.

2. 선교적 교회 리더십의 이해

1) 선교적 교회 리더십의 개념

국내 선교학계에서는 한국 선교 신학회를 중심으로 선교적 교회(missional

---

[9] Alan J. Roxburgh & Fred Romanuk, *The Missional Leader* (CA: Jossey-Bass, 2006), Introduction, XV.

church)에 대한 논의가 주요한 관심사이다. 2008년 3월호 「크리스천 투데이」(Christian Today)에 실린 글에 의하면 "선교적 교회"라는 용어가 공식적으로 책의 이름에 명시되어 출간된 것은 『선교적 교회: 북미교회의 파송을 위한 비전』(Missional Church: A Vision for the Sending of the Church in North America)가 처음이다.[10]

'10여 년이 된 최근의 시점에서 전통적 교회에서 선교적 교회를 어떻게 만들 것인가?'

'선교적 교회로의 전환을 위한 패러다임 변화는 어떻게 이루어 가야 하는가?'

'선교적 교회의 리더십은 무엇인가?'

이와 같은 이슈와 논쟁이 뜨겁게 달아오르고 있다.

선교는 교회 구성원들이 실행하는 선교 여행, 선교 예산, 단기 프로젝트, 또한 프로그램이 아니다. 교회의 본래 모습은 하나님의 선교적 백성의 공동체(God's missionary people community)이다. 선교적 교회는 예수 그리스도 안에서 모든 피조물 가운데 하나님의 계획과 뜻을 드러내는 하나님의 백성의 선교적 공동체인 것이다. 이러한 관점에서 우리는 중요한 문제 제기를 할 수 있다.

전통적인 교회의 패러다임에서 신앙 생활하는 구성원들을 어떻게 하나님의 선교적 백성 공동체로 변혁(transforming)시킬 수 있는가?

이렇게 변화(changing)시키기 위해 요청되는 중요한 동인은 무엇인가?

이것은 바로 선교적 리더십이다.

찰스 E. 벤 엥겐은 그의 저서, 『하나님의 선교적 교회』(God's Missionary Peo-

---

10 Ed Stetzer, "Missional Church," *Christian Today* (2008) March, 31.

ple)에서 선교적 교회의 리더십을 다음과 같이 말하고 있다.

> 리더십은 하나의 연합적 사건(corporate event)이다. 하나님의 백성들이 하나님의 소명과 뜻에 따라 전을 가지고 세상을 향하여 나가 선교하는 삶을 살아가며, 세상과 그들이 선교하는 삶의 현장에서 행하시는 하나님의 사역에 성령으로 감동되어 동참하도록 그들을 독려하는 지도자들이 영향력을 행사하여 가는 연합된 사건이다.[11]

선교적 교회는 조직 구조나 인간관계 역학 관계 속에서 리더십을 정의하지 않고, 리더십을 선교적 사건으로 이해할 수 있다. 이러한 관점에서 리더가 세상을 향하여 모든 하나님의 백성들이 선교하도록 동원하는 일이 우선순위이다.[12]

선교적 리더십은 믿음의 공동체가 몇몇 사람의 영향력 있는 지도자를 세우고, 그 리더들이 공동체 안에서 하나님의 백성들이 받은 영적 은사들을 잘 발휘할 수 있도록 할 때 일어나는 '연합적 사건'이다. 이런 리더는 하나님의 백성들이 세상을 향해 선교하러 나아가게 하기 위해서 창의적이고, 비전이 있고, 적극적이며, 긍정적으로 미래를 바라볼 수 있는 안목을 지녀야 한다.[13]

전통적 교회에서의 리더십은 철저히 상하 계급적이고 교회와 세상을 철저히 구분하는 이원론적 틀(dualistic framework) 속에서 조명되어 왔다. 교회의 제도와 조직에 의해서 교회의 비전과 방향이 결정되었다. 또한, 사회적 요청

---

[11] 찰스 E. 밴 엥겐, 『하나님의 선교적 교회』, 임윤택 역 (서울: CLC, 2014), 278-279.
[12] 전석재, "미래 세대를 향한 전도 방향과 전략" 「한국 기독교 신학 논총」 제96집 (2015), 144.
[13] 찰스 E. 밴 엥겐, 『하나님의 선교적 교회』, 279.

과 이에 따른 교회의 역할은 철저히 외면되기도 하였다. 세상으로부터 분리되었지만, 동시에 세상 속에서 빛과 소금의 역할을 감당해야 하는 대(對)사회적 교회의 리더십은 이미 세상 문화에 휩쓸려 간 지 오래이다. 이런 상황 속에서 새롭게 부각된 선교적 리더십은 철저히 성육신적 리더십(incarnational leadership)과 섬김의 리더십(servant leadership)이다. 즉, 자신을 비워 온 인류의 구원을 완성하신 바로 십자가의 리더십(cross leadership)이라고 할 수 있다.[14] 그뿐만 아니라, 예수 그리스도의 지상 명령을 이루기 위해 세상 한가운데로 보냄을 받은 사도적 리더십(apostolic leadership)이다.[15] 선교적 교회의 본질에서 선교적 리더십의 방향(direction)과 형태(form)를 찾을 수 있다.

2) 선교적 리더십의 정의

선교적 리더십을 여러 가지로 정의할 수 있다. 선교적 리더십에 대하여 최형근은 다음과 같이 설명하고 있다.

> 선교적 교회 공동체 형성의 열쇠는 리더십이다. 급속한 사회 문화의 변화에 직면한 교회는 과도기적인 성격을 가질 수 있다. 즉, 교회는 변화의 한가운데 놓여있다. 이러한 변화의 중심 아래 있는 교회에 가장 중요한 요소는 리더십이다. 선교적 교회의 리더십은 사회 문화적 구조(structure)와 틀(framework)이 이해되는 상황을 제시하는 세계화, 급격한 과학 기술의 발전, 포스트모더니즘, 종교 다원주의의 부상, 세계 경제의 혼란 등과 같은 불연속적인 변화

---

[14] 임무영, "좋은 리더십에서 위대한 리더십으로," 「복음과 선교」 20(2012), 284.
[15] 조지 G. 헌터 3세, 『사도적 교회』, 전석재 역 (서울: 대서, 2014), 104-105. 평신도 사역과 지도자 확산, 사도적 리더십에 대하여 설명하고 있다.

가 일어나는 상황에서 교회의 본질을 제시하고 그 본질에 근거하여 사역의 방향과 비전을 제시하기 위해 공동체 내에서 대화의 장을 형성하는 능력이 있어야 한다. 리더십은 성령의 은사로서 그 목적은 교회의 구성원들을 선교적인 하나님의 백성들로 형성하고 구비하는 것이다.[16]

전통적인 교회의 세계관에 근거한 특성들은 리더십의 낡은 모델들(old models of leadership)인 폐쇄된 시스템(closed system)으로서 교회의 건물을 중심으로 사람들을 불러 모으고, 교회와 세상을 구분하는 이원론적인 성향을 보인다.[17] 관료적이고 권위적이며, 계층적 리더십의 모습을 갖고 있다. 전통적 교회의 리더십은 교회 구성원의 필요에 지나치게 집중하여 거기에 적절한 프로그램을 개발하는 데 전력하는 경향이 있다. 그러므로 교회의 제도와 조직이 교회의 비전과 방향을 결정하는 결과를 초래한다.[18]

선교적 교회의 리더십은 성육신적 리더십, 섬김의 리더십, 즉 약함의 리더십이다. 또한, 세상으로 보냄 받은 사도적 리더십이다. 또한, 선교적 교회의 리더십은 성경적이고 변혁적인 리더십이며, 교회 본질에서 출발해야 한다.

데이비드 보쉬가 지적한 것처럼, '선교' 또는 '선교적'은 다소 폭넓게 이해되어야 할 필요가 있다. 이 단어들은 교회의 활동(activity)에 초점을 두기보다는 교회의 본질(identity)에 더 많은 무게를 두어야 한다고 강조한다. 이 두 단어에 비친 하나님의 모습은 바로 선교적 하나님(missionary God)이다. 선

---

[16] 최형근, "선교적 교회론의 실천에 관한 연구,"「선교신학」26 (2011), 17-18.
[17] Roxburgh & Romanuk, *The Missional Leader*, 26-30. 리더십의 전통적 모델과 새로운 모델을 제시하고 있다.
[18] 최형근, "선교적 교회론의 실천에 관한 연구," 17.

교적 하나님은 구원의 기쁨을 만끽하지 못한 자들의 삶을 변화시켜 하나님의 구원 계획의 도구로 변혁시킬 수 있는 살아있는 소망 그 자체이며, 복음을 전하기 위해 세상에 보내어진 하나님의 백성들을 초대하신 주인의 모습이다. 따라서 '선교적'이란 단어의 의미는 하나님과 교회의 본성을 묘사한다고 볼 수 있다. 이 '선교적'이란 단어의 정의는 모든 기독교 공동체를 위한 당위성으로서 선교적 상상력(missional imagination)을 이해해야 한다.[19] 따라서 기독교인들의 요청인 선교적 리더십을 가져오는 결과를 만들었다.[20]

선교적 리더십의 기본적인 개념들은 위에서 언급한 대로 발전되어 오고 있다. 선교적 교회 리더십은 회중들로 하여금 자신들이 하나님의 제자로 부름 받은 사실을 이해하고, 하나님의 복음을 듣지 못한 이들과 함께 복음을 나누도록 구비된 '하나님의 선교적 백성'(God's missionary people)이 되게 하는 것이다.[21] 또한, 창조적이고 구속적인 하나님의 선교에 참여하기 위해 성령 하나님의 능력을 힘입어 가능케 됨을 고백하는 공동체가 되도록 돕고 섬기는 리더십이다.

이러한 관점에서 교회 구성원과 리더들은 선교적 리더십의 역량을 나타내야 한다. 급변하는 상황과 불연속인 변화 속에서 선교적 교회를 추구하는 하나님의 백성들에게 도전과 기회라고 생각한다.

이러한 도전과 기회 속에서 선교적 리더십이 형성되기 위해서 어떻게 해야 하는가?

---

19 Roxburgh & Romanuk, *The Missional Leader*, 15-21. 선교적 리더의 상상력에 대하여 자세히 설명하고 있다.
20 Bosch, *Transforming Mission: Paradigm Shifts in Theology of Mission*, 9
21 임무영, "좋은 리더십에서 위대한 리더십으로," 286.

3) 선교적 교회 리더십의 기초

선교적 교회의 리더십에 대하여 알렌 록스버그와 프레드 로마눅은 다음과 같이 설명하고 있다.

> 선교적 교회가 무엇인지에 대한 설명뿐 아니라 구도자 예배(seeker sensitive church/come and see)에서 선교적 교회(go and be church)로 변혁의 당위성을 언급하고 있다. 이러한 당위성 가운데 가장 중요한 것은 바로 교회 리더들이 선교적 리더십을 소유하는 데 있음을 강조하고 있다. 저자들은 교회가 함께 꿈을 꾸며, 선교적 상상력을 경작하고, 변화를 위한 계획을 발전시키며 그것을 구현하도록 리더들을 도울 수 있는 중요한 체계를 제공하고 있다.[22]

결국 알렌 록스버그와 프레드 로마눅은 선교적 리더십의 중요성을 언급하면서 동시에 단순히 기존에 존재했던 프로그램을 재구성하여 받아들이는 차원을 넘어, 선교를 위한 상상력에 대한 새로운 접근들을 시도하고 있다. 선교적 리더십은 하나님의 백성의 공동체 가운데 선교적 상상력을 품게 하고, 이를 세상 가운데 방출할 수 있는 혁신적인 환경(environment)을 경작(cultivating)하도록 하는 것이다.

예를 들면, 호숫가의 오염은 고기들의 서식지를 파괴하고, 심지어는 생태계의 손실로 인해 인류에게까지 피해를 주는 결과를 초래한다. 따라서 호숫가를 정화하기 위해서 전문가들은 약품을 투여하기도 하며, 고기들이 원활한 생활을 할 수 있도록 그들의 서식지 환경을 최대한 그대로 보존하도록 노

---

[22] Roxburgh & Romanuk, *The Missional Leader*, 5.

력할 것이다. 선교적 리더십은 특별한 지역에 사는 하나님의 백성들이 하나님의 선교 도구로서의 삶을 살아내도록 그들이 처한 환경을 경작하고 재창조하도록 돕는 것이다. 이로 인해, 선교적 공동체는 하나님의 선교가 이들이 행하는 모든 일과 생활 속에 스며들 수 있도록 하는 데 그 목적이 있다.[23]

4) 선교적 리더십의 유형

앨런과 프레드에 의하면 오늘날 선교적 리더십을 발전시키는 데 있어서 중요한 6가지의 기초가 있다.

첫째, '선교적 리더십이 열쇠이다.'
'어떻게 하는 것인가?'에 대한 질문이다. 많은 교회 리더가 선교적 교회의 모습을 지향하며 교회의 본질을 회복하려고 노력하지만 한 가지 딜레마에 빠진 것은 다음과 같은 질문이다.
"그럼 어떻게 선교적 교회로 이끌 수 있는가"(How to actually lead in this new way?)?
이 질문에 대해 앨런과 프레드는 선교적 대화(missional conversation)의 필요성을 언급한다. 하지만 "성도들의 실제적인 삶에서 그것을 어떻게 행하는지 알도록 도와주는 것은 아무것도 없다"라고 말한다.[24]

둘째, '대부분의 리더십 모델들은 과거 패러다임들을 재구성한 것임'을 지적하고 있다.

---

[23] Roxburgh & Romanuk, *The Missional Leader*, 7.
[24] Roxburgh & Romanuk, *The Missional Leader*, 4

오늘날 많은 리더십에 관한 책을 쓴 저자들의 관심은 선교적 패러다임의 전환을 위한 본질적인 요소에 대해 논의하기보다는 좀 더 좋은 전략을 통해 좀 더 효과적인 결과를 도출하는 데 관심을 두고 있다.[25] 이러한 사회 과학적 접근 방식의 리더십을 수용한 많은 교회 리더에게 나타나는 현상 중 하나는 바로 하나님 백성들의 공동체에 선교적 상상력을 불어넣어 주고, 이들이 처한 환경을 경작하고 창조하여 하나님 백성의 공동체로서의 역할을 감당할 수 있도록 하는 성경적 리더십 형성의 기회 제공을 상실하게 된다는 것이다.[26]

셋째, '불연속적 변화는 새로운 규범'이라는 것이다.

현재 우리는 모더니즘(modernism)을 지나 포스트모더니즘(postmodernism)의 사회 속에서 살고 있다.[27] 과학 혁명과 연관되어 생각해보면, 18세기 모더니즘을 대표하는 과학의 축은 뉴턴의 세계관이다. 그의 세계관의 핵심은 세상이 잘 융합된 기계이고, 특정한 법칙으로 운영된다는 것이다. 원인이 있으면 그 원인에 맞는 결과가 있었고, 그 결과는 늘 우리가 예상할 수 있는 범주 내에 존재해 왔다. 마치 영어 알파벳 X 다음에 당연히 Y, 그리고 Y 다음에 Z가 나오는 것처럼 말이다. 이러한 변화를 저자들은 연속적 변화(continuous change)라고 말한다. 이는 이전에 어떠한 일이 있었는지를 알아냄으로 인해 다음에 일어날 일을 예상하고 기대할 수 있다는 것이다.[28]

하지만, 20세기가 지나면서 뉴턴의 세계관은 상대성 이론을 주창한 아인슈타인의 세계관에 자리를 내어주고 말았다. 이 세계관은 뉴턴의 과학 세

---

[25] 임무영, "좋은 리더십에서 위대한 리더십으로," 289-290.
[26] Roxburgh & Romanuk, *The Missional Leader*, 4.
[27] 전석재, "미래 세대를 향한 전도방향과 전략"「한국 기독교 신학 논총」, 145.
[28] Roxburgh & Romanuk, *The Missional Leader*, 6-9.

계관에서 강조되었던 "어떤 것들"(things)에 초점을 두는 것이 아니라 관계(relationship) 그 자체에 더 많은 무게를 둔다. 상대성 이론은 세상을 하나의 살아있는 유기체로 본다. 이는 그 안에서 서로 서로가 공생하는 것이며, 한 개체가 전체에 연합되지 못할 경우, 전혀 예상치 못한 다른 유기체의 모습을 형성함으로써 기존에 존재했던 유기체와 또 다른 관계를 재형성하게 된다. 대표적인 이론 중 하나가 바로 '카오스 이론'(chaos theory)이다. 혼돈 속에서도 여전히 유지되고 있는 질서의 본질을 본다면, 우리는 불연속적 변화(discontinuous change)라고 설명할 수 있다.[29]

불연속적 변화는 파괴적이고 때론 우리의 기대와 상상을 뛰어넘는 결과를 나타내 보인다. 이러한 변화는 우리가 세운 가설들에 도전을 주는 환경을 창조한다. 결국 불연속적 변화의 시기에, 리더들은 새로운 환경과 상황에 부응하지 못하는 자신들의 리더십 기술과 능력을 발견하게 된다.

그렇다면 이러한 상황에서 리더들은 무엇을 어떻게 해야 하는가?[30]

넷째, '회중들이 중요한 대상'이라는 것이다.

비록 회중들이 선교적 교회 공동체로서 탈바꿈되는 과정을 벗어나기도 하고, 때론 세상과 타협하며 자신들의 존재 의미를 상실하며 살아가기도 하지만, 중요한 것은 그래도 여전히 회중들은 선교적 삶(missional life)의 중심이 될 수 있다. 하나님은 새로운 미래를 창조하시기 위해 가장 형편이 어렵고 열악한 장소들을 선택하셨다. 성육신을 통해 우리는 하나님의 미래가 단순히 우리가 바라보고 있는 그곳에서 이루어진 것이 아니라, 힘없고 외로운 사람들의 삶 속에서 행해진 것을 발견한다.

---

29 임무영, "좋은 리더십에서 위대한 리더십으로," 290-291.
30 Roxburgh & Romanuk, *The Missional Leader*, 6.

성령 하나님이 은혜를 하나님 백성의 공동체에 부어 주실 때, 이 공동체를 통해 역사하실 하나님의 일을 우리는 기대할 수 있다. 이 일을 이루기 위해 교회와 회중들은 자신들의 환경을 개선하고 새롭게 창조하도록 도울 수 있는 리더가 필요하다.[31]

다섯째, '새로운 리더십 체계와 능력'이 요청된다.

앨런과 프레드는 불연속적 변화에 따른 리더들의 도전이 필요하다고 설명한다. 전통적인 교육과 훈련 체계 가운데 준비되어왔던 목회자적인 리더십(pastoral leadership)이 잘못되었거나 문제가 많다는 것은 아니다. 그것은 불연속적 변화의 상황에서 비효과적이고 때론 도움이 되지 않다고 보기 때문이다.[32]

선교적 교회의 리더십에서 초점을 두는 것은 바로 상황(context)이다. 교회 구성원들이 처한 상황 속에서 그들이 하나님 백성들의 공동체로서의 본질을 성도들의 삶 가운데 나타내는 것이 중요한 핵심이다. 따라서 선교적 리더십은 교회 구성원들로 하여금 교회가 종교적 상품과 서비스를 받기 위해 모여드는 장소가 되기보다는, 타문화 선교사들과 같이 선교적인 삶을 구현하는 실천과 섬김을 배우는 장소가 되어야 한다.

현재 교회는 목회자적 리더십과 선교적 리더십 둘 중에 하나의 카테고리를 선택할 수 있다. 하지만 원리는 동일하다. 빠르게 변화하고 있는 불연속적 변화의 상황 가운데, 리더들은 반드시 선교적 상황(missional context) 안에서 교회 구성원들을 이끌어 갈 수 있는 역량들을 발전시키고 배워야 한다.[33]

---

31 Roxburgh & Romanuk, *The Missional Leader*, 9.
32 임무영, "좋은 리더십에서 위대한 리더십으로," 291-2.
33 Roxburgh & Romanuk, *The Missional Leader*, 10.

여섯째, '교회는 유일한 조직'이다.

교회는 비즈니스를 하는 기업이 아니다. 그래서 단순한 기계적 조직체와 같이 다루어져서는 안 된다. 하나의 조직체로서 계획을 세우고 이를 달성하기 위한 다양한 프로그램과 자원들을 모아 상품성 있는 결과물을 만들어 내는 비즈니스적인 사업체가 아니라는 것이다. 교회는 하나님의 백성들로 구성되어 있다. 모든 창조물 가운데, 그리고 모든 창조물을 위해 일하고 계신 하나님을 미리 맛보고, 증인으로서의 삶을 살아가도록 형성되고 부름받은 유일한 사회공동체이다.

초기 기독교 공동체가 비종교적인 단어, '에클레시아'(*ecclesia*)를 사용하면서 자신들만의 유일한 삶을 살았던 것처럼, 오늘날 교회도 하나님의 선교적 백성으로서 부름을 받았다는 것을 이해해야 한다. 소명은 단순히 세속적 조직체로부터 언어와 구조를 빌려오는 것을 필요로 하는 것이 아니라, 하나님 나라의 사회적 공동체로서 유일한 상상력의 형성을 필요로 한다.[34]

선교적 리더십은 전략적인 계획과 세상의 다양한 모델들이 우리의 문화 속에서 교회를 신실한 증인들로부터 어느 정도 잘못 인도할 수 있다는 것을 이해해야 한다. 또한, 하나님의 백성들이 그들 스스로가 자신이 처한 환경에서 새롭게 형성된 증인으로 인식할 수 있도록 그 환경을 창조하는 데 도움이 되어야 한다. 그리고 불연속적이고 모호함(ambiguity)의 상황 속에서 제 역할을 다할 수 있도록 도울 수 있어야 한다.[35]

---

[34] Roxburgh & Romanuk, *The Missional Leader*, 13-14.
[35] Roxburgh & Romanuk, *The Missional Leader*, 14.

록스버그와 로만눅의 『선교적 교회의 리더십』(The Missional Leader) 중심으로 선교적 교회를 위한 리더십 형성을 위한 6가지 중요한 기초와 토양들을 알아보았다. 무엇보다도 선교적 리더십을 발전시켜 가는 과정에서 다루어졌던 이 6가지의 선교적 리더십의 기초는 선교적 리더십의 형성과 유형을 이루는 핵심적인 기반이 된다.

3. 선교적 교회 리더십의 변화와 형성

1) 선교적 교회 리더십의 변화

선교적 교회 리더십의 변화는 거의 직선으로 발생하지 않는다. 그것은 목적지를 향해 여행하는 것처럼 바람에 가는 보트 방향의 경로와 유사하다. 앞에서 움직이는 바람을 잡기 위해서 보트는 앞으로 뒤로 움직이어야 한다. 안내자가 목적지를 향하여 일반적인 방향의 좋은 감각을 가진다 할지라도, 리더는 바람을 읽는 지식과 현재 목적지에 다다를 수 있는 합리적인 기술이 필요하다. 보트가 안내하는 이상적인 묘사를 대표하지만, 파도에 의해 물밀 듯이 들이닥치는 것을 포함해서 현실은 꽤 다를 수도 있다.[36]

출항과 혁신하는 선교적 교회 리더십 사이에는 중요한 차이가 있다. 출항은 이미 목적지를 알고 가지만, 모든 것으로부터 변환하는 선교적 교회는 분명하지 않다는 점이다. 전략적 계획의 친숙한 방법과 비전을 둘러싼 구성원의 지지와 사명 선언문은 처음에는 도움이 될 수 있지만, 절대적인

---

[36] Roxburgh & Romanuk, *The Missional Leader*, 79.

것은 아니다. 혁신하는 선교적 교회의 변화를 위한 과정은 사회적, 문화적 상황과 불연속적 변화의 상황 가운데서 진행해 나아가게 된다.

첫째, 목표는 언제나 우리가 생각했던 것처럼 진행하지 않는다. 선교적 교회의 활동과 실제의 모양은 이 과정의 시작에서 초점을 가지기가 어렵다. 지역교회의 리더들은 출발점에서 선교적 교회를 만드는 활동과 요건을 분명하게 이해하지 못할 수 있다. 지역교회를 위한 선교적 리더십은 전혀 예측할 수 없는 과정에서 시작될 수 있다.[37]

둘째, 리더십의 변화 방법에서 많은 실수를 할 수 있다. 가장 큰 실수는 과거 성공한 경험의 기초 위에서 결과를 예측할 수 있다고 믿는 습관이다. 리더십의 변화 과정은 교회의 구성원들이 적응하기 위해 도전하는 작은 실험과도 같다. 선교적 리더십의 변화는 실수와 실험을 통하여, 교회 구성원들이 리더십의 적절한 방법을 배우고, 적응하는 것이다.[38]

셋째, 선교 리더십의 목표를 향해 유동적으로 움직여야 한다. 교회의 상황들이 결코 고정적이지는 않기 때문에 선교적 리더십의 형식은 유동적 일 수밖에 없다. 다음의 내용은 불연속적인 변화의 바다에 출항하는 선교적 교회에 중요한 통찰력을 제공한다.

① 목표를 얻기 전까지 목적지를 정확하게 예측할 수 없다.
② 상황과 현실이 수시로 바뀌기 때문에 개입의 방향과 본질은 변화가 계속된다.

---

[37] Roxburgh & Romanuk, *The Missional Leader*, 80.
[38] 최형근, "선교적 교회론의 실천에 관한 연구," 19.

③ 리더십은 새로운 기술의 구성과 불연속적인 변화의 항해를 안내하는 능력이 필요하다.[39]

그러므로 선교적 교회의 리더십은 불연속인 변화의 소용돌이 속에서 리더가 항해의 바다에서 목표를 향하여 하나님의 백성들을 이끌어 가는 과정이다.

2) 선교적 교회 목회 리더십의 형성

그렇다면 선교적 교회의 리더십은 어떻게 형성되는 것인가?
『선교적 교회: 북미교회의 파송을 위한 비전』(*Missional Church: A Vision for the Sending of the Church in North America*)에서는 크게 세 가지로 설명하고 있다.

첫째, 선교적 교회 리더십은 예수 그리스도의 계시로 형성된다.
창조 이전으로부터 감추어져 있던 하나님의 비밀들이 성육신 사건을 통해, 예수 그리스도의 삶과 죽음, 그리고 부활의 역사적 사건을 통해 열리게 되었다. 예수 그리스도는 하나님으로부터 부여받은 하늘의 권세를 통해 치유된 공동체(healed oneness) 속으로 모든 것을 가지고 오셨다.

그뿐만 아니라 예수 그리스도는 새로운 사회적 실재성(social reality)과 회복된 창조 질서를 형성하셨다. 이러한 측면에서 리더들은 예수 그리스도의 성육신 사건을 통해 이 세상에서 발생하고 있는 것의 증인과 선포자로서

---

[39] 최형근, "선교적 교회론의 실천에 관한 연구," 20.

하나님의 순례의 백성 공동체를 인도할 책임이 있다.⁴⁰

하나님의 통치는 이미 구약 시대부터 그 영향력을 미쳤지만, 구체적으로 예수 그리스도의 성육신 사건을 통해 새롭게 드러났으며, 거듭난 하나님의 순례 공동체에 부여되었다. 예수 그리스도에게 있어서 하나님 아버지로부터 부여된 계획과 임무는 이미 형성되었고 완성되었기에 이제는 하나님에 의해 창조되고 보냄을 받은 새로운 교회 공동체에 예수 그리스도가 소유했던 동일한 임무(mission)가 주어지게 된 것이다. 따라서 리더십은 이 새로운 공동체에 부여된 그분의 임무를 이 땅 가운데서 수행함에 있어 매우 중요한 대안이 되었다.⁴¹

예수 그리스도는 양(sheep)에 대해 언급하시면서, 복음을 듣지 못하는 자들에게도 복음이 전해져야 하는 당위성을 언급했다. 이것은 전적인 목회자적 이미지요(pastoral image), 본질적 의미는 바로 사도적 이미지(apostolic image)라 할 수 있다. 예수 그리스도는 오늘 우리에게 명확하게 리더의 기능에 대해 언급하고 있다. 그 중심은 바로 사도적인 자세를 가지고 동일한 사도적 임무를 부여받은 하나님 나라의 공동체로서의 백성을 인도하는 역할이다.

예수 그리스도는 자신의 사도적 임무가 삼위일체 하나님의 다양성(plurality)과 관계성(relationality)에 의해 가능했음을 언급하고 있다. 그는 아버지 하나님의 도움이 없이는 감당할 수 없다. 결국 성령 하나님의 인도와 성령의 부어주심을 통해 하나님 나라의 모든 임무를 수행할 수 있었다. 따라서 하나님 나라의 사도적 본질을 추구하는 리더십은 리더들의 연합과 도움을

---

40 Darrell L. Guder, *Missional Church: A Vision for the Sending of the Church in North America* (Grand Rapids, MI: William B. Eerdmans Publishing Company. 1998), 186.
41 최형근, "선교적 교회론의 실천에 관한 연구," 295.

통해 가능함을 보게 된다.

둘째, 선교적 리더십은 오순절 이후 성령의 임재를 통하여 형성되었다.

오순절 당시, 예수 그리스도의 말씀대로, 성령은 하나님의 대안 공동체인 사도들에게 임했고, 이 세상 속으로 부활하신 예수 그리스도를 증거하는 이들에게 또한 동일하게 임함을 알 수 있다. 사도행전 2:4에 기록된 것처럼, 사도들의 입에서 자신들의 방언으로 선포된 복음은 사도들을 다양한 문화적 상황들을 통해서 모든 창조물을 위한 하나님의 구원 행동을 구현하는 도구(instrument)로, 표지(sign)로, 그리고 미리 맛보임(foretaste)의 공동체로 변화시킨 성령의 의도였음을 인식할 수 있다. 결국 선교적 리더십은 세상을 위해 교회의 태동 안에서 성령의 결정적인 일하심을 통해 형성된 것이다.[42]

에베소서 4장에서 사도 바울이 지적하고 있듯이, 성령은 교회를 위해 리더들을 세웠다. 더 나아가 사도행전에서는 이러한 리더들이 다양한 기능의 역할자임을 언급하고 있다. 이들의 본질적이고 근본적인 역할은 다름 아닌 세상을 향한 하나님의 통치의 임재와 예수 그리스도의 진정성(reality)을 증거하는 증인으로서 회중들의 삶을 형성하도록 돕는 것이다.

따라서 어떠한 형태라 할지라도, 리더십은 반드시 성령께서 하나님의 통치를 맛보며 앞으로 다가올 메시아적 공동체(messianic community)의 실제를 이 땅 가운데 실현하기 위해 인도하신다는 사실과 각 사람들이 살고 있는 문화적 환경 속에서 선교적 연대 속으로 공동체를 이끌고 나가는 리더십을 준비시킨다는 아젠다(agenda)를 희석시켜서는 안 된다.[43]

---

[42] 최형근, "선교적 교회론의 실천에 관한 연구," 296.
[43] Guder, *Missional Church: A Vision for the Sending of the Church in North America*, 187.

교회 공동체로서의 선교적 형태(missional formation), 하나님의 통치 수행을 통한 선교적 정체성(missional identity), 그리고 하나님의 통치 대안과 행동들 안에서의 선교적 연대(missional engagement)는 모두가 성령의 인도하심 속에 이루어지는 리더십의 기능이라 할 수 있다.

셋째, 선교적 리더십은 종말론의 회복을 강조한다.

하나님의 영(spirit)은 하나님의 백성들과 — 이 세상에는 완전히 실현되지는 않았지만 — 종말론적인 미래 속에서 이들의 리더십을 인도한다. 종말론은 단순히 세상의 끝만을 이야기하는 것은 아니다. 그것은 하나님의 대안 공동체로서 현재를 초월한 미래에 대한 것이다. 마가복음에서 예수님께서 말씀하셨듯이, 하나님의 나라가 가까이 왔으며, 이미 그 나라는 이 땅의 현실 가운데 존재하고 있는 것이다(막 1:14-15).[44]

이러한 관점은 선교적 리더십은 바로 이러한 교회의 종말론적인 상황에서 형성되었다. 윌리엄 아브라함(William J. Abraham)은 선교적 리더십과 종말론적 교회의 특성과의 관계를 다음과 같이 설명하고 있다.

> 초기 기독교 역사에 있어서, 얼마나 종말론이 이들에게 변화의 물결을 경험하게 했는가? 이것은 단순히 역사의 지평선을 넘어 초래할 미래의 소망은 아니었다. 그들은 이미 하나님 나라의 통치가 현실화됐고, 이것의 그들의 삶에 새로운 길과 방향, 그리고 힘을 제공했음을 경험했다. 예수 그리스도 안에서, 새로운 시대의 사건들은 이미 종말의 흐름 속에서 있었다.[45]

---

[44] Guder, *Missional Church: A Vision for the Sending of the Church in North America*, 187-188.
[45] William J. Abraham, *The Logic of Evangelism* (Grand Rapids: Eerdmans, 1989), 19-38.

그러므로 선교적 리더십은 다음과 같은 비전에 의해 준비된 사람들을 통해서 형성된다고 할 수 있다.

선교적 리더십을 형성한 리더들은 에클레시아적 형태의 과정을 섬기며 인도하고 … 에클에시아적 선교는 교회의 본질을 실현할 수 있도록 교회를 가능케 하는 것이며, 믿음과 소망, 사랑의 공동체가 되어서 하나님 나라의 모습과 성례(sacrament)를 경험하도록 하는 것이다.[46]

불연속인 변화 가운데서도 교회의 선교적 리더십의 변화와 형성은 예수 그리스도의 십자가의 사건과 성령의 임재와 종말론적인 회복에 의해서 형성된다.

4. 나가는 말

서구에서 시작한 선교적 교회에 대한 논의는 오늘날 교회의 본질로 돌아가자는 운동이며, 교회가 세상을 향하여 사명을 어떻게 감당해야 하는지를 설명하고 있다고 생각한다. 교회가 있기에 선교가 있는 것이 아니라, 하나님의 선교가 있었기에 오늘날 교회가 존재한다는 것을 인식하면서 자연스럽게 대두되는 문제가 바로 교회 안에서 리더십이다. 이것이 바로 선교적 교회의 리더십이다.

선교적 교회의 리더십은 하나님이 주신 역량과 하나님이 주신 책임을 가지고, 하나님의 백성 구성원들을 하나님의 선교적 목적을 이루기 위해서

---

[46] Weter Hodgson, *Revisioning the Church: Ecclesial Freedom in the New Paradigm* (Philadelphia: Fortress, 1988), 98.

영향력을 주고, 그 목표를 이루어 가도록 돕는 자이다.[47] 선교적 목회 리더십이 필요한 한국교회의 상황 가운데, 본 연구에서는 현재 교회의 존재 양식의 변화에 있어서 가장 중요한 부분인 리더십의 정의를 설명하였다. 또한, 선교적 교회로 전환하기 위해서 어떤 리더십이 필요한지를 규명하였고, 선교적 교회에서 하나님의 백성을 세우기 위한 리더십이 무엇인지를 논의하였다.

　선교적 교회의 리더십은 성육신적 리더십(incarnational leadership)과 섬김의 리더십(servant leadership)이다. 즉, 자신을 비워 온 인류의 구원을 완성하신 바로 십자가의 리더십(cross leadership)이라고 할 수 있다. 또한, 예수 그리스도의 지상 명령을 이루기 위해 세상 한가운데로 보냄을 받은 사도적 리더십(apostolic leadership)이다. 교회는 세상으로부터 부름을 받은 하나님의 선교적 공동체이며, 동시에 세상 속에서 하나님의 순례자의 삶을 살아가는 하나님의 백성들에게 선교적 상상력을 갖게 하고, 세상 문화를 하나님의 선교 문화로 변혁시킬 수 있도록 하나님의 백성들을 돕는 역할이 매우 중요하다. 이것이 바로 선교적 교회 목회 리더십의 본질과 사명이다.

47　로버트 클린턴, 『영적 지도자 만들기』(서울: 베다니출판사, 2014), 180-181.

참고 문헌

국내 도서
임무영. "좋은 리더십에서 위대한 리더십으로." 「복음과 선교」 20(2012), 284-296.
전석재. "미래 세대를 향한 전도방향과 전략." 「한국기독교신학논총」 96(2015), 127-151.
정인수. 『교회를 혁신하는 리더십』. 서울: 두란노서원, 2004.
최형근. "선교적 교회론의 실천에 관한 연구." 「선교신학」 26(2011), 15-19.
한국선교신학회. 『선교적 교회론과 한국교회』 서울: 대한기독교서회, 2015.

번역서
겔더, 크레이그 밴·드와이트, 샤일러. 『선교적 교회론의 동향과 발전』 최동규 역. 서울: CLC, 2015.
겔더, 크레이그 밴. 『교회의 본질』 최동규 역. 서울: CLC, 2015.
구더, 대럴. 『선교적 교회』 정승현 역. 인천: 주안대학원대학교, 2013.
로우즈, 릭 & 밴 겔더, 크레이그. 『선교적 교회 만들기』 황병배, 황병준 역. 안성: 한국교회선교연구소, 2013.
록스버그, 앨런과 보렌, 스캇. 『선교적 입문』 이후천, 황병배 역. 안성: 한국교회선교연구소, 2014.
보쉬, 데이비드. 『변화하고 있는 선교』 김병길, 장훈태 역. 서울: CLC, 2000.
베스, 웨렌. 『리더와 리더십』 김원석 역. 서울: 황금부엉이, 2005.
엥겐, 찰스 밴. 『하나님의 선교적 교회』 임윤택 역. 서울: CLC, 2014.
클린턴, 로버트. 『영적 지도자 만들기』 이순정, 이영규 역. 서울: 베다니출판사, 2014.
헌터 3세, 조지. 『사도적 교회』 전석재, 정일오 역. 서울: 대서출판사, 2014.

해외 도서

Abraham, William J. *The Logic of Evangelism*. Grand Rapids: Eerdmans, 1989.

Banks, Robert & Ledbetter, Bernice M. *Reviewing Leadership: A Christian Evaluation of Recent Approach*. Grand Rapid, MI: Baker Academic Press. 2004.

Barth, Marcus. "Ephesians: Translation and Commentary on Chaprters 4-6." *Anchor Bible 34 A*. Garden City, N.Y: Doubleday. 1974.

Bosch, David J. *Transforming Mission: Paradigm Shifts in Theology of Mission*. Mary-knoll, NY: Orbis. 1991.

Branson, Mark Lau & Martinez, Juan F. *Churches, Cultures, and Leadership: A Practical Theology of Congregations and Ethnicities*. Downers Grove, IL: InterVarsity Press. 2011.

Guder, Darrell L. ed, *Missional Church: A Vision for the Sending of the Church in North America*. Grand Rapids, MI: William B. Eerdmans Publishing Company. 1998.

Hodgson, Weter. *Revisioning the Church: Ecclesial Freedom in the New Paradigm*. Philadelphia: Fortress. 1988.

House. R. J., Javidan, P., Dorfam, W., Gupta, V. & Associates (Eds), *Culture, leadership, and organizations: The GLOBE study of 62 societies*. Thousand Oaks, CA: Sega. 2004.

Northouse, Peter G. *Leadership: Theory and Practice*, Los Angels, CA: Sega. 2010.

Roxburgh, Alan J. & Romanuk, Fred. *The Missional Leader: Equipping Your Church to Reach a Changing World*. San Francisco, CA: Jossey-Bass Publishing. 2006.

Shweder, Richard A. *Why Do Men Barbecue? Recipes for cultural Psychology*. Cambridge, MA: Harvard Univerity Press. 2003.

Van Engen, Charles, *Mission on the Way: Issues in Mission Theology*. Grand Rapids, MI: Baker Books, 1996.

Van Gelder, Craig. *The Ministry of the Missional Church: A Community Led by the Spirit*. Grand Rapid, MI: Baker Books. 2009.

Ve, Michelle A. "Missional church." *Christian Today*, 13 March 2009, 32.

Wheatley, Margaret J. *Leadership and New Science: Discovering Order in a Chaotic World, 2nd ed*. San Francisco: Berrett-Koehler Publisher. 1999.

제5장

선교와 상황화

1. 들어가는 말

　복음은 문화 속에 전달되어야 한다. 타문화권에서의 복음 전달을 위해서는 그들의 문화의 옷을 입고 들어가야 한다. 복음의 상황화를 하지 않으면 선교 사역에 어려움을 겪게 된다. 또한, 현지인들과 커뮤니케이션이 매우 어렵게 된다. 선교사가 복음을 전할 때 현장의 문화적 상황을 배제하지 않고, 그 문화적 상황을 이용하여 영원한 진리인 하나님의 말씀을 전해야 한다. 그러므로 선교에서 상황화를 이해하는 것은 매우 중요하다. 본 장에서는 선교와 상황화의 관계를 알아봄으로써, 타문화권을 이해하고 상황화의 방향성과 적용에 대하여 설명하고자 한다.

2. 상황화의 일반적인 이해

1) 상황화(常況化)의 정의

상황화는 영어로 'contextualization'이며, 상황을 뜻하는 'context'에서 유래되었다. 상황화는 현재 기독교 내 진보주의 진영과 복음주의 진영 모두 함께 사용하고 있는 보편적인 용어가 되었지만, 개념과 목표에서는 두 그룹 간의 차이를 보인다. 진보주의 진영의 상황화는 사회, 정치, 경제, 인권에 초점을 두고 삶의 형편과 상황을 개혁하며 증진하게 하려는 데 목표를 둔다면[1] 복음주의 진영에서의 상황화는 복음 전달에 초점을 두고, 말씀을 듣는 자들의 문화 이해에 기초하여 효과적인 복음의 전달에 목표를 두고 있다.

세상에는 우리(나)와 다르게 생각하고 느끼며 살아가는 사람들이 너무도 많다. 그러므로 하나님의 말씀을 전하는 자는 문화 차이로 인해 의사소통의 장애가 언제든지 일어날 수 있음을 기억할 필요가 있다. 예를 들면, 지역의 차이, 성별의 차이, 연령의 차이, 직업의 차이, 학력의 차이, 언어의 차이, 가치관의 차이, 세계관의 차이, 종교의 차이 등은 의사소통에 장애를 일으키는 주요 요인이 된다. 따라서 왜 사람들은 다르게 생각하고, 느끼고, 해석하고, 결정하고 행동하는가를 이해하고자 하고 연구할 때 더 효과적으로 하나님의 말씀을 전할 수 있게 된다.

의사소통을 뜻하는 영어의 'communication'이란 단어는 라틴어의 '*communicare*'에서 유래하였다. '*Communicare*'의 뜻은 '함께하는,' '공유하는,' '공통되는'의 의미를 지니고 있다. 즉, 의사소통이 원활하게 잘 이루어지

---

[1] 정홍호, 『복음과 상황화』 (서울: CLC, 2004), 51-52.

려면 두 사람 사이에 '함께 하는 부분'(commonness, commonality)이 많을수록 대화 소통은 원활하게 이루어지게 된다.[2]

의사소통(communication)은 네 가지 목적이 있다.

첫째, 상대가 나의 생각, 견해, 주장을 이해(understanding)하도록 함이다.
둘째, 상대가 나의 생각, 견해, 주장을 받아들이게(accepting) 하기 위함이다.
셋째, 나의 생각, 견해, 주장에 대해 상대로부터 호의적인 반응(favourable response)을 얻어 내고자 함이다.
넷째, 상대와 호의적인 인간관계(favourable relationship)를 맺기 위해서이다.

예를 보면, 우리 주님은 복음을 전할 때 대상에 따라 다양한 방법을 사용하셨다. 니고데모에게 복음을 전하실 때와 사마리아 여인에게 전하실 때의 방법은 분명 달랐다(요 3, 4장). 주님의 비유 사용은 복음 전달에 있어 차별화된 방법을 보여준다고 하겠다. 대개 자신이 처한 상황을 사용할 때 사람들은 전하는 말씀을 더 잘 이해할 수 있게 되는데 이러한 이유로 주님은 말씀을 전하실 때 사람들이 처한 상황들을 잘 사용하셨다.

상황화의 필요성을 이해하기 위해서는 먼저 성경신학(biblical theology)과 선교신학(theology of missions)의 강조점의 차이를 이해할 필요가 있다. 성경신학의 주된 관심이 본문(text), 그때(then), 내용(contents), 해석(interpretation)이라면 선교신학은 상황(context), 지금(now), 전달(delivery), 적용(application)

---

[2] 두산백과사전(http://www.doopedia.co.kr).

에 강조점을 두고 있다. 물론 선교신학에서도 철저히 성경에 기초하여 성경으로부터 선교의 이유, 원리, 전략을 찾지만, 성경신학과의 차이점은 '하나님 말씀을 다양한 상황에 어떻게 효과적으로 심을 것인가?'에 강조점을 둔다는 데 있다.[3]

세상에는 우리와 다르게 생각하고 느끼며 살아가는 사람들이 너무도 많다. 이런 이유로 하나님의 말씀을 전하는 자는 문화 간의 차이로 인해 언제나 의사소통에 장애가 일어날 수 있음을 명심할 필요가 있다.[4] 예를 들면, 지역의 차이, 성별의 차이, 나이의 차이, 직업의 차이, 학력의 차이, 언어의 차이, 가치관의 차이, 세계관의 차이, 종교의 차이 등은 의사소통에 장애를 일으키는 요인이 될 수 있다는 것이다. 따라서 왜 사람들은 다르게 생각하고, 느끼고, 해석하고, 결정하고 행동하는가를 분석하고 파악할 때 더 효과적으로 하나님의 말씀을 전할 수 있게 된다.

폴 히버트는 문화란 "어떤 그룹과 집단의 사람들이 공유하는 통합된 지식, 감정, 가치관의 체계 및 그것들과 관련된 상징, 행동 유형, 그리고 그 결과"라고 정의했다.[5] 문화란 첫째로 인간 생활의 총체를 가리킨다. 문화에 대한 가장 고전적인 정의는 테일러(E. B. Tylor)에 의한 것으로 그는 문화

---

[3] Grant R. Osborne, *The Hermeneutical Spiral: A Comprehensive Introduction to Biblical Interpretation* (Downers Grove: InterVarsity, 1991), 312-318.

[4] 인간이 다른 피조물과 다른 점은 문화를 만든다는 데 있다. 운행하는 자연계의 기저에 일정한 법칙(규칙)이 있듯이 인간 행동의 기저에도 보이지 않지만, 법칙이 있다. 사람이 자연의 법칙을 무시하고 깨어서 안 되듯이 인간의 문화적 규칙(cultural laws)을 무시하고 깨어서는 안 된다. 과학자들이 자연계의 질서와 운행을 붙잡고 있는 법칙을 발견하려고 노력하듯이 문화를 연구하는 자들은 인간 행동의 기저에 숨어있는 일정한 질서가 무엇이며 사람이 왜 그렇게 행동하는지를 발견하려고 한다. 문화로 인해 발생하는 차이를 무시하거나 이해하지 못할 경우, 오해나 부정적 인간관계로 발전될 수 있다.

[5] Paul G. Hiebert, *Anthropological Insights for Missionaries* (Grand Rapids: Baker Academic, 1985), 30-31.

를 "지식, 신앙, 예술, 법률, 도덕, 관습, 그리고 사회의 한 구성원으로서의 인간에 의해 얻어진 다른 모든 능력이나 관습들을 포함하는 복합체"라고 규정을 하였다.[6]

문화는 인식적인 차원, 감정적 차원 그리고 평가적인 차원이 함께 통합된 결과물이며, 삶의 총체(totality of living)이다.[7] 문화는 공유성, 학습성, 전파성, 보편성, 상징성의 속성을 가지고 있다.[8] 이러한 문화의 속성과 특징 때문에 타문화 상황(cross-cultural settings)에서 복음 전도를 위해서 상황화 작업을 하지 않을 경우, 하나님의 말씀이 온전히 소통할 수가 없고 전달에 장애가 될 수밖에 없다.[9]

하나님의 말씀은 성령의 감동하심을 입어 기록된 영원불변의 진리지만, 특정한 상황에 효과적으로 전달되기 위해서는 상황화의 작업은 필수적이다. 따라서 말씀을 전하는 자의 중요한 임무는 초문화적인 성격을 지닌 하나님의 말씀(supra-cultural truth of the Scripture)을 다양한 상황에서 올바르면서도 동시에 쉽게, 의미 있게 가슴에 와 닿도록 전하는 것은 매우 중요하다.[10]

"복음이 상황화되어야 한다"는 말의 의미는 복음의 본질은 변치 않지만, 그 복음이 문화의 옷을 입고 전달되어야 한다는 것이다.

다음에서 상황화에 대한 여러 학자의 정의를 살펴보면 다음과 같다.

> 상황화는 어떤 개념들이 특정 문화 상황에서부터 다른 문화 상황으로 번역되는 과정으로 이 과정에서 본래적 의미(original meaning)를 상실하지 않으면

---

[6] 한국문화인류학회, 『처음 만나는 인류학』 (서울: 일조각, 2003), 118-137.
[7] 전석재, 『변화하는 현대 선교 전략』 (서울: 대한기독교서회, 2014), 194-195.
[8] 전석재, 『변화하는 현대 선교 전략』, 198-199.
[9] 전석재, 『변화하는 현대 선교 전략』, 207-208.
[10] 전석재, 『변화하는 현대 선교 전략』, 208-209.

서도 새로운 상황에서 그 개념들을 잘 제시되도록 하는 작업이다.[11]

상황화는 문화가 다른 상황에 복음을 나누는 과정에서 계시자의 입장에서는 그 계시의 본래성과 존엄성이 보존되며, 계시를 받는 자의 입장에서는 변화가 일어나게 하는 신학적 작업이다.[12]

상황화는 하나님의 나라의 복음의 변하지 않는 내용을 특정 문화 그리고 그 문화권에 살고 있는 자들의 삶의 상황에 적절하게(properly), 의미 있게(meaningfully) 구두적인 형태로 바꾸는 것이다.[13]

상황화는 특정 상황에 있는 사람들이 복음에 의미 있게 반응하는 능력이다. 상황화는 단순히 일시적인 추세가 아니라 말씀의 성육신적인 성격에 의해 계속적으로 요구되는 신학 작업이다. 상황화는 특별히 3세계가 처한 특수성 및 역사적 현실을 중요하게 고려하는 신학적 작업이다.[14]

상황화란 무오하며, 영감으로 기록된, 영원불변의 초자연적인 진리인 하나님의 말씀을 한 특정 상황에 선포할 때 이 과정에서 성령께서 개개인들을 새

---

[11] O. Imasogie, "Contextualization and Theological Education," *Evangelical Review of Theology*. 9. January 1985. 55.

[12] Ronald G. Stansell, "The Development of the Missiological Element of the International Studies Program at George Fox College," D. Miss. dissertation (Trinity Evangelical Divinity School, 1989), 127.

[13] Bruce J. Nicholls, "Theological Education and Evangelization," *Let the Earth Hear His voice. International Congress on World Evangelization*. ed. J. D. Douglas (Minneapolis: World Wide., 1975), p. 637.

[14] Theological Education Fund, *Ministry in Context. The Third Mandate Programme of the Theological Education Fund* (Bromley, England: TEF, 1972), 19.

롭게 하시고 그들의 문화를 변혁시키어 하나님의 나라로 되돌리는 것을 의미한다.¹⁵

이전의 토착화가 해오던 것보다 더 깊은 의미를 표현하기 위해 신학계에 도입된 새로운 용어로서 특정 상황에 개념(concepts) 혹은 아이디어(idea)를 적합하게(relevant) 만들고자 하는 노력이다.¹⁶ 상황화는 시대에 따라, 대상에 따라, 문화에 따라 변화하는 방식(in-ever changing modes)으로 영원불변한 하나님의 말씀을 적합하게 표현하고자 하는 노력이라고 할 수 있다. "하나님의 말씀은 영감되었지만, 그 표현 양식(modes)은 그렇지 않기에 표현 방식의 상황화는 옳은 것일 뿐 아니라 반드시 필요하다."¹⁷

2) 상황화의 시작

상황화라는 용어가 신학계에 공식적으로 출현한 것은 1972년이었다. 현재는 세계교회협의회 신학 교육 프로그램(Program on Theological Education of World Council of Churches)으로 명칭이 변경되었지만, 그 당시 세계교회협의회 신학 교육 기금(Theological Education Fund of WCC)의 책임자 대만 신학자 쇼키 코(Shoki Coe)와 부책임자였던 아론 삽세지안(Aharon Sapsezian)이 상황화란 용어를 처음 도입하였다.¹⁸

---

15   Donna Strom, "Cultural Practices:Barriers or Bridges?," *Evangelical Missions Quarterly* (July, 1987), 250-251.
16   상황화라는 용어가 보편화 되기 전에 토착화라는 용어가 광범위하게 사용되었는데 토착화는 말씀을 전함에 있어 특정 문화 상황에 맞게 전하는 데 초점을 맞추었다.
17   Byang Kato, "The Gospel, Cultural Context and Religious Syncretism," 1217.
18   대표적인 상황화 신학자들로서 Bruce Nicholls, Byang H. Kato, Charles H. Kraft, Paul G.

세계교회협의회(WCC)를 주축으로 한 신학적 에큐메니칼 진영의 상황화는 사회, 정치, 경제, 인권 상황을 중시여기며, 인간을 착취와 억압으로부터 자유(해방) 시키는 것을 상황화의 목표로 삼고 있다. 이런 이유로 종종 인간의 '영적인 필요'(spiritual needs)보다 '물리적인 필요'(physical needs)에 우선순위를 둔다는 비판을 들으며 진보 진영의 신학이 하나님 중심적이기보다 인간 중심적이라는 비판을 보수 진영으로부터 받고 있다.[19]

에큐메니칼 진영과 달리 복음주의 진영의 상황화 작업은 가난, 차별, 인권, 부정의(injustice), 차별과 같은 인간 삶의 상황 변화, 개선보다는 '하나님 말씀의 효과적 전달에 초점을 맞춤'으로 복음의 총체적 성격을 무시한다는 비판을 진보 진영 신학자들로부터 듣기도 한다.

3) 교회사를 통한 상황화의 사례

(1) 하나님은 '당신의 계시'(성경)를 인간의 언어(human languages)를 사용하여 전달되게 하셨다. 지금 이 순간에도 성경은 다양한 언어로 번역되어 전달되고 있다. 인간의 불완전한 언어는 하나님의 뜻과 생각을 담아내기에 너무도 부족하지만, 인간의 언어로 계시가 기록되고 번역되게 허락하신 것은 상황화의 좋은 예이다. 하나님의 계시가 인간의 언어로 기록되는 상황화 작업이 없었다면 하나님의 진리는 지금도 하늘에 머물러 있었을 것이다.

성경은 인간의 문화라는 옷을 입고 전달되었다. 예를 들어, 시편 기자는

Hiebert, David Hesselgrave, Edward Rommen, Harvie Conn, Charles Taber, Dean S. Gilliland 등이 있다.

[19] 정홍호, 『상황화 신학』(서울: 한국로고스연구원, 1996), 57-58.

히브리인들의 문화 상황을 담고 있는 세 가지의 이미지, 산, 태양, 시내, 새 등과 같은 자연적 이미지, 목자, 양, 초장과 같은 목가적 이미지, 그리고 방패, 산성, 요새, 피난처와 같은 군사적 이미지이다. 신약 성경은 헬라 문화의 옷을 빌려 기록되었다.

(2) 근본 하나님의 본체이지만 하나님과 동등하게 여기지 않고 사람들과 같이 되었고 사람의 모양으로 나타나신 예수 그리스도의 성육신 사건은 상황화의 또 다른 좋은 예이다(요1:14; 빌2:6-8). 주님은 세상에 하나님의 사랑을 전달하기 위해 사람의 형상으로 오셨고, 또한 인간이 이해할 수 있는 방법으로 하나님의 진리를 전하셨다. 사실 주님은 상황화의 전문가셨다. 무리들이 주님에게 매력을 느꼈던 것은 그의 독특한 가르침과 성품 때문만은 아니었다. 유대인의 풍습과 문화를 잘 알고 계셨고 그 문화에 적응하셨기 때문이기도 했다. 지방의 언어를 사용하였으며 설교는 보통 사람들이 이해할 수 있는 친근감 있는 소재들로 구성되었다(마5:13-16; 6:27-34; 13:1-23; 17:20; 눅13:6-9, 18-21).[20]

(3) 씨 뿌리는 비유(마 13:1-23)는 상황화 작업과 관련하여 중요한 교훈을 주고 있다. 어떤 토양에 씨가 떨어지는가에 따라 결실이 완전히 달라진다는 가르침이다. 같은 씨를 뿌려도 토양에 따라 결과가 달라진다면 말씀을 전하는 자는 먼저 토양을 면밀히 조사한 후 올바르게 씨를 뿌려야 함의 중요성을 교훈하고 있다.

(4) 사도행전 2장은 오순절 성령 강림 후 제자들이 이전에는 해 본 적이 없던 방언으로 말한 사건을 기록해 주고 있다. 여러 곳에서 절기를 지키기 위해 예루살렘으로 올라온 자들은 자신들이 태어난 곳의 언어(in their own

---

[20] 정흥호, 『상황화 신학』, 180.

native language)로 하나님이 행하신 큰일을 들을 수 있었다(2:5-13). 성령께서 제자들로 하여금 예루살렘에 모인 사람들이 알아들을 수 있는 언어로 말하게 함으로 타문화 선교의 문을 여셨다.[21]

(5) 사도 바울은 제2차 전도 여행 때 루스드라에서 전도자로 훌륭한 자질을 갖춘 디모데라는 청년을 만나 그를 전도 여행에 동참시키기를 원했다. 출발하기 전 디모데에게 할례를 받게 했다(행 16:1-3). 전도 여행 동안 바울은 유대인의 회당을 먼저 방문하여 말씀을 전한 것을 보게 되는데 만약 할례를 받지 않은 디모데를 회당에 데리고 들어간다면 유대인들의 감정을 건드려 말씀 전할 기회를 잃을 수 있었기 때문이다.

복음 전도자로 훌륭한 자질을 갖춘 디모데로 하여금 유대인들을 대상으로 복음을 전할 기회를 더 많이 갖게 해 줄 실용적인 목적으로 할례를 받게 했던 것이다(고전 9:20).[22]

하지만 제자 디도의 경우 예루살렘 교회 지도자들이 디도(헬라인)에게 할례를 요구했을 때 디도도 억지로 할례를 받게 하지 않았다(갈 2:3-5). 만약 디도가 할례를 받을 경우, 이방인들도 모세의 율법을 지켜야 하고 구원받기 위해 할례를 받아야 한다는 율법주의자들의 요구에 승복하는 것이기 때문에 디도에게 할례를 받지 않도록 했던 것이다.

---

[21] 제자들은 최소한 15가지 실제 다른 방언(언어)으로 말하였다. 제자들이 말하는 자신의 본토 방언을 들은 여행객들은 금방 이해할 수 있었다. 제자들의 방언은 성전에 모여 있던 여러 지역에서 온 유대인들의 주의와 시선을 끌었다. 이들은 여러 나라에서 온 순례자들이었는데 땅의 모든 족속을 상징한다. 메소포타미아로부터 동쪽으로는 소아시아 북서쪽의 이집트와 남서쪽으로 리비아, 남쪽으로 아라비아, 그레데와 서쪽으로 로마로부터 온 자들이었다. 여러 지역에서부터 온 이들 유대인들은 자신들이 난 곳 방언으로 하나님이 행하신 위대한 일을 들을 수 있었다.
[22] 미쉘 포코크, 『변화하는 내일의 세계 선교』, 박영환, 백종윤, 전석재 역 (인천: 바울, 2008), 462.

할례에 대해 왜 바울은 이런 이중적인 자세를 취했을까?

할례는 구원과는 아무런 관계가 없기 때문이었다(갈 5:6, 6:15; 고전 7:19). 여기서 바울이 예수 그리스도를 믿는다고 해서 개인의 문화적 형식 즉, 유대인의 관습이나 전통을 포기하도록 요구하지 않았음을 보게 된다. 문화적 형식이 우상 숭배와 관련이 있거나 비도덕적이지 않은 한 그것들을 유지할 수 있도록 허락했다는 점이다. 바울은 문화에 관한 한 "여러 사람에게 여러 모양이 된 것은 몇몇 사람들을 구원코자 함"이라는 융통성 있는 자세를 취했다(고전 9:20-23).

4) 상황화 작업의 도전

하나님의 말씀의 전달 혹은 사역(예배 형태, 양육 방식, 전도 방법, 교제, 봉사와 같은)은 상황(context)과 분리될 수 없기에 상황화 작업은 반드시 필요한 것이지만, 또한 혼합주의에 빠질 위험한 신학적 작업이다.

만약 상황화가 되지 않거나 부족할 경우 복음은 특정 상황(대상)에 제대로 뿌리를 내릴 수 없게 된다. 또한, 너무 과(過)한 경우에는 본래 말씀을 벗어나 혼합주의(syncretism)로 빠질 위험성이 있다.[23]

잘못된 상황화는 하나님의 말씀을 변질시키며 훼손시킬 수 있기 때문에 말씀을 전하는 자는 하나님 말씀의 본래성(순수성)을 지키는 일과 또한 회중들이 말씀을 자신들에게 의미 있게, 쉽게 이해할 수 있도록 하는 두 가지 차원을 함께 고려해야 한다. 즉, 계시자의 입장에서는 계시의 존엄성과 본래성을, 청중들의 입장에서는 메시지를 쉽게 이해하고 삶에 적용할 수 있

---

[23] 스티븐 베반스, 『상황화 신학』, 최형근 역 (서울: 죠이선교회출판부, 2002), 63-64.

도록 해야 한다. 상황화 작업은 언제나 완전히 성경적이면서 동시에 충분히 현지 문화에 어울리는 문화적이어야 하는 숙제를 안고 있다.[24]

하나님의 말씀을 선교지에서 효과적으로 전하기 위해 상황화 작업을 해야 할 때 물어야 할 질문이 있다.

'상황화를 한다면 어디까지 할 것인가?'

선교에서 상황화에 대한 요구 그리고 필요성은 분명히 '현재 선교사가 살고 있는 그곳에 맞추는 방식'을 지지한다. 현지 언어도 배워야 하며 그들의 세계관, 가치관, 사고 형태 그리고 정서를 이해하며 그들의 문화에 대해서도 깊이 공부해야 한다. 일방적으로 메시지를 전하기보다는 그들의 긴요한 필요와 삶의 현실에 대해서도 관심을 갖고, 그들 문화 가운데 수용할 수 있는 것은 적극적으로 수용하며 복음의 효과적인 전파를 위해 사용해야 한다.

그럼에도 상황화 작업은 언제나 영원불변한 하나님의 말씀 안에서 이루어져야 한다. 오늘날 선교지에서 이루어지고 있는 상황화 전략 가운데 상당수가 성경에서 이탈하고 있고 핵심 교리들을 훼손하는 방향으로 흘러가고 있음을 경계할 필요가 있다. 현지에 맞추고자 하다가 핵심 교리를 포기하거나 기독 신앙을 훼손하면서까지 상황화하려는 시도는 바람직하지 않다.

도나 스트롬(Donna Strom)은 상황화 작업은 언제나 영원불변하고 무오한 하나님의 말씀에 기초할 필요가 있음을 다음과 같이 지적하고 있다.

상황화가 복음을 전하는 방법, 수단, 그리고 생활 방식(life style)에 영향을 줄

---

[24] 로즈 도우셋, 『상황화 이론과 실제』, 변진석, 엄주연 역 (서울: 한국해외선교회출판부, 2014), 101-103.

수 있겠지만 영원불변한 하나님의 말씀을 변경시켜서는 안 된다. 에베소서 6: 17에서 성경은 그리스도인에게 주신 유일한 공격 무기이며 유용한 무기임을 알 수 있다. 말씀을 변경시키는 것은 말씀을 약하게 만드는 해적 행위이며 말씀의 능력을 빼앗는 범죄 행위임을 알아야 한다.[25]

현지인들로 말씀을 더 잘 이해할 수 있는 방식으로 복음을 제시하고 현지에 맞는 방식으로 교회 사역을 하기 위해 상황화 작업은 반드시 필요하고, 또한 요구된다. 그렇지만 하나님의 말씀이 훼손되거나, 하나님의 관심사(Theocentric)보다 인간의 관심사(Man-centered)가 강조되는 상황화 작업은 피해야 한다.

짐 피터슨(Jim Peterson)은 상황화 작업 과정에서 우리가 주의해야 할 혼합주의(Syncretism)에 대해 다음과 같이 말해 주고 있다.

> 상황화의 생명은 복음의 불변성을 지키는 것과 말씀을 듣는 청중의 이해를 위한 융통성이다. 복음이 선교지에 처음 들어올 때처럼 선교지 문화 혹은 전통적 요소들에 의해 왜곡되거나 변형되지 않고 언제나 순수해야 한다. 다시 말해서 복음은 듣는 청중의 문화에 의해 왜곡되지 않고 처음 받을 때와 같아야 한다. 복음에 무엇이 더해지면 그것은 더이상 복음이 아니다.

---

[25] Donna Strom, "Cultural Practices-Barriers or Bridges?" 250-251.

5) 교회 역사를 통해 사용된 상황화 모델들

(1) 식민지적 혹은 제국주의적 모델(the Colonial or Imperial Model)

선교사가 '문화 우월주의' 태도를 갖고 현지 문화에 대해 정죄하며 현지 문화를 완전히 기독교 문화로 대처하고자 하는 모델이다. 종교적인 차원에서 타종교에 대해 공격적인 자세를 취하고 정복의 대상으로 여긴다. 19세기 개신교 선교사 대다수가 선교에서 식민지적 모델을 갖고 있었다.[26]

문화적 우월주의(혹은 단일 문화적 태도. Mono-Cultural View)[27] 선교 방식으로 인해 선교 현지에서 두 가지의 부정적 현상이 발생하게 되었는데 첫째, 교회의 개척과 성장에 걸림돌이 되었으며 둘째, 현지에서 기독교를 이방 종교(alien religion. 서양 종교, 백인의 종교)로 여기는 결과를 낳았다.[28]

한 예를 들어보자. 불교권인 태국에서 선교를 개종으로만 알고 선교한 선교사들의 실수를 지적할 수 있다. 500년의 선교 역사를 통해 굳어진 태국인들의 기독교에 대한 잘못된 인식은 지금도 선교의 큰 걸림돌이 되고 있다.

동남아시아 국가 중에서 태국은 서구의 식민지가 아니었기 때문에 서양에 대한 감정이 다른 나라보다 나쁜 것도 아니었으며, 선교에 대해서는 동

---

[26] 포코크, 『변화하는 내일의 세계 선교』, 457.
[27] 단일 문화주의는 다섯 가지의 대표적 특징을 갖고 있다. 첫째, 자기중심적이다. 둘째, 자신의 것을 절대화(이상화)시킨다. 셋째, 자신의 것(세계관, 문화적 가치관)으로 모든 사물을 인식하고 평가한다. 넷째, 다른 문화에 대해서 우월 의식을 가진다. 다섯째, 다른 문화에 대해서 공정성을 상실하고 왜곡된 시야를 갖는다.
[28] 우연하게도 서구 교회의 선교 운동은 서구의 식민지 정책이 활발하게 진행되는 시기와 맞물려 일어났다. 부끄럽지만 식민지 정책을 편 유럽의 왕들이 기독교를 라틴 아메리카, 아시아, 아프리카 땅에 전파하고 확장하는 데 큰 공헌을 한 것은 부인할 수 없는 사실이다. 이런 이유로 중국에서는 기독교와 서구 제국 주의(Western Imperialism)를 동일하게 보았다. 아편 전쟁(1839-1842) 후 두 종류의 외국인들이 중국으로 몰려 들었는데 아편을 손에 든 외국 무역 상인들과 성경을 손에 든 선교사들이었다.

남아시아의 그 어떤 국가에서보다 자유가 열려 있었기 때문에 많은 수의 선교사들이 들어와 사역을 했던 나라이다. 그럼에도 태국에서의 선교 열매는 너무도 미미했다. 태국의 로마 가톨릭 선교 역사가 500년을 넘어섰고 태국 개신교 선교 역사는 약 180년(1828년부터)이 되었는데, 교인은 약 20만(인구의 1-2%) 가량에 약 1,500-2,000여 개의 교회가 있으며 재정적으로 자립한 교회는 거의 없는 실정이다.

이처럼 태국 선교에 열매가 없는 가장 큰 이유 중 하나는 의식적으로나 무의식적으로 선교사들이 '회심 선교'가 아니라 종교를 바꾸는 '개종 선교'를 목표로 삼았기 때문이다. 태국에 들어간 대부분의 선교사들은 태국인들에게 급격한 전환, 즉 그들에게 종교를 바꿀 것을 요구했는데 그 요구는 태국인들에게 과격한 주문이었다.

개종을 강요하는 태국인에게 남겨진 기독교에 대한 인상은 외래성과 타자성이었다. 태국인들에게 자신이 기독교인이 되는 것은 서구인이 되어야 한다는 것과 별 차이가 없었다. 전통적으로 태국인이 된다는 것을 불교도가 된다는 것과 동일시했던 태국인의 의식과 전면적인 배치 현상을 띠게 되어 태국에서 기독교에 대한 심각한 저항을 불러일으키고 있는데 특히 엘리트 계층에서 이런 현상이 두드러지고 있다. 선교사들이 보편적인 신학 원리를 따르면서도 태국적 특색을 가진 기독교를 전하려고 한 것이 아니라 서구의 기독교를 태국 땅에 그대로 이식하려는 잘못을 범하였던 것이다.

(2) 삼자 원리 모델(The Three Self Formula Model)

1861년 미국의 선교 정책가 루퍼스 앤더슨(Rufus Anderson, ABCFM 총무)과 영국의 헨리 본(Henry Von. CMS 총무)은 선교지의 신생 교회를 위해 자급(self-supporting), 자치(self-governing) 그리고 자전(self-propagating)이라는 삼자

원칙(이론)을 제시했는데, 그 후로 세 가지의 개념은 토착화(Indigenization)의 주요 목표가 되었다. 비록 선교사가 교회를 개척하고 세우지만, 현지인을 지도자로 훈련을 시켜 현지 교회의 리더십이 교회를 책임지도록 하며 (자치) 외부의 도움 없이 재정적 자립을 확보케 하며 자전은 자치적인(자율적인) 교회로 스스로를 책임지는 것을 목표로 한다. 삼자 원리의 전략이 성공적으로 성취될 경우 외국 선교사의 도움이 필요 없게 된다.

삼자 원리는 1910년 영국의 에든버러 선교 대회에서 선교 전략으로 공인화되었다. 헨리 본은 삼자 원리의 성공적인 성취는 현지 교회에서 선교사들의 간섭이나 감독이 사라지며 그 결과 외국 선교사들이 복음화가 되지 않는 다른 지역으로 이동할 수 있게 됨으로 제한된 인적, 물적 자원을 세계의 복음화를 위해 효과적으로 사용할 수 있게 될 것으로 확신했다.

(3) 엘렝틱스 모델(the Elentics Model)

네덜란드의 선교 신학자 요하네스 바빙크(J. H. Bavinck)는 현지 문화에 대해 무비판적으로 현지 관습들과 관행들을 그대로 수용하고 또한 현지의 종교적 관행에까지 적극적인 가치를 부여하며 선교하고자 했던 로마 가톨릭 선교사들의 문화 수용(accommodation) 접근 방식에 대해 큰 우려를 표명했다.[29] 하지만 바빙크도 문화를 접근함에 있어 모든 문화 속에 임하시는 하

---

29 바빙크는 전형적인 개혁주의 신학을 고수한 대표적 복음주의 선교학자로서 현대 선교학의 신학 범주를 구분하는 데 크게 공헌했다. 그는 네덜란드 개혁파교회가 파송한 인도네시아의 선교사였고, 선교학의 기초가 되는 세 가지 영역으로서 선교 이론, 선교 역사 그리고 엘렝틱스로 분류했다. 현대 선교신학의 창시자라고 불리는 독일의 구스타브 바르넥을 이어 선교를 하나의 과학으로 확립시킨 공헌을 했다. 엘렝틱스는 문화의 핵심을 종교로 보고 종교에 의한 선교지의 문화, 세계관을 파악하여 선교적 변증에 목적을 두었다. 바빙크는 특히 선교를 타종교에 대한 엘렝틱스 개념으로 보았다.

나님의 일반 은총(common grace)의 존재성과 유용성은 적극적으로 인정하고자 했다.

특히 바빙크의 엘렝틱스 모델은 교회(선교사)가 현지 문화에 자신을 맞추는 것이 아니라 문화를 새롭게 만드는 중요한 사명이 있음을 강조하였다. 그는 헬라어 '엘렝체인'(*elengchein*)에서 개념을 도출해 변증적 접근 방식인 엘렝틱스 모델을 제의했다. '엘렝체인'은 '-를 부끄럽게 하다'는 의미인데 복음을 이성적으로 사리에 맞게 제시함으로 현지인들로 죄를 확신하게 하여 복음을 영접하게 하는 방식이다.

물론 바빙크는 죄를 확신케 되는 것은 선교사의 복음에 대한 논리적 및 이성적 제시의 결과가 아니며 인간이 할 수 있는 일이 아님을 인정했다. 죽은 영을 거듭나게 하시며 죄에 대해 확신토록 하는 분은 성령이심을 분명히 인정했다.

(4) 수용 모델(The Accommodation Model)

이 모델은 전통적으로 로마 가톨릭교회가 사용했고, 현지 문화를 적극적으로 수용하는 상황화 모델이다. 그 이유는 로마 가톨릭 신앙의 확장과 진보를 위해서였다. 가톨릭교회는 인간의 문화를 높이 평가하며 선교사들로 현지 문화의 가치와 권리를 존중할 것을 주문했다. 수용적 모델을 취하는 로마 가톨릭의 상황화 방식은 혼합주의를 낳게 했다.

칼 미릅트(Carl Mirbt)는 601년 로마 교황 그레고리 1세(Pope Gregory I)가 감독 어거스틴(Bishop Augustine)에게 앵글로 색슨족 선교를 위해 다음과 같은 선교 지침을 내렸음을 전하고 있다.

> 이교도들의 우상(idols)이 발견되는 이방 성소들(holy places)을 가급적이면 파

괴하지 말라. 그곳에서 이방 우상을 제거한 후 성수(holy water)를 뿌리고 제단을 세워 가톨릭 성인(순교자)들의 유골이나 유품(relics)을 그곳에 (옮겨) 두어라. 이렇게 한 후 이교도들의 성소를 하느님을 예배하는 장소로 사용할 수 있다.[30]

또한, 이교도들의 황소 제사(bull sacrifices)와 같은 의례를 가톨릭 성인들을 기리는 기념일이나 유품 전시 축제(parish fair celebration)로 대체했는데 이렇듯 이교도들의 관습들은 변화 과정을 거쳐 로마 가톨릭교회 안으로 유입되어왔다. 초대 교회가 선교를 위해 사용했던 상황화 방식이 상실되어가고 혼합적인 신앙 색깔을 띤 기독교로 변질된 것은 성경의 권위를 인간의 권위로 대처하려고 했던 로마 가톨릭교회의 선교 정책 때문이었다.

바빙크는 상황화에서 로마 가톨릭과 개신교회가 큰 차이를 보이는 것은 이방인과 그들의 문화에 접근하는 서로 다른 입장 차이에 기인한다고 보았다.

로마 가톨릭은 현지인들의 관습(customs)이나 관행(practices)들을 존중히 여겼고, 심지어 그들의 종교적 관행과 종교 문헌에까지 의미와 가치를 부여하였다. 대조적으로 개혁자들은 인간의 삶 자체뿐만 아니라 인간의 사고 전 영역이 죄로 오염되었다는 신학적 입장을 고수했다. 종교개혁가들의 신학적 영향으로 현재도 개신교회(개신교 선교사)는 선교 현지 문화 그리고 현지 종교를 적극 수용하고자 하는 로마 가톨릭과는 다른 입장을 취하고 있다.[31]

---

[30] Carl Mirbt, *Quellen zur Geschichte des Papsttums und des Romischen Katholizismus* (Tubingen, 1911), 78.

[31] J. H. Bavinck, *An Introduction to the Science of Missions*. trans. David Hugh Freeman (Phila-

(5) 번역 모델 (The Translation Model)

스티븐 베반스(Stephen B. Bevans)는 번역 모델을 제안하면서, 번역 모델의 핵심 전제가 기독교의 본질적인 메시지는 초문화적(supracultural)인 것이라고 했다.[32] 이 모델의 실천은 "복음의 핵심"(gospel core)에 관한 것이다.

베반스는 번역 모델은 어떤 경우에도 본질적이고, 초문화적인 메시지는 문화적으로 종속된 표현 형태들과 분리될 수 있다고 하였다. 기독교의 특별한 교리나 실천을 상황화하는 첫 번째 단계는 복음이 알맹이를 발견하기 위해 문화적으로 포장되어 있는 문화의 껍데기를 벗겨내는 것이라고 하였다.[33]

찰스 크라프트(Charles H. Kraft)가 번역 모델에서 성경 번역뿐만 아니라 선교지에 교회를 세울 때에도 역동적 동등성의 원리를 적용할 것을 제안했다. 성경이 특정한 시대, 장소, 문화권의 사람들의 이해에 도움이 되도록 번역 원리처럼 교회도 특정 시대, 장소, 문화에 맞게 역동적 동등성의 교회를 만들 필요가 있다는 것이다.[34]

(6) 실천 모델 (The Praxis Model)

1979년 스리랑카에서 열렸던 아시아 신학 회의 회의록(The Proceeding of Asian Theological Conference)의 서문에서 버지니아 파벨라(Virginia Fabella)는 다른 용어를 사용했으나, 계시의 메시지에 적응할 것인지, 아니면 문화에 귀를 기울일 것인지 그 출발점이 매우 달랐다. 여기에서 행동신학의 한 방법이 나

---

delphia: Presbyterian & Reformed, 1960), 170.
[32] 스티븐 베반스, 『상황화 신학』, 최형근 역 (서울: 죠이선교회출판부, 2002), 91-117.
[33] 베반스, 『상황화 신학』, 92-93.
[34] 찰스 H. 크래프트, 『기독교 문화 인류학』, 안영권, 이대헌 역 (서울: CLC, 2005), 904-905.

타났다.³⁵ 실천 모델은 이러한 행동신학의 새로운 방법으로 나타났으며, 그것은 보통 해방신학과 일치하기도 한다. 실천 모델로서의 해방신학은 사회 구조의 변화 혹은 전복에 높은 가치를 두고 사색적이고 사변적인 신학이 아니라 행동하는 신학에 가치를 두며 'Praxis'(행동/실천)의 중요성을 강조한다. 'Praxis'는 하나님의 혁명적인 선교를 성취하기 위해 사회·경제·정치적 참여와 정의 구현을 강조한다.³⁶

1960년 말부터 서구에서 여성신학이 본격적으로 태동했다.³⁷ 서구에서의 '여성신학운동'의 출발과 동기는 단순했는데 서구 사회에서도 동양의 전통 사회 못지않게 여성은 가정에서나 사회에서 억눌려 살아왔기 때문에 이 억압된 상태에 있는 여성들을 해방되게 하는 것이 여성신학의 목적이었다. 또한, 제도적인 교회 안에서 속박을 당하고 있는 여성도들에게 남성들이 교회 안에서 누리고 있는 위치 및 권리를 동등하게 부여하는 데 초점을 맞추었다.

가정, 사회 그리고 교회에서 차별받고 억압을 당하고 있는 여성들을 위하여 여성들의 관점에서 기독교 신앙을 적절하게 표현하고자 하는 것이 여성신학의 목표였다. 이리하여 '성차별과 성평등에 대한 요구'가 학문적으로, 정치적으로, 조직적인 운동의 형태로 전개되어갔다. 남성과 동일한 교육의 기회와 직업 선택의 자유 보장, 동일한 임금, 사회·정치·경제 전반에 여성 참여를 추구하면서 사회 운동으로 크게 확산하였다. 한국에서는 안병무, 서남동을 중심으로 일어났던 민중신학이 해방 모델의 사례이다.

---

35 베반스, 『상황화 신학』, 149-150.
36 베반스, 『상황화 신학』, 150-151.
37 베반스, 『상황화 신학』, 174.

(7) 비판적 상황화 모델

폴 히버트는 '비판적 상황화'(critical contextualization) 방식을 제안하였다. 폴 히버트가 논의한 비판적 상황화 작업의 단계는 다음과 같이 설명하고 있다.[38]

첫째, 현지 문화를 현상학적으로 분석하라(Exegesis of the culture).[39]

현지 문화를 비평하지 말고 먼저 현상학적(phenomenological)으로 현지 문화를 조사하고 연구할 필요가 있다. 이 단계에서는 비평(비판)을 가하지 말고 가능한 한 많이 현지 문화 현상과 실제에 대한 정보를 수집해 나가야 한다. 수집 과정에서 선교사는 현지의 특정 문화 내용과 관습에 대해 여러 가지 질문들을 갖게 될 것이다.[40]

선교사는 현지에서 끊임없이 '그들은 무엇을 하고 있는가?'(what people do)라는 질문과 함께 '왜 그렇게 하고 있는가?'(why they do it)를 동시에 이해하려고 노력해야 한다. 왜 현지인들은 그런 식으로 생각을 하고 행동을 하며 그런 식으로 인생의 문제에 대한 해결책을 찾으려고 하는지를 섣부른 판단이나 비판에 앞서 종합적으로 파악할 필요가 있다.

외부인들은 아프리카의 일부다처제(polygamy) 문화를 성(sex)의 관점으로 보려는 경향이 있다. 부인을 많이 가질수록 그 남자는 성적인 즐거움을 더 많이 누릴 수 있겠다고 생각한다. 그러나 아프리카에서 일부다처제는 성적 즐거움을 위한 제도가 아니었다. 추장의 입장에서 볼 때, 여러 부인을 갖는

---

[38] 폴 히버트, 『인류학적인 접근을 통한 선교 현장의 문화 이해』, 김영동, 안영권 역 (서울: 죠이선교회출판부, 1997), 113-118.
[39] 히버트, 『인류학적인 접근을 통한 선교 현장의 문화 이해』, 113.
[40] 포코크, 『변화하는 내일의 세계 선교』, 466-467.

것은 사회적 직위의 상징이다. 사회가 추장에게 그것(일부다처)을 요구하고 있다. 자식이 없는 남편이 두 번째 부인을 취해서 가족을 이어나가는 것은 그 사회에서 당연히 합법적이며 남편이 죽으면 과부와 자식을 남편의 형제들이 집으로 데려와 보호하는 것은 아프리카에서는 합법적이다.

과중한 일을 맡은 부인들은 남편에게 다른 부인을 취해서 자기의 일을 나누어지도록 요구하기도 한다. 대개 아프리카에서 일부다처 관습은 성(sex)과는 상관없는 사회적이며 경제적인 성격을 띤다. 만약 선교사가 일부다처 문제를 다루려면, 이 문제에 대해 사회·경제적인 접근 방법으로 해결책을 모색해야 할 필요가 있다.

둘째, 현지의 특정 문화 내용과 관습에 대해 성경이 무엇이라고 말씀하고 있는가를 해석하라(Exegesis of the Scripture and the Hermeneutics Bridge).[41]

이 단계에서 선교사는 그들과 성경을 함께 공부하면서 현지의 특정 문화 내용과 관습에 대해 성경은 무엇이라고 말씀하는지 그들로 듣게 하고 그들의 성경적 이해를 도와줄 필요가 있는데 이 단계는 상황화 작업 과정에서 아주 중요하다.

사람의 마음과 생각 속에 역사하여 그 사람을 변화시키는 것은 복음 자체이지 선교사가 아님을 알아야 한다. 선교사가 감독처럼 "이것을 버려라," "이렇게 해라," "저렇게 해라" 해서는 안 된다. 선교사의 역할은 사람들을 예수 그리스도의 구원의 은총 속으로 그리고 말씀 안으로 인도(bring people into a saving relationship with Jesus Christ and ground them in the Word of God)하는 일이다. 그럴 때 성령께서 사람들로 하여금 그들을 향한 하나님의 뜻이 무엇인지 조명해 주시고 그들에게 변화가 일어나도록 역사하신다.

---

41 히버트, 『인류학적인 접근을 통한 선교 현장의 문화 이해』, 114.

셋째, 사람들이 공동으로 그들의 새로운 성경의 이해에 비추어 과거의 관습을 비판적으로 평가하고 새로이 발견된 진리에 대해 그들의 반응을 결정하라.[42]

자신의 관점에서 비평을 제공하라(Critical Response). 현지인들이 자신들의 성경 이해에 기초하여 현지 문화를 평가하게 하고 그것에 대해 어떻게 할 것인지 결정을 스스로 내리게 하라. 이 단계에서 선교사는 성경의 가르침에 벗어나는 특정 문화의 내용 혹은 관습을 계속 유지할 것인가, 내려놓을 것인가를 조언해 줄 수 있지만, 현지인 스스로 결정을 내리게 하라.

넷째, 만약 성경에 비추어 현지인들로 비성경적인 특정 문화의 내용이나 관습을 버리도록 했다면 성경적인(기독교적인) 의미를 담고 있으면서도 옛 것을 대체할 수 있는 새로운 기독교적 대안을 제공해 주라.

옛것을 포기하게 했다면 새로운 기독교적인 것으로 채워주어야 한다. 그들이 오랫동안 가져온 그런 예식, 관습은 그들의 정신적, 심리적 필요가 있었기 때문에 만들어 사용하여 온 것들이다. 포기한 자리에 새로운 대안을 제공해 주지 않으면 진공 상태로 남아 위험할 수 있으며 초신자들에게 새로운 상징과 의식을 제공해 주어야 한다.[43]

예를 들면, 질병이 걸리거나 불행한 일을 당했을 때 그 문제들을 처리하기 위해 무당이나 점쟁이에게로 갈 수 있다. 이런 위기들을 성경적으로 어떻게 처리해야 하는지 반드시 성경적 대안(기독교적인 대안 방법으로 기도, 하나님의 말씀, 목회 상담 등)을 제시해줘야 한다.

폴 히버트의 비판적 상황화 모델은 현지 문화의 긍정적인 면을 인정하면

---

[42] 히버트, 『인류학적인 접근을 통한 선교 현장의 문화 이해』.
[43] 히버트, 『인류학적인 접근을 통한 선교 현장의 문화 이해』, 116.

서도 인간의 문화를 매우 긍정적으로 보려고 하는 문화적 상대주의에 빠지지 않고 성경으로 문화를 판단하는 최종적으로 궁극적 권위를 지니게 하는 가장 좋은 모델이라 평가할 수 있다. 브루스 니콜스(Bruce Nicholls)는 복음(예수 그리스도)의 유일성(the uniqueness of the gospel)은 상황화 작업에서 결코 포기해서는 안 되는 마지막 마지노선으로 보았다.[44] 이슬람 전문가 필 파샬(Phil Parshall) 역시도 바울이 말한 십자가의 걸림돌(offense of the cross)은 계속 유지되어야 한다고 말했다(고전 1:23-24).[45]

(8) 상황화와 커뮤니케이션

상황화에서 커뮤니케이션의 중요한 원리는 무엇인가?

그것은 수신자(현지인) 중심의 의사소통이다.[46]

문화 차이는 몇 가지 점에 있어서 메시지에 영향을 끼친다.

① 메시지 전달자 스스로가 그 메시지를 받게 되는 사람들이 이해할 수 있는 의사소통 형식을 취하지 않으면 사람들은 그 메시지를 받을 수 없게 된다.
② 메시지 자체는 본래의 의도하는 바가 가장 덜 훼손되도록 번역하여 전달해야 한다.

---

[44] Bruce Nicholls, "A Living Theology for Asian Churches: Some Reflections on the Contextualization-Syncretism Debate," *The Bible and Theology in Asian Context: An Evangelical Perspective on Asian Theology*. Edited by Bong Rin Ro and Ruth Eshenauer (Taichung, Taiwan: Asian Theological Association, 1984), 32.
[45] Phil. Parshall, *New Paths in Muslim Evangelism* (Grand Rapids, MI: Baker Book House, 1981), 195-96.
[46] 데이비드 헤셀그레이브, 『선교 커뮤니케이션』, 강승삼 역 (서울: 생명의 말씀사, 1999), 97-116를 참조하라.

③ 메시지가 전달될 지역 문화의 형식(form)으로 상황화해야 한다는 것이다. 즉, 교회 건물, 예배 형식, 지도 방식 등은 그 문화의 특성에 맞는 형식으로 나타나야 한다는 것이다.[47]

이러한 점을 참고하여 다음 세 가지 사항을 고려해야 한다.

첫째, 의사소통은 복잡한 과정이어서 효율적인 의사 전달을 하기 위해서는 끊임없이 연구해야 한다.

둘째, 의사소통에는 함축적인 요소들이 있음을 인식해야 한다. 우리는 언어뿐 아니라 문화에 대해서도 배우지만, 의사소통에 있어서 좀처럼 겉으로는 드러나지 않는 면에 대해서는 거의 배울 기회가 없다.

셋째, 우리는 수신자 중심의 사고를 해야 한다. 의사소통은 전적으로 발신자인 우리가 스스로 생각하기에 좋은 방식으로 하면 된다고 생각하기 쉽다. 하지만 상대방이 어떻게 받아들이고 있는지 살펴보고 평가하는 것을 배워야 한다. 사람들이 우리가 전하는 것은 듣지 않거나 오해한다면 우리가 우리의 전달 방법을 바꾸어야 한다. 복음은 하나님의 구원의 메시지이다. 그러나 메시지를 듣는 사람들이 올바른 반응을 하려면 그들 자신의 문화와 개인적인 환경 가운데서 그 복음을 이해할 수 있도록 전달해야 한다.

복음을 전달할 때 우리는 하나님이 그의 성령을 통하여 듣는 자들의 마음 가운데서 역사하시어 복음을 받아들일 수 있도록 그들을 준비시키고 계시다는 것을 간과해서는 안 된다. 그렇지 않다면 진정한 회심이란 불가능

---

[47] 이종우, 『선교, 문화, 커뮤니케이션』 (서울: CLC, 2008), 53-59.

할 것이기 때문이다. 하나님이 우리의 불완전한 방법을 의사소통 수단을 사용하셔서 그분의 메시지를 전하셨고 또한 우리를 통해 다른 사람에게 전하고자 하신다. 하나님의 도우심으로 우리의 미숙한 의사소통이라 할지라도 사람들의 삶을 변화시키신다. 그러므로 하나님이 사람들의 마음을 준비시키시고 그 마음에 역사하셔서 복음을 전달하는 우리에게 필요한 것은 기도와 성령의 인도하심이 절대적으로 필요하다.[48]

무엇보다 의사소통은 인지적인 면에서 볼 때 정보와 의미를 전달하는 것이고, 감정적인 차원에서는 자신의 느낌을 나누는 것이다. 또 가치 판단적인 차원에서는 어떤 것을 수용한다든가 질책한다든가 하는 판단을 전달하는 것이다. 우리는 정보를 전달하는 데는 여러 가지 방법이 있는데 어떤 의식이나 연극을 통해서 생각을 전달하기도 하고 정지 신호나 회전 신호, 종 등을 사용하여 알아야 할 사항을 전하기도 한다. 그러나 사람이 인지적인 메시지를 전달할 때 가장 많이 사용하는 것은 말이나 문자로 표현되는 언어이다.[49]

우리가 일상 대화를 할 때 우리는 자신의 생각을 전달하는 데에는 온 신경을 집중하지만, 몸짓, 표정, 태도 등으로도 부차적인 메시지를 함께 전달하고 있다. 부차적인 메시지 또는 부수적인 메시지는 의사소통이 일어나는 직접적인 환경을 설정해 주고 의도한 대로 주(主)메시지가 이해될 수 있도록 하는 방편을 제공한다.[50]

---

[48] 폴 히버트, 『선교와 문화 인류학』, 정홍호 외 역 (서울: IVP, 1996), 241-242.
[49] 김성태, 『선교 인류학: 선교와 문화』 (서울: 이레서원, 2000), 303-305.
[50] 히버트, 『선교와 문화 인류학』, 225-227.

3. 나가는 말

　선교지의 각 나라, 종족, 부족마다 문화는 매우 다르다. 이 각기 다른 문화를 이해하지 못하고, 상황화하지 못한다면, 선교 사역에 어려움을 겪을 수밖에 없다고 언급했다. 타문화권 선교에 나갔을 때, 세계관의 충돌과 문화적 충격으로 당황하며 힘들어하기보다, 타문화에 함께 참여하고, 그들의 문화를 배운다는 자세로, 타문화권에 들어가서 그들의 눈높이를 맞추어 가는 자세와 섬기는 모습으로 그들과 함께 한다면 선교 사역은 효과적일 것이다. 복음을 전달할 때, 하나님이 성령의 역사를 통하여 듣는 자들의 마음 가운데 역사하시어 복음을 수용할 수 있도록 현지인들을 준비시키고 계시다는 것을 선교사들은 잊어서는 안 된다. 타문화권 선교 사역을 위한 상황화의 가장 기본적이고 원칙적인 원리는 "빌립보서 2:5-11 성육신의 원리[51] - 동일화의 원리" 즉, 예수님의 낮아짐을 배워 실천하는 것이다.

---

[51] 전재옥, "타문화권 선교," 『선교학개론』 한국선교신학회 엮음, 166-7. "성육신 선교사"에 대하여 자세히 설명하고 있다.

참고 문헌

국내 도서
김성태. 『선교 인류학: 선교와 문화』 서울: 이레서원, 2000.
김승호. 『선교와 상황화』 서울: 토라, 2007.
두산백과사전 http://www.doosanpedia.co.kr.
박보경, 안승오, 『현대 선교학 개론』 서울: 대한기독교서회, 2008.
이수환. 『상황화 선교신학』 파주: 한국학술정보, 2011.
이종우. 『선교, 문화, 커뮤니케이션』 서울: CLC, 2008.
양승훈. 『기독교적 세계관』 서울: CUP, 1999.
전석재. 『21세기 세계 선교 전략』 서울: 대서, 2010.
_____. 『21세기 복지와 선교』 서울: 대서, 2008.
전석재. 『변화하는 현대 선교 전략』 서울: 대한기독교서회, 2014.
전석재, 최동규. 『미래 세대의 목회와 선교』 서울: 대한기독교서회, 2015.
전재옥. "타문화권 선교" 한국선교신학회, 『선교학 개론』 서울: 대한기독교서회, 2004.
정흥호. 『복음주의 입장에서 본 상황화 신학』 서울: 한국로고스연구원, 1996.
_____. 『복음과 상황화』 서울: CLC, 2004.
_____. 『상황화 신학』 서울: 한국로고스연구원, 1996.
한국문화인류학회. 『처음 만나는 인류학』 서울: 일조각, 2003.
한국복음주의 선교신학회. 「선교를 위한 문화 인류학」 서울: 이레서원, 2001.
한국선교신학회. 『선교와 문화』 서울: 한들출판사, 2002.
한국선교신학회. 『선교학 개론』 서울: 대한기독교서회, 2013.

번역서
데이비드, 헤셀그레이브. 『선교 커뮤니케이션』, 강승삼 역. 서울: 생명의말씀사, 1999.
도우셋, 로즈. 『상황화 이론과 실제』, 변진석, 엄주연 역. 서울: 한국해외선교회출판부, 2014.
드와인 엘머. 「문화의 벽을 넘어라」, 서울: 행복우물, 2012.
루즈베탁, 루이스 J. 『교회와 문화』, 채은수 역. 서울: 한국로고스연구원, 1993.
베반스, 스티븐. 『상황화 신학』, 최형근 역. 서울: 죠이선교회출판부, 2002.

크래프트, 찰스 H. 『기독교 문화 인류학』, 안영권, 이대헌 역. 서울: CLC, 2005.
포코크, 미셸. 『변화하는 내일의 세계 선교』, 박영환, 백종윤, 전석재 역. 인천: 바울, 2008.
히버트, 폴. 『선교와 문화 인류학』, 정흥호 외 역. 서울: IVP, 2002.
_____. 『21세기 선교와 세계관의 변화』, 서울: 복있는사람, 2010.
_____. 『인류학적인 접근을 통한 선교 현장의 문화 이해』, 김영동, 안영권 역. 서울: 죠이선교회출판부, 1997.

해외 도서

Bosch J. David. *Transforming Mission*. MaryKnoll: Orbis Books, 1991.

Hiebert, Paul G. *Transforming Worldviews: An Anthropological Understanding of How People Change* . Grand Rapid: Baker Academic, 2008.

_____. *Anthropological Insights for Missionaries*. Grand Rapid: Baker Academic, 1985.

Parshall, Phill. *New Paths in Muslim Evangelism*. Grand Rapids: Baker Book Academic., 1981.

제6장

현대 전문인 선교

1. 들어가는 말

　현대 사회는 다원화된 사회로서 개인의 다양한 가치와 이념을 주장하고 이슈화하고 있다. 현대 사회를 살아가는 우리는 과거와는 다른 패러다임 속에서 다른 가치와 이념이 필요하다. 현대 사회는 자유주의, 개인주의, 합리성, 효율성과 같은 근대적인 가치만이 아니라 공동체, 상호 부조, 연대와 협력, 자연과의 공존, 평등, 그리고 전문성 같은 가치도 중요하게 여기고 있다. 현대인들은 경제적인 이익이나 안전의 욕구를 뛰어넘어 공공성, 이타주의 사회적인 연대, 지구적인 협력에도 관심이 있다.[1]

　현대 사회의 상황 속에 놓인 기독교의 관점에서도 복음주의적 입장과 에큐메니칼의 입장을 넘어서 통전적, 연대적, 그리고 협력적인 관점에서 선교를 이해하고 적용하는 것이 매우 중요하다고 할 수 있다. 통전적인 선교의 관점에서 선교를 바라보는 시각은 다음과 같다.

---

[1] 박상필, 『NGO』 (서울: 아르케, 2004), 128-129.

첫째, 생명 살림의 선교적 측면에서 '생명을 살리는 선교'를 주장한다. 하지만 복음화는 전인적 구원과 전 사회적 구원을 포함하는 통전적 성격을 지닌 하나님의 선교이다.

둘째, 하나님 나라의 선교는 복음의 사회성과 교회의 친교성을 드러낸 것이다.

셋째, 생명 살림의 선교는 복음주의 입장과 에큐메니칼의 입장을 대변하는 것이다. 복음 전도를 직접적으로 할 수 없는 지역에서 창의적 선교 전략이 필요하다. 이러한 상황에서는 전문인 선교나 비정부기구(NGO) 선교를 추진할 수밖에 없는 것이다.[2]

세계의 급변한 변화에 따라 전통적인 선교적 접근보다는 하나님의 선교의 목적을 이루기 위해서 선교 현지의 필요를 채우면서 총체적인 사역과 선교(holistic mission)가 이루어져야 한다. 이러한 관점에서 그 대안으로 급부상한 전문인 선교에 대한 이론과 실제, 그리고 전문인 선교 전략은 계속 연구되어야 하고 적용되어야 한다.[3]

이 시대에 99.6%에 가까운 수많은 평신도 전문인들이 깨어 전문 직업을 가진 평신도들이 동원되어야 한다. 현대 전문인 선교가 이 시대에 유일한 선교 방안은 아니지만, 이 시대적 상황 속에서 가장 효과적인 선교 방안 중 하나이며, 특히 선교의 문이 폐쇄적으로 닫혀있는 세계 상황에서, 이 시대에 가장 효율적인 선교 방법이라고 생각한다.[4] 하나님의 선교에 평신도가

---

2 임희모,『생명 봉사적 통전 선교』(서울: 케노시스, 2011), 32-33.
3 이수환,『전문인 선교론-개정판』(서울: 한국학술정보, 2011), 35.
4 황순환, "에딘버러 선교사 대회와 평신도 전문인 선교"「선교신학」24집(2010), 173. 황순환은 현대 사회에서 평신도 전문인 선교사의 직업을 살펴보면, 의사, 간호사, 기술자,

적극적으로 동참하는 패러다임 전환이 절대적으로 요청되고 있다. 창의적 접근 지역이나 복음 전도를 진척할 수 없는 지역에서 비정부기구(NGO) 선교나 전문인 선교가 절대적으로 요청되는 시점이다. 이 장은 생명 봉사적인 통전적 선교의 관점에서 전문인 선교 전략에 대하여 논의해 보고자 한다.

2. 전문인 선교의 일반적인 이해

전문인 선교의 의견은 선교 사역의 유형만큼이나 다양한 모습이다. 선교 현장의 상황과 환경에 따라 선교사가 다양한 전문인 사역을 할 수가 있기 때문이다. 이러한 다양한 정의들은 전문인 선교사의 유형과 의미를 제대로 담고 있지 못하다. 전문인 선교는 제한적인 유형에 한정되지 않고, 선교 전략적인 면에서도 고려되어야 한다.

1) 전문인 선교사의 정의

우선 전문인 선교사의 정의에 대하여 몇 가지로 학자들의 이해를 살펴보고자 한다. 허버트 케인(J. Herbert Kane)은 전문인 선교사를 이렇게 정의한다.

상사 직원, 교수, 외교관, 사업가, 교육자, 기술자, 컴퓨터 프로그래머, 유학생, 스포츠 지도자, 농업 전문가, 사회복지사, 비정부기구(NGO) 사역 등을 포함하였다.

해외에 나가서 일을 하되, 자신의 직업을 통한 일반적인 부르심을 개인적으로 예수 그리스도의 증인이 되어 복음을 전할 기회로 삼는 헌신적인 그리스도인이다.[5]

돈 해밀턴(Don Hamilton)[6]은 전문인 선교사에 대하여 이렇게 말한다.

타문화권에서 일하는 그리스도인을 뜻하며, 그 문화권에서 성직자는 아니지만, 그의 헌신과 동기, 그리고 소명과 훈련 측면에서 분명히 하는 선교사이다.[7]

해밀턴은 평신도들이 헌신과 소명, 그리고 동기와 훈련 면에서 철저히 준비되어 타문화권에 나가 선교하는 선교사를 말하였다.

크리스티 윌슨(J. Christy Wilson)도 『현대의 자비량 선교』라는 그의 저서에서, 전문인 선교사를 다음과 같이 정의하였다.

그리스도인들로서 특히 해외에 여러 가지 이유로 나가 머무는 곳에서 예수 그리스도를 증거 할 기회 곧 선교할 수 있는 잠재력을 가진 평신도 선교사를 의미한다.[8]

---

[5] J. Herbert Kane, *Winds of Change in the Christian Mission* (Chicago, IL: Moody Press, 1973), 177.

[6] 해밀턴은 『자비량 선교사들은 이렇게 말한다: 400명이 넘는 자비량 선교사들의 실제적인 준비를 위한 조언』이라는 책을 저술하여 실제로 자비량 선교를 어떻게 준비하는지를 설명하고 있다.

[7] 돈 해밀턴, 『자비량 선교사들은 이렇게 말한다』, 정진환 역 (서울: 죠이선교회출판부, 1991), 22.

[8] J. Christy Wilson, *Today's Tentmaker: Self-Support an Alternative Model for Worldwide Wit-*

윌슨은 타문화권에서 복음을 전할 잠재력을 가진 평신도 선교사를 강조했다.

전문인 선교사란 전문적인 기술과 자격을 갖추고 자신의 재능을 전문인 선교에 사용하여 세계 선교에 동참하는 사람들을 말한다. 그들은 하나님의 사명을 받고 적절한 훈련을 받은 뒤에 자신의 은사를 전문인이라는 상황에 적용하는 사람이다. 전문인 선교사는 전문인 직업에서 성공하는 것뿐만 아니라 교회 부흥에도 관심과 열정을 기울인다. 선교 사업을 사역의 걸림돌로 여기지 않고, 오히려 말과 행동으로 복음을 전파하는 중요한 사역 매개체로 인식한다.[9]

2) 전문인 선교사의 전략적인 측면에서의 정체성 이해

다음에 전문인 선교의 전략적인 측면에서 정체성을 이해하면 다음과 같다.

첫째, 전문인 선교사는 전통적인 목회자 선교사에 대립하는 개념이 아니다. 전문인 선교사라는 용어는 전통적인 목회자 선교사와 대립하는 개념으로서 평신도 선교사를 지칭하는 말로 사용되어서는 안 된다.[10] 전문인 선교사는 그 직분과는 상관없이 세속적인 직업 혹은 신분을 선교 전략적인 이유에서 가지고 선교지에 들어가서 사역을 하는 모든 사역자를 지칭하는 말이다.

---

 ness (Wheaton, IL: Tyndale House, 1979), 10.
9 켄 엘드레드, 『비즈니스 미션』, 안정임 역 (서울: 예수전도단, 2006), 64.
10 펴내기 엮음, 『텐트메이커 선교 그 이론과 실제』 (서울: 도서출판펴내기, 1994), 15.

둘째, 전문인 선교사는 특수 전문인의 신분을 가진 선교사만을 지칭하는 것이 아니다. 전문인 선교사라고 할 때 어떤 사람들은 의사, 교수, 기술자 등 자격증을 가진 특수 전문인에 국한시키는데 그것은 적합하지 않다. 왜냐하면, 우리가 전문인 선교사를 말할 때 세속 직업 혹은 신분을 가진 선교사라는 개념으로 말하는 것이지, 사용한 용어가 전문인이라고 해서 의사, 기술자 등과 같이 세속 직업이 전문 직업이라는 면을 강조하는 것은 아니기 때문이다. 전문인 선교사는 다양한 달란트를 사용하여 갖가지 직업 혹은 일을 택할 수 있다.[11]

셋째, 전문인 선교사는 반드시 선교 제한 지역에서만 필요로 하는 것은 아니다. 선교 전략적 측면에서 전문인 선교가 선교 제한 지역 혹은 창의적 접근 지역에서 더욱 절실히 요구되고 있지만, 급격히 변화하고 있는 세계의 흐름 가운데서 전문인 선교사는 큰 이점을 가지고 있다. 창의적 접근 지역이 아닌 개방적인 지역에서도 각종 사회 개발 사업과 비즈니스 선교, 캠퍼스 사역 등을 통하여 현지인들을 만나 복음을 전하고 그들의 삶을 변화시키는 일에 효과적인 사역이다.[12]

넷째, 전문인 선교사에게 있어서 중요한 것은 직업적인 전문성만을 의미하는 것이 아니다. 선교지에서 사역하는 선교사에게 있어서는 이러한 세속적인 '직업적인 전문성'보다 더 중요한 것은 사역적인 전문성을 가지고 있느냐 하는 점이다.

선교사가 직업적인 전문성은 있으나 교회 사역, 즉 선교를 위한 사역적인 역량을 함께 겸비해야 한다. 전문인 선교사가 되기 위해서는 전통적인

---

[11] 이현정, 『평신도 전문인 자비량 선교』 (서울: 쿰란출판사, 2010), 82.
[12] 이현정, 『평신도 전문인 자비량 선교』, 81.

선교사 못지않게 성경에 대한 통찰력과 사역적 경험과 영적 훈련을 필요로 한다. 오히려 전문인 선교사는 전문인으로서의 직업적인 면에서의 탁월성과 선교사로서의 사역적인 면에서의 탁월성이 동시에 요구되는 것이라 하겠다.[13] 그러기에 파송 받기 전에 철저한 선교 훈련이 요청된다.

다섯째, 전문인 선교사는 전임 사역자이지 파트타임 사역자가 아니다. 전문인 선교사가 선교 현장에서 직업을 갖는 것은 선교 전략적인 구상에서 나온 하나의 방편이지 그것이 본업이고 선교는 파트타임으로 하는 것이 아니라는 것이다. 그래서 전문인 선교사는 선교지에서의 직업 혹은 직종을 택할 때 자기 개인의 요구에 따라 선택하는 것이 아니라, 선교 단체의 전략적인 필요에 따라 선교 단체와 현지 교회 지도자 혹은 선임 사역자들과 상의를 통해 결정하게 된다. 즉, 선교 현장에서 전문인 선교사에 의해 행해지는 모든 일은 그것이 사업이든 교회 사역이든 선교 전략적인 차원에서 행해야 하기 때문에 전문인 선교사는 전임 사역자이어야 하는 것이다.[14]

전문인 선교가 필요성에 대하여 안승오는 다음과 같이 설명하고 있다.[15]

① 폐쇄된 국가들을 공략할 수 있다.
② 총체적 선교에 유리하다.
③ 저비용 고효율의 선교에 유리하다.
④ 직업 자체가 효과적으로 접촉점이 될 수 있다.
⑤ 장기 목회자 선교사들이 지닌 약점들을 극복할 수 있는 가능성이 있다.

---

[13] 이현정, 『평신도 전문인 자비량 선교』, 115-116.
[14] 이현정, 『평신도 전문인 자비량 선교』, 116.
[15] 안승오, "평신도 전문인 선교의 성경적 예증과 전망," 「복음과 선교」 (제주: 미션아카데미, 2006), 25.

전문인 선교에 대하여 여러 가지 유형으로 분류할 수가 있다. 다음의 도표에서 전문인 선교사에 대하여 다음과 같이 구분하고자 한다.[16]

선교사 구분	1 전통적 선교사	2 직업을 가진 선교사	3 전문인 선교사	4 해외의 전문인	5 국내의 전문인
선교 지역	열린 지역 (일본, 태국)	닫힌 지역 (인도네시아 등)	닫힌 지역	아주 닫힌 지역 (중동 이스람 교국)	
사역 훈련	매우 강함	강함	강함	약함	없음
작업 훈련	없음	약함	강함	매우 강함	매우 강함
현지 언어	매우 유창	유창함	유창함	유창하지 않음	전혀 문제없음
문화 적응	높은 적응력	높은 적응력	비교적 높음	문제 되지 않음	
사역 열매	기대 높음	비교적 높음	높음	비교적 낮음	

위의 도표에서 알 수 있듯이 전문인 선교는 닫힌 지역에서 현지 언어가 유창하고 문화 적응력이 비교적 높으며 사역의 열매도 많은 것을 알 수가 있다. 21세기 선교에서 직업을 가진 전문인 선교의 효율성을 확인할 수 있다고 본다.

---

16 손창남, "평신도 전문인 선교는 시대적 요청"「활천」(3월호 2009), 24.

3. 전문인 선교의 특징

1) 현대 선교의 패러다임 전환

현대 선교가 전통적인 선교에서 총체적이고 통전적인 선교로 패러다임이 전환되었다. 통전 선교의 형태의 패러다임 변화에 대하여 다음과 같이 설명하고자 한다.

첫째, 전통적 선교에서 전문인 선교로 바뀌고 있다. 2000년대 이후 급격하게 선교의 패러다임이 전환되었다. 선교 한국과 같은 선교 대회에서 목회자와 선교사에 대한 정체성을 토론하였고, 전통적 선교사와 전문인 선교사가 통합되어야 한다는 결론이 나왔다.[17]

둘째, 서구적 선교에서 비서구적 선교로 패러다임의 전환이다. 그동안 서구 사회에서 선교를 주도해 왔지만, 이제는 서구적 선교가 아닌 문화를 뛰어넘어 아프리카, 아시아 중남미를 중심으로 하는 비서구 선교의 중심부에 있게 되었다.

셋째, 문화 이식 선교에서 비판적 상황화 선교로 바뀌게 될 것이다. 선교는 이제 문화 이식이 아니다. 과거에 서양 문물의 전달 혹은 현재 한국 선교사들이 한국 문물을 전달하려는 시도는 지배적인 선교 형태이다.

이러한 자문화 우월주의는 선교를 위한 통로가 될 수도 있지만, 토착화 선교로 볼 때는 매우 부정적이며 그리스도의 사랑을 온전히 전하려는 데

---

17 김태연, 『전문인 선교 전략』 (서울: 보이스사, 2010), 107-108

함정이 되기도 한다.[18]

넷째, 일반적 선교에서 다중적 선교로 바뀌게 될 것이다. 선교의 과업은 미전도 종족과 이슬람의 확산이다.[19] 일반적이고 전통적인 선교에서 다양한 관점과 직업을 가진 전문적인 선교가 요청되고 있다.

다섯째, 선교지의 거주적 선교에서 비거주 선교로 바뀌고 있다. 바울은 한곳에 오래 정착하지 않았다. 가장 길었던 에베소 지역에서 3년 정도였는데, 기간의 차이가 헌신의 차이를 보여주는 것은 아니다. 예전에는 오지로 가는 것만이 선교로 인식되었지만, 이제는 도시로 가는 것도 선교로 인식되고 있다. 전 세계의 60% 이상이 도시에 살고 있기 때문이다. 도시를 하나의 선교 거점으로 활용하여 각 지역으로 복음이 흘러 들어가게 한다.

전문인 선교사는 선교지가 도시이든 미전도 종족 지역이든, 다양한 전문적인 직업과 직종을 가지고 사역해야 한다. 또한, 전문인 선교사는 여러 곳을 다닐 수 있는 강점인 자신만의 전문성이 있다. 이러한 흐름에서 전문인 선교는 매우 유리한 강점이 있다.[20]

여섯째, 조직·제도 중심의 선교에서 비조직·비제도 중심의 선교로 바뀌고 있다. SNS 네트워킹의 발달로 조직과 제도와 더불어 선교사들은 SNS를 활용하여 선교에 있어서 매우 유동적임을 알 수 있다.[21]

소셜 네트워크 서비스는 선교의 효율성을 높여 주었다. 전문인 선교는 네트워킹의 발달을 잘 활용하여 선교사 간의 정보 이동을 활발히 하여 선교의 정보 습득을 높이고 선교 현장의 이슈와 문제를 파악하며, 위기 관리

18　김태연, 『전문인 선교 전략』, 109-110.
19　전석재, 『변화하는 현대 선교 전략』(서울: 대한기독교서회, 2014), 225-226.
20　전석재, 『변화하는 현대 선교 전략』, 276-277.
21　전석재, 『변화하는 현대 선교 전략』, 146-148.

와 효과적인 선교 전략에 용이하다.

이러한 현대 선교의 패러다임과 흐름은 지금도 계속 변화되고 있으며 더욱 발전되어 가고 있다. 전문인 선교가 더욱 발전하려면 전문성과 함께 타 문화에 대한 개방성과 SNS 시대에 맞추어 네트워크와 협력이 필요하다. 전문인 선교사는 전문 지식이나 기술의 전문성과 사역의 전문성을 가진 자로서 이러한 패러다임의 변화에 민감하게 반응해야 한다. 다음으로는 전문인 선교의 특징에 대해서 알아보고자 한다.

2) 전문인 선교의 특징

전문인 선교의 최대 장점으로는 전문성과 접근성으로 설명할 수 있다. 우선 재정적인 면에서 전문인 선교가 가지는 특징은 재정의 자립성이 다른 선교보다 매우 높다는 것이다. '전문인 선교 지원 센터'는 이렇게 언급한다.

> 재정적인 측면이란 선교 사역에 있어서 선교사가 재정적인 부분을 어떻게 해결하는가를 말한다. 전통적인 선교사들은 100% 후원에 의존하지만, 전문인 선교사는 다양한 직업에 종사함으로 자신이 스스로 사역에 드는 비용을 마련할 수 있으며, 경우에 따라서는 교회로부터 어느 정도 후원을 받기도 한다. 이는 선교사 자신이 처한 상황 속에서 가장 효과적인 사역과 삶의 방법을 추구하기 때문이다.[22]

---

22 전문인 선교 지원 센터. "http://tscnet.info/index.html" 전문인 선교사 참조.

재정의 자립이 높다는 것은 사역을 자유롭게 원하는 방향으로 이끌 수 있다는 것을 말하며 그렇다고 하여 재정의 도움을 전혀 받지 않는 것은 아니다. 필요에 의하면 교회나 선교 기관으로부터 재정의 도움을 받을 수 있다.

신분적인 측면에서 이들은 자신의 직업을 가지고 선교지의 접근성을 높일 수 있다. 이것은 장점이며 동시에 특징이다. 미전도 종족의 경우 접근이 어려운 지역이 많은데 전문인 선교사가 지닌 전문적 직업은 그들의 필요 때문에 선교의 접근성을 높여 준다. 특히 거주 선교가 아닌 비거주 선교를 할 경우에는 전문인 선교는 효율성이 매우 높다.

김성태는 비거주 선교 전략을 말할 때 첫째로 전문성이 확보되어야 한다고 말한다.[23] 한곳에 머물러 평생 그 지역을 섬기며 선교하는 것도 한 방법일 수 있지만, 여러 곳을 돌아다니며 접근이 쉽지 않은 곳에 복음을 전하기엔 전문인 선교가 용이한 방법이기 때문이다. 이것은 사역적인 측면에서 보더라도 전문인 선교사는 자신의 기술을 활용해서 선교 현장에 쉽게 접근할 수 있고 선교 대상자들에게 거부감을 줄이며 나아갈 수 있다는 것이다.

전문인 선교사는 창의적 접근 지역에 입국과 정착이 용이하다. 창의적 접근 지역이란 아직 복음이 들어가지 못했거나 금지된 곳을 말한다. 선교에 대하여 열린 지역이 아닌 닫힌 지역을 말한다. 이러한 곳은 전통적 선교 방식으로는 입국이 어려우나 전문인 선교로는 가능하다. 전문인 선교사가 자신의 직업을 가지고 창의적 접근 지역에 정착하여 비정부기구(NGO) 선교[24]나 비즈니스 선교로 사역을 할 수 있다. 전문인 선교사는 미전도 종족

---

[23] 펴내기 엮음, 『텐트메이커 선교-그 이론과 실제』 (서울: 도서출판펴내기, 2002), 김성태. "한 나라의 복음화 전략-전문직 선교사, 비거주 선교사." 63.

[24] 전석재, 『21세기 세계 선교 전략』 (서울: 대서, 2010), 137-169. "NGO와 사회 봉사 선

에 침투하기 매우 좋다. 그들은 합법적으로 침투할 수 있기 때문이다. "만약 어느 지역에서 5년 이상 중장기 선교를 원한다면 어떠한 모양으로든지 합법적인 침투와 정착을 이루어야 한다. 합법적인 침투와 정착이 이루어진 후에 선교사는 합법적인 신분을 가지고 현지인과 접촉하게 된다."[25] 합법적인 침투는 현지인으로부터 거부감을 줄일 수 있기 때문에 매우 좋은 방법이 된다.

또한, 전문인 선교는 사회 기여도가 매우 높다. 전문인 선교사가 가진 전문성은 미전도 종족 혹은 국가가 필요로 하는 기술일 수 있다. 그것이 의료든, 농업 기술이든, 과학 기술이든 아니면 그 외의 여러 가지 것들이든지 그들이 가지고 있는 전문성은 미전도 지역의 필요와 맞아떨어지는 경우가 많다.

이런 경우, 기독교의 이미지는 매우 좋아지고 상대적인 거부감도 없어지게 된다. 마치 알렌(Allen)이 광혜원을 통해 기독교의 이미지가 좋아졌고, 많은 교육 사업을 통해 기독교의 이미지가 앞서갔던 것처럼 말이다. 전문인 선교는 팀 사역이 용이하다. 실제로 제한 지역일수록 사역자들이 함께 동역하는 팀 사역의 필요성이 크게 요구된다.

전문인 선교는 팀(Team) 선교가 용이하다. 특별히 다양한 직업은 한 선교지에서 여러 명의 선교사가 집중적으로 동역할 수 있는 장을 마련해 주기도 한다. 전문인 선교는 각자의 수입이 어느 정도 보장되어있고 전공 분야가 다르기 때문에 한 사역지에서 다양한 직업의 활용이 가능하며, 서로의 분야가 다른 것은 불필요한 일의 중복을 피할 수 있기 때문에 팀 사역에

교 전략"을 참조하라.
[25] 전석재, 『변화하는 현대 선교 전략』, 278.

오히려 효과적이다. 분야가 다르다는 것은 서로 간의 서열을 정할 필요가 없으며 동반자로서 선교 사역을 위하여 파트너십을 갖고 팀 사역을 할 수 있다.

한국에서의 팀 사역은 서열이라는 장벽으로 인해 와해되는 경우가 많지만, 전문인 사역은 그 위험성을 줄일 수 있다. 선교를 금지하는 제한 지역에서 전문인 선교사들은 다양한 전문성을 가지고 침투하여 서로의 전문 분야를 이용해 팀 사역을 할 수 있다. 이런 경우, 협력과 동반자의 관계가 우선 되며, 서로의 분야가 다르기에 서열이란 장벽이 높지 않다.

하지만, 전문인 선교의 문제점과 한계를 가지고 있다. 선교사가 전문인 선교를 할 때 자신의 신분을 위장하는 것에 대하여 사람들로부터 비난을 받을 수 있다. 또한, 본국에서 전문인 자비량 선교사가 선교사로 보이지 않기 때문에 그들에게 케어와 보살핌 등을 지원 받기가 어려운 측면이 있을 수 있다. 그뿐만 아니라 선교 사역 중 전문인 선교사는 일정한 고용 기간의 제한으로 사역에 어려움을 겪을 수 있다.[26] 그렇다면 좀 더 세부적으로 전문인 선교의 문제점을 지적해 보기로 하겠다.

첫째, 사역에 우선순위를 두지 못하는 어려움이다.

이것은 누구나 예상하고 공감할 문제일 것이다. 두 마리 토끼를 잡는다는 것은 매우 어려운 일이다. 전문인 선교사가 사역에 너무 치우쳐 우선순위를 두다 보면 자신의 전문적인 직업에 영향을 미치게 된다. 특히 전문인 선교라는 것이 상대적으로 어려운 지역에 들어가는 것이 많기 때문에 자신

---

[26] Michael Pocock, *The Changing Face of World Missions: Engaging Contemporary Issues and Trends* (Grand Rapids: Baker, 2005), 214.

의 직업에 이윤을 내기 쉽지 않다. 오히려 봉사의 개념으로 다른 지역에 들어가는 경우가 많다. 이런 경우 선교 후원이 원활하지 않다면 자신의 생계와 사업이라는 두 가지 구도 안에서 딜레마에 빠지기 쉽다. 전문인 선교사는 일하면서 복음을 전해야 하고 형제들을 양육해야 하는 두 가지 부담으로 인해 정신적 시간적 부담감을 경험하기 쉽다.[27]

둘째, 언어·문화 훈련과 신학적인 훈련의 부족이다.

김마태는 그의 논문 「텐트메이커 선교사에게 직면하는 문제들」에서 전문인 선교가 언어 습득과 문화 이해에 매우 큰 도움을 주지만, 전문적인 문화 적응이나 현지 언어에 대해 훈련을 하지 않는다고 하였다.[28] 언어와 문화 훈련이 부족한 상태에서 선교 현장에 들어가는 것은 매우 어려운 일이다. 언어의 부족은 의사소통의 문제로 발전되어 서로 간의 오해를 불러일으킬 수 있다. 문화 훈련 부족도 마찬가지이다.

문화에 대한 이해가 없으면 해당 선교사가 맞닥뜨릴 문화적 충격은 더욱 증가한다. 황순환은 전문인 선교사들의 문제를 지적하면서, "전문인 선교사들은 현지의 언어를 배우는 일에 우선순위를 두지 않는다. 현지 언어를 구사할 수 없을 때 문화적 충격이 쉽게 찾아올 수 있다고 지적하고 있다"라고 했다.[29] 그러므로 전문인 선교사를 파송할 때에는 꼭 필요한 훈련으로 현지 임상 실습을 체계화하여 선교 현지에서 사역을 할 때 부딪칠 수 있는 현지 중심의 문화 적응 훈련뿐만 아니라 신학적인 훈련도 절대적으로 요청된다.

27　전석재, 『변화하는 현대 선교 전략』, 280.
28　전석재, 『변화하는 현대 선교 전략』, 281.
29　황순환, "에딘버러 선교사 대회와 평신도 전문인 선교," 182-183.

셋째, 후원 문제이다.

전문인 선교사라고 하면 직업을 갖고 있다는 것 때문에 교회의 지원이 미비할 수 있다. 그런데 현지에서의 수입이 현지 사정에 따라 너무 부족할 경우가 있다. 그리고 현지에서 경제력을 창출할 수 있을 때까지 많은 시간이 요구된다. 먼저 언어를 배우고 환경에서 적응해야 하며 처음 현지에 파송되었을 때 가지고 갔던 비용도 바닥이 나게 되면 경제적인 어려움 때문에 사역 전부를 포기해야 하는 경우도 발생할 수 있다.[30]

후원 문제에 대한 문제는 인식의 차이와 열악한 환경에서 온다고 볼 수 있다. 또한, 후원의 문제는 가정의 불화를 불러올 수 있다. 언어나 문화적인 문제도 그럴 수 있지만, 특히 재정적인 문제는 가정의 의식주와 관련된 것이기 때문에 다른 어떤 요인보다 가정 불화의 원인이 되기 쉽다.

넷째, 선교사 개인의 영성과 영적인 책임 부족이다.

선교사 개인의 영성과 형제들에 대한 영적인 책임이다.[31] 직장 혹은 직업이라는 굴레는 때때로 선교사가 사역할 수 있는 자유로운 시간의 족쇄가 되기도 한다. 더 나은 선교를 위해 지닌 전문성이 시간의 제약을 가져올 수 있음은 모순되어 보이기도 한다. 만약 선교사가 말씀과 영적으로 준비되지 않은 상태에서 선교지에 들어와 사역하는 경우라면 그 심각성은 더해진다.

직업에 전념하다 보면, 영적인 문제를 해결하기 위하여 훈련도, 지식도, 자원도 결여된 상태에서 사역을 하기에 제자로 삼아야 하는 선교 대상자를 돌보지 못하고 훈련을 시키지 못하게 된다.[32]

---

30 전석재, 『변화하는 현대 선교 전략』, 281.
31 전석재, 『변화하는 현대 선교 전략』, 102
32 황순환, "에딘버러 선교사 대회와 평신도 전문인 선교," 183.

4. 통전적 선교로서의 전문인 선교

야마모리[33]는 『하나님의 새로운 사절단: 폐쇄된 나라들에 진출하기 위한 대담한 전략』[34]에서 제한된 종족들에게 접근하기 위해서는 특별한 복음의 사절단을 육성하여, 복음을 접하지 못한 사람들에게 육체적/영적 필요를 충족시키는 수단과 과정으로 비정부기구(NGO) 사역을 통한 인도주의적이며, 지역 사회 개발 기회들을 제공하였다. 창의적 접근 지역에서 비정부 기구의 사역과 지역 개발 사역은 전문인 선교의 주요한 중심이다.[35]

김태연은 『전문인 선교 전략』[36]에서 데니 마틴 박사와의 대담 중에서 "구제 사역과 자비량 선교가 연합해야 한다"(Incorporation of Christian Relief and Development Tentmaking)고 역설했다.[37] 전문인 선교의 입장에서 보면, 이 두 가지 개념이 양분될 것이 아니라 연합되어야 하며, 구제, 나눔과 자비량 선교, 이 둘이 하나가 되어야 한다.

데니 마틴 박사는 "'전도지와 샌드위치를 같이 나누어 주라'고 말하면서, 전문인 선교는 KOICA나 선한 이웃들, 국제기아대책본부와 연합뿐만 아니라 영적으로 가난에 대한 문제에 우선순위를 두어 온 자들, 특히 탈북자 사역과 같은 '두리하나선교회'와 더욱 함께해야 한다"고 역설했다.[38]

필자는 전문인 선교에 대하여 다음과 같이 논의해 본다.

---

[33] 데쓰나오 야마모리, 『킹덤 비즈니스』, 최형근 역 (서울: 죠이선교회출판부, 2008).
[34] Pocock, *The Changing Face of World Missions: Engaging Contemporary Issues and Trends*, 217.
[35] 임희모, "베트남 사회주의 상황에서의 통전적 선교 전략," 「선교신학」 제21집 (2009), 306-309. 여기에서 임희모 교수는 사회주의 국가인 베트남에서 통전적인 선교로서 비정부기구(NGO) 선교에 대하여 설명하고 있다.
[36] 김태연, 『전문인 선교 전략』 (서울: 보이스사, 2010), 107-113
[37] 김태연, 『전문인 선교 전략』, 88-89.
[38] 김태연, 『전문인 선교 전략』, 88.

첫째, 제한 접근 지역과 국가에서 선교 사역을 위해서는 비거주 전문인 선교사를 육성 개발하여 파송해야 한다.

이미 이러한 시도는 크리스티 윌슨(Christy Wilson)과 야마모리(Yamamori)[39]가 자비량 선교 전략들에서 비즈니스 선교단이 제한적 접근 국가들을 돌아다니면서 입국 및 접근 방법을 모색하였다.[40] 비즈니스 선교단은 제한적 접근 지역이 문이 열리면, 문화, 교육, 사업 등을 시행하여 인도주의적 관점에서 구호 및 지역 사회 개발을 제공하고 연대하는 모습을 지녔다. 비거주 전문인 선교사들은 그들이 거주 목적에 맞는 적절한 수단과 플랫폼을 창의적으로 개발해야 한다.

또한, 비즈니스 선교(BAM: Business As Mission)는 제한된 선교 지역에서 중요한 선교의 대안이라고 생각한다. 한국교회가 비즈니스 선교를 다양화하기 위해 비즈니스 선교사를 양성하며, 창의적 접근 지역에서 비즈니스 선교하는 것이 한국 선교에 있어서 중요한 대안이 될 수 있을 것이다.[41]

둘째, 한국교회는 국제적인 규모의 다양한 전문인 선교사와 자비량 선교사 기관 및 네트워크를 형성하여야 한다.

예를 들면, 랄프 윈터(Ralph Winter)가 주도했던 미국 '세계선교센터'는 자비량 선교를 전방 개척 선교의 중심에 포진시켰다.[42] 창의적인 접근 지역을 위한 연대, 협력 관계, 연합을 위한 전문인 선교사들의 전 지구적인

---

[39] 데쓰나오 야마모리, 『킹덤 비즈니스』. 야마모리는 본서에서 비즈니스 선교에 대한 다양한 시각과 많은 사례 등을 제시하였다.
[40] Pocock, *The Changing Face of World Missions: Engaging Contemporary Issues and Trends*, 213-4.
[41] 전석재, 『변화하는 현대 선교 전략』, 283-284.
[42] 전석재, 박현식, 「21세기 복지와 선교」 (서울: 도서출판대서, 2008), 33-34.

네트워크를 형성해 플랫폼을 만들어 나가야 한다.⁴³ 한국교회는 전문인 선교사를 위한 교육과 훈련의 시스템을 만들고, 전문적인 선교 교육을 통하여 선교 현장에서 전문인 선교사들이 문화 충격, 적응, 사역의 효율성을 높일 수 있도록 체계적인 관리와 케어의 장치를 만들어야 할 것이다.

전문인 선교사의 대다수는 평신도들이기에 자비량 선교사로 생각하여 교회에서 경제적으로 완전히 독립하여 교회의 파송과 후원을 중요하게 생각하지 않는 경우가 있다. 현지에서 직업을 갖고 선교 사역을 위한 자금을 완전히 조달한다는 것은 매우 어려운 일이다. 특히 창의적인 접근 지역에서는 경제적인 열악한 환경 때문에 선교사가 전문적인 직업을 갖는다는 것이 많은 제약이 따른다. 한국교회가 이러한 현실을 직시하여 전문인 선교사들이 사역을 감당할 수 있도록 교회에서 파송하고 함께 팀을 이루어 관리하며 후원해 주는 것이 21세기 전문인 선교 전략에서 매우 중요하다고 생각한다.

5. 나가는 말

지구화 시대의 생명을 죽이는 모습과 형태가 일상화되어 선교의 위기를 맞이하고 있다. 이러한 현실 속에서 기독교의 선교가 통전적 선교 운동을

---

43 임희모, 『생명 봉사적 통전 선교』, 48. 임희모 교수는 생명 살림의 통전 선교는 네트워크 구축과 연대를 통하여 이루어짐을 강조하였다. 하나님의 선교는 교회 및 기독교 단체들의 연대망(국내 각 교파, 교단, 세계 교회들, WEA, WCC)을 통하여 그리고 각 시민 단체와 비정부기구(NGO)들의 연대, 그리고 지자체(국가, 시, 군)과 네트워크를 구축해야 함을 강조하고 있다.

통하여 선교에 있어서 복음화와 사회적인 책임을 다하여야 한다.**44**

21세기 선교에 있어서도 통전적인 선교의 형태와 유형으로 변화해야 한다. 선교가 제한된 나라, 종족, 지역에서 전통적인 선교 방법과 전략을 가지고서는 접근하기가 매우 어려운 것이 현실이다. 통전적 선교로서 창의적 접근 지역에서 전문인 선교의 필요성은 아무리 강조해도 지나치지 않는다. 전문인 선교는 접근이 용이하고, 선교사 자신이 직업을 가지고 있어 일정한 재정을 책임질 수 있으며, 창의적 접근 지역에 거부감 없이 들어가 현지인과 접촉점을 가질 수 있다는 선교의 전략적인 측면에서 효율적인 측면이 강하다고 할 수 있다.

현대 전문인 선교는 창의적 접근을 위한 효율적인 플랫폼(platform)을 기획하고 기반을 만드는 것이 중요하다. 플랫폼은 전문인 선교사들의 전략적 목표, 능력, 사역의 성향에 따라 전문인 선교사 개인으로 할 것인지, 팀으로 할 것인지를 정하고 형태별로 선교 사역을 수행해 나가는 것이다.**45**

직접 복음을 전파할 수 없는 지역과 나라에서 플랫폼을 기반으로 하여 비정부기구(NGO) 사역과 사회 봉사적 선교와 영어 교사, 농업 종사자, 현장 근로자, 임시 교사, 사회 복지사, 의료 간호사, 비정부 조직 직업 다양한 직업을 가진 전문인 선교사들이 통전적인 사역과 선교를 이루어 갈 수 있다. 현대 선교는 전문화된 선교 전략을 가지고, 전문인 평신도 선교사들이 선교 현장에서 복음화와 사회적인 책임과 직무를 다해서 하나님의 선교를 완성해 가야 한다.

44　임희모, 『생명 봉사적 통전 선교』, 50-51.
45　Michael Pocock, *The Changing Face of World Missions: Engaging Contemporary Issues and Trends* , 221-3.

참고 문헌

국내 도서

김성욱. 『하나님의 백성과 선교』 서울: CLC, 1998.
김은수. 『사회 복지와 선교』 서울: 대한기독교서회, 2014.
김태연. 『전문인 선교사를 깨워라』 서울: 이레서원, 2001.
김태연. 『전문인 선교 전략』 서울: 보이스사, 2010.
김요한. 『내부자적 관점과 비즈니스 선교 전략』 서울: 인사이더스, 2009.
박상필. 『NGO』 서울: 아르케, 2004.
박영환. 『독일 기독교 사회 봉사 실천의 역사: 디아코니아와 선교』 서울: 성광문화사, 2015.
손창남. "평신도 전문인 선교는 시대적 요청" 「활천」 3월호, 2009.
안승오. "평신도 전문인 선교의 성경적 예증과 전망," 「복음과 선교」 미션아카데미, 2006.
이수환. 『전문인 선교론-개정판』 파주: 한국학술정보(주), 2011.
이현정. 『평신도 전문인 자비량 선교』 서울: 쿰란출판사, 2010.
임희모. 『생명 봉사적 통전 선교』 서울: 케노시스, 2011.
임희모. "베트남 사회주의 상황에서의 통전적 선교 전략," 「선교신학」 한국선교신학회, 2009.
전석재. 『21세기 복지와 선교』 서울: 대서, 2008.
전석재. 『21세기 세계 선교 전략』 서울: 대서, 2012.
전석재. 『변화하는 현대 선교 전략』 서울: 대한기독교서회, 2014.
펴내기 엮음. 『텐트메이커 선교 그 이론과 실제』 서울: 도서출판펴내기, 1994.
한국선교신학회. 『선교학 개론-개정증보판』 서울: 대한기독교서회, 2013.
황순환. "에딘버러 선교사 대회와 평신도 전문인 선교" 「선교신학」 24집. 2010.

번역서

엘드레드 켄. 『비즈니스 미션』, 안정임 역. 서울: 예수 전도단, 2006.
헤밀턴, 돈. 『자비량 선교사들은 이렇게 말한다』, 정진환 역. 서울: 죠이선교회출판부, 1991.

스탠 로랜드. 『전인적 지역 사회 개발 선교』, 정길용 역. 서울: 에벤에셀, 2009.
야마모리, 데쓰나오. 『킹덤 비즈니스』, 최형근 역. 서울: 죠이선교회출판부, 2008.

해외 도서

Blauw, Johannes. *The Missionary Nature of the Church* . McGrawhill, 1963

Kalu, Ogbu, *Mission after Christendom: Emergent Themes in Contemporary Mission*
 Louisville, KY: Westminster John Knox Press, 2010.

Kane, Herbert. *Winds of Change in the Christian Mission*. Chicago, IL: Moody Press,
 1973.

Pocock, Michael. *The Changing Face of World Missions: Engaging Contemporary
 Issues and Trends* .Grand Rapids, MI: Baker Academic, 2005.

Steffen, Tom. *Encountering Missionary Life and Work* Grand Rapids, MI: Baker
 Academic, 2008.

Wilson, Christy. *Today's Tentmaker; Self-Support an Alternative Model for Worldwide Witness*. Wheaton, IL: Tyndale House, 1979.

제7장

이주 근로자의 빈곤과 복지 선교

1. 들어가는 말

현대 사회는 세계화로 인하여 급속히 한 국가나 한 사회 속에 다른 인종, 민족, 계급 등 여러 집단이 지닌 문화가 함께 존재하는 다문화 사회로 변화되어 가고 있다. 세계화가 수반하는 자본과 노동의 초국적(超國籍) 이동으로 한국 사회의 문화와 인종의 구성도 다원화 되어가는 추세이다. 2009년 통계청의 자료에 의하면, 국내에 거주하는 외국인이 115만 1,900명이 한국에 체류하고 있다.[1] 2009년 전체 인구 대비 2.3%에 달하는 수치이다.

출입국 외국인 정책 본부에 따르면, 2014년 11월 기준, 외국인 국내 전체 체류자는 175만 6,031명(단기 방문 포함)이고, 국내 등록 외국인은 107만 8,340명이다. 전년 대비 증감률은 12.3% 증가하였고, 그중 총 체류자 중 불법 체류자 비율은 11.58%이다.[2]

2014년 국내 거주 외국인 수는 전체 인구 대비 3.5%에 달하는 수치이다.

---

[1] 2009년 인구 통계청 자료.
[2] 출입국관리사무소, "출입국, 외국인 정책 통계 월보," 2014년 11월호.

국내 외국인 비율이 2009년과 비교해 볼 때, 빠른 속도는 아니지만, 점점 외국인의 수가 증가하고 있음을 알 수 있다.[3]

특히 한국 내의 저출산 고령화 사회로의 진입과 내국인의 3D 업종의 기피 현상으로 노동의 초국적 이동으로 외국인 근로자들이 점점 더 늘어날 것이라고 예측해 볼 수 있다.[4] 1980년대 중반부터 외국인 이주 근로자들을 수입하는 나라가 되었다. 특히 1988년 서울 올림픽 이후 지속적인 경제 성장으로 국내 노동자들의 권리 의식과 소득 증대가 향상되면서 소위 3D(dirty, dangerous, difficult) 업종을 기피하는 현상이 심화되어 왔다.

1990년대에 들어서면서 본격적으로 수많은 외국인 노동자가 한국에 입국하여 일하기 시작하였다. 통계청 자료에 따르면 2013년 현재, 국내에 체류 중인 외국인 취업자의 수는 76만 명에 달하고 있다.[5] 국내 이주 근로자의 꾸준한 증가는 국내 기업의 저임금 시장을 통한 생산 상품의 국제 경쟁력 강화의 측면과 부족한 인력을 채우려는 경제적인 이유가 크다. 1990년대 초기 이주 근로자의 국내 유입은 기업이 인건비를 절감하려는 것이 주요한 원인으로 작동하였다. 특히 3D 업종(기계, 염색, 도금, 선반)에 지원하는 한국인 근로자들의 절대적 수의 부족으로 이주 근로자를 고용하는 비중이 높아지고 있다.

현재 국내에서 이주 근로자가 한국 사회에 기여하는 1인당 년간 GDP가

---

[3] 2019년 통계청 통계에 의하면, 국내 외국인의 수는 220만 명으로 밝히고 있다.
[4] 전석재, "한국교회의 이주민 선교," 「선교신학」 제29집 (2012): 187.
[5] 통계청, "2013년 외국인 고용 조사 결과" 「보도-고용-노동」 외국인 고용 조사, 2013. 고용 통계과의 자료에 따르면, 2013년 11월 현재, 15세 이상 외국인 112만 명, 취업자 76만 명, 실업자 3만 3천 명, 비경제 활동 인구 33만 3천 명이다. 외국인 근로자 현황에 대하여 상세한 설명을 원하면, http://kosis.kr에서 맞춤통계>대상별 접근>외국인>외국인 근로자, 또는 통계청 "e나라지표" www.index.go.kr에서 부문 별지표>사회>노동>고용>외국인을 참조하라.

치는 260만 원이다. 이만큼 이주 근로자는 한국 사회를 지탱해 주는 중요한 이주민의 영역이다.[6]

그러나, 현재는 한국에서 일하고 있는 외국인 노동자들이 언어 소통의 어려움과 제도, 문화의 차이 등으로 인해 많은 곤란을 겪고 있는 것이 사실이다. 이주 근로자들이 3D 업종의 열악한 작업 환경과 임금 체불, 폭행, 산업 재해, 각종 사고, 질병 등에 노출되어 있고, 차별 등의 인권 유린을 당하고 있다. 외국인 이주 근로자들은 많은 노동 시간에도 불구하고, 임금 체불과 저임금으로 불평등과 빈곤이 심각하게 나타나고 있다.

이 장에서는 한국에 다문화 사회의 변화에 따른 여러 가지 문제 중 외국인 이주 근로자를 중심으로 빈곤 문제를 집중적으로 다루어 보고자 한다. 특별히 선교적 관점에서 다문화 사회를 이해하고, 외국인 이주 근로자들의 빈곤 문제를 복지 선교 차원에서 접근하고 대안을 세워 보고자 한다. 실제로 연구 방법에 필요한 외국인 근로자들의 설문 조사와 인터뷰를 위해 인천 남동공단을 방문하여 연구 조사를 시행하였다.[7]

이러한 결과를 토대로 하여 다문화 사회, 외국인 이주 근로자의 빈곤 문제와 그들을 향한 빈곤 복지 선교의 방향과 한국 사회와 교회가 외국인 이주 근로자의 빈곤 문제를 향한 방향성과 대안을 설정해 보기로 하겠다. 본 논문에서는 외국인 근로자들의 많은 문제 가운데 빈곤(가난)에 집중하여

---

6   박천응, "한국 사회의 다문화 현실 비판과 정책적 과제," 『선교와 신학』 제29집 (2012): 20-21.
7   인천 남동공단, 한국외국인선교회(대표 전철한 선교사)를 방문하여 90여 명의 설문 조사 중 유효 68명의 설문 결과와 1명의 외국인 근로자를 인터뷰하였다. 본 설문 조사는 전국 단위로 실시하지 않았고, 많은 외국인 근로자의 통계를 사용하지 않은 한계를 가지고 있다. 본 설문 조사는 2015년 4월 20일-5월 16일까지 인천 남동공단과 한국외국인선교회를 방문하여 실시하였다.

다루었음을 밝힌다. 빈곤 문제에 대한 설문 조사를 전국 단위로 실시하지 못했고, 많은 외국인 이주 근로자를 대상으로 설문과 인터뷰를 하지 못했음에 한계를 가지고 있다.

2. 이주 근로자 빈곤의 일반적인 이해

다문화 사회가 진행되면서 일반적으로 외국인 이주 근로자들은 불평등과 상대적 빈곤의 문제가 제기되었다. 그리고 외국인 근로자의 체류 자격과 구성을 살펴보고, 외국인 이주 근로자의 설문 조사에 대하여 살펴보기로 하겠다. 먼저 외국인 이주 근로자와 빈곤에 대한 일반적인 개념과 관계를 살펴보면 다음과 같다.

1) 이주 근로자의 빈곤 이해

빈곤은 물질적 결핍이 계속 지속되는 경제적인 현상을 뜻한다. 샤론 카니(Sharon Kane)는 "빈곤은 인간 존엄성의 가장 중대한 모욕이다. 또한, 빈곤은 인간이 직면한 가장 큰 상처이다"라고 설명한다.[8] 빈곤은 인간의 존엄성을 훼손하는 가장 심각한 상처이며, 결핍인 것이다.

신명호는 빈곤에 대하여 다음과 같이 말한다.

---

8   Sharon Kane & Mark Kirby, *Wealth, Poverty and Welfare* (New York, NY: Palgrave Macmillan, 2003), 42.

> 사람이 목숨을 부지하려면 최소한의 것이 필요한데, 이 최소한을 갖지 못한 상태가 바로 빈곤함이다. 따라서 사람으로서 살아가는 데 필요한 최소한이 무엇인지를 밝히는 것이 빈곤 정의의 열쇠이다.[9]

빈곤은 사람이 살아가는 데 최소한 필요한 물질의 결핍, 인간 수요의 부족, 사회에 참여하기 어려운 역량 결핍, 교육과 훈련 부족, 보건 의료 서비스 부족, 식량을 확보해야 하는 농지의 부족, 심지어 생산 활동에 필요한 신용을 얻기가 어려운 상태나 결핍을 말한다고 할 수 있다.

빈곤을 크게 '절대적 빈곤'(absolute poverty)과 '상대적 빈곤'(relative poverty)으로 나누어서 접근할 수 있다. '절대적 빈곤'은 시대와 사회와 관계없이 적용되는, 빈곤을 식별할 수 있는 절대적 기준이 존재한다는 입장이다. '상대적 빈곤'은 빈곤을 결핍에 관한 절대적인 기준으로 검증하거나 측정해서는 곤란하다고 보고, 상황적이고 문화적인 맥락에 따라 상대적인 측면에서 주목하여 파악하려는 입장이다.[10]

조흥식은 절대적인 빈곤을 다음과 같이 정의한다.

> 최저 생활을 유지하는 데 필요한 소득, 즉 빈곤선[11]에 미달하는 소득 수준을 빈곤이라고 보는 입장이다. 이 개념은 고전적인 개념으로서 오랫동안 널리

---

[9] 신명호, 『빈곤을 보는 눈』 (서울: 개마고원, 2013), 14. 장훈태, "로잔 운동과 빈곤," 「로잔 운동과 선교신학」 (서울: 한국로잔위원회, 2015), 364. 재인용.

[10] Sharon Kane & Mark Kirby, *Wealth, Poverty and Welfare*, 43-52. 조흥식, 이승열, "빈곤과 빈곤 복지 선교의 이해," 「빈곤 복지 선교론」 (서울: 학지사, 2010), 18-24. "빈곤의 구분"를 참조하라.

[11] 빈곤선(poverty line)은 생계를 유지하는 데 필요한 음식의 종류와 양, 주택의 임대료, 최소한의 의복 등 생활 필수품의 품목과 개수를 목록화하고 이를 현금 가치로 환산한 것이다.

사용되어 왔고, 인간의 기본적인 욕구를 충족시키는 데 필요한 절대적인 자원이 부족한 상태나 조건을 말한다.[12]

상대적 빈곤은 일정한 사회에서 하위에 있는 가정의 소득과 비교적 상위에 있는 가정의 소득을 비교함으로써 빈곤의 개념을 정하는 것이다. 절대적 빈곤의 개념은 너무나 정태적이며, 사회 전체의 분배 상태를 고려하지 않고 있다는 비판이 있을 수 있는데, 상대적 빈곤의 개념은 바로 이러한 비판과 함께 새로이 대두되었다고 할 수 있다.[13]

세계은행에 의하면, 1981년 개발 도상국 인구의 절반에 달하는 19억 4천 명이 하루 1.25달러 이하의 돈으로 살던 것이 2010년에는 21%로 줄어들었다. 같은 기간에 개발 도상국의 인구는 59% 증가했지만 12억 명은 여전히 극빈층으로 살고 있고, 그들 가운데 50%는 위태로운 상황이다. 하루 2달러 이하로 살아가는 사람들은 1981년 25억 9,000만 명에서 2010년 24억 명으로 조금 감소했지만, 같은 기간에 세계 인구는 45억 명에서 67억 명으로 증가했다.[14] 세계은행 조사 결과를 볼 때, 아직도 세계에 많은 인구가 절대적인 빈곤 속에서 살아가는 것을 볼 수 있다.

---

[12] 조흥식, 이승열, "빈곤과 빈곤 복지 선교의 이해," 「빈곤 복지 선교론」, 18.

[13] 조흥식, 이승열, "빈곤과 빈곤 복지 선교의 이해, 22. 상대적 빈곤의 표현 방법은 두 가지가 있는데, 순수 상대 빈곤(pure relative poverty)과 유사 상대 빈곤(quasi-relative poverty)이 그것이다. 순수 상대 빈곤은 전체 사회의 소득 순서대로 계층을 늘어놓을 때 하위에 일정한 비율(예를 들면, 하위 10%, 15%)에 해당하는 사람을 빈곤층으로 보는 방식이다. 유사 상대 빈곤은 전체 사회의 평균 소득의 일정한 비율(예를 들면, 평균 소득의 1/3 이하, 40 이하, 50 이하 등)에 해당하는 사람들을 빈곤층으로 보는 방식이다. 이와 같이 상대적 빈곤 개념에 따르면 한 사회의 소득이 평등한 분배 상태에 있지 않은 한 빈곤층은 언제나 존재하게 된다.

[14] 박영숙, 제롬 글렌, 「유엔 미래 보고서 2045」 (서울: 교보문고, 2015), 292.

세계 경제 포럼은 향후 10년간 가장 중요한 글로벌 위험이 소득 격차와 이에 따른 빈곤임을 발견하고, 이는 실업과 불완전한 고용의 영향이라고 분석했다. '유엔개발계획'(United Nations Development Programme: UNDP)은 지난 20년 동안, 소득 불균형이 선진국에서 9%, 개발 도상국에서는 11% 증가했다고 발표했다.[15] 개발 도상국의 가구 중 75%가 1990년대보다 오늘날 더 높은 소득 불평등 사회에 살고 있다. 계속되는 현재의 불평등 상황을 미래에 대입해 보면, 2030년에 하루 2달러 이하로 살아가는 극빈층이 10억 명이 추가될 것으로 예측한다.[16]

이주 근로자(migrant worker)[17]는 실제로 국내에서 상대적인 빈곤 가운데 있다. 외국인 이주 근로자는 국내외의 사회 계층에서 매우 독특한 위치를 차지하고 있다. 생산 기능직에 종사하는 이주 근로자는 체류하는 나라에서 밑바닥 계급(underclass)을 형성하고 있지만, 출신국에서는 중간층에 가까운 사회 계층적 지위를 누리고 있다.[18]

---

[15] 유엔 개발 계획(United Nations Development Programme: UNDP)은 다차원적 빈곤 지수에 의하면, 약 17억 명(지수에 포함된 109개 국가 인구의 3분의 1)이 다차원적 빈곤 상태로 살고 있다고 설명한다. 박영숙. 제롬 글렌,『유엔 미래 보고서 2045』, 292-293.

[16] 박영숙, 제롬 글렌,『유엔 미래 보고서 2045』, 293-294. 불평등과 빈곤에 대하여 자세히 설명하고 있는 저서는 이양호,『불평등과 빈곤』(서울: 여성신문사, 2013) 한국 연구 재단에서 지원을 받아 수행한 연구 보고서를 참고하라. 로버트 챔버스(Robert Chambers)는 가난에 대하여 여섯 가지 체계로 분류하였다. "물질적 가난(material poverty), 육체적 허약(physical weakness), 고립(isolation), 취약성(vulnerability), 무력함(powerlessness), 영적 가난(spiritual poverty)이다"라고 설명했다. 브라이언트 L. 마이어스,『가난한 자와 함께하는 선교』, 장훈태 역 (서울: CLC, 2000), 118.

[17] 이주 근로자는 외국인 노동자(foreign workers), 이민 노동자(immigrant workers), 이방인 노동자(alien workers) 등 다양한 명칭으로 불리지만, '일정 기간 다른 나라에 가서 돈을 벌기 위해 노동을 하는 사람'으로 이해할 수 있다. 이 장에서는 외국인 이주 근로자로 칭하겠다.

[18] Stephen Castles & Mark J. Miller, *The Age of Migration: International Population Movement in the Modern World* (New York, NY: Guilford Press, 1998), 25.

한국 내에서 일하는 외국인 이주 근로자는 대부분 한국인들이 기피하는 '열악한 작업 환경에서 이루어지는 장시간 저임금 노동'을 행하고 있다. 그들이 국내 노동 시장에서 고유 영역을 확보하고 산업 활동의 한 부분을 담당하게 되면서 외국인 이주 근로자는 한국 사회의 저변 계급(밑바닥 계급)으로 자리 잡게 되었다. 그들은 한국인의 일반적인 주거 지역과 분리되는 곳에서 거주하면서 그들 나름대로의 사회적 네트워크(social network)를 만들어 인종적, 문화적, 민족적 게토(ghetto)를 형성하고 있다.

이주 근로자의 자국에서의 경제적, 사회적 지위는 결코 낮지 않다. 그들은 자국을 떠나 외국에 취업하기 위해 많은 물질적인 자원을 투자하였거나 해외 취업을 할 수 있을 정도의 인적 자원을 가진 사람들로서 그들은 본국에서는 상대적으로 빈곤층이 아닌 경우가 대부분이다. 한국에서 일하는 이주 근로자는 대략 고졸 이상의 학력을 가지고 있고, 그 가족은 '평균 정도의 소득 수준'을 가지고 있으며, 주관적인 계층 귀속 의식도 '중간층'에 가깝다.[19]

이주 근로자들이 본국에서의 안정된 삶을 버리고 이국에서의 고난의 삶을 택하는 것은 세계 각국의 경제적인 차이 때문이다. 선진국에서 한 달 벌이가 본국에서 몇 달 혹은 몇 년 치 소득에 준한다는 '환율의 마술'이 가난한 나라 출신의 이주 근로자를 외국으로 송출하는 원동력이 되고 있다. 선진국과 저개발 국가의 발전 격차는 임금 격차로 나타났는데, 선진국 하층 노동자의 임금 수준이 저개발국 중간층의 소득보다 훨씬 높기 때문이다. 그래서 이주 근로자들은 해외 취업을 꿈꾸고 막대한 비용을 지불하면서도 이주하여 일자리를 찾는 것이다.

---

[19] 설동훈, 『외국인 노동자와 한국 사회』(서울: 서울대학교출판부, 1999), 219-220.

2) 이주 근로자의 체류 자격과 구성

한국은 1991년 '산업 연수생'을 받아들이는 산업 연수 제도를 실시하여 편법 인력을 수입하였다. 그 결과로 매우 심각한 불법 체류, 인권 침해, 송출 비리가 나타나 새로운 제도를 모색하게 되었다. 2004년 8월 17일부터 이주 근로자에게도 노동 3권을 보장하는 고용 허가 제도를 실시하고 있다. 비로소 2004년 전 지구적 표준(global standard)에 부합하는 외국 인력 제도가 도입되었다.[20] 2004년 시작된 외국 인력 제도는 전문 기술 인력 취업 제도, 고용 허가 제도, 산업 연수 제도(또는 연수 취업 제도), 내항 선원 취업 제도의 네 가지로 나눌 수 있다.

첫째, 전문 기술직에 종사하는 이주 근로자는 출입국 관리법에 의거하여 교수(E-1), 회화 지도(E-2), 연구(E-3), 기술 지도(E-4), 전문 직업(E-5), 예술 흥행(E-6), 특정 활동(E-7) 중 하나의 체류 자격을 부여받아 국내에 취업하고 있는 사람들이다. 전문 기술 인력을 구성하는 일곱 개 체류 자격 중에서는 회화 지도가 가장 많다. 그들은 주로 미국, 일본, 독일, 프랑스 등 선진국 출신이 많다.[21]

둘째, 고용 허가 제도는 국내 인력을 구하지 못한 기업에 정부가 적정 규모의 이주 근로자를 합법적으로 고용할 수 있도록 허가해 주는 제도로서 2004년 8월부터 시행하고 있다.

---

20 Dong Hoon Seol & John D. Skrentny, "South Korea: Importing Undocumented Workers," *Harvard Asia Quarterly* (2004): 45-46.
21 법무부, "국내 체류 외국인의 적정 규모 추정," 2014. 통계에 보면, 전문 기술직에 종사하는 이주 근로자는 약 7% 정도로 나타나고 있다.

고용 허가제하에서 이주 근로자는 단순 기능 업무에 종사할 수 있는 비전문 취업((E-9) 사증을 발급받아 입국 전에 국내 사업주와 근로 계약을 체결하여 제조업, 건설업, 농축산업, 연근해 어업에 최장 3년까지 취업할 수 있다. 또한, 고용 허가 제도의 특혜로, 방문 동거(F-1-4) 사증으로 입국한 외국 국적 재외 동포는 비전문 취업 사증으로 전환하여 '고용안정센터'를 통해 건설업과 서비스업에 취업할 수 있다.[22]

셋째, 산업 연수 제도의 공식적인 목적은 외국인이 국내 기업에서 산업 연수를 함으로써 저개발국에 대한 기술 이전을 행하는 데 있으나, 실질적으로는 국내 기업에 인력을 공급하는 방편으로 이용되어 왔다. 산업 연수 제도는 연수생의 도입 주체에 따라 '해외 투자 기업 산업 연수 제도'(D-3-1)와 '업종 단체 추천 산업 연수 제도'(D-3-2˜D-3-6)의 두 가지로 구분된다.

전자는 해외 투자 업체 현지 고용 인력의 기능 향상과 산업 설비, 기술 수출 업체들에 해외 기술 이전을 위해 현지 법인의 종원업을 초청하여 국내 기업에 취업을 시키는 것을 표방하고 있다. 후자는 당초 연수 기간이 2년으로 제도가 도입되었으나 2002년부터 '연수 1년 후 취업 2년'으로 그 형태가 변모되었다.[23]

넷째, 내항 선원 취업 제도는 해운법 제3조 제1호, 2호 및 25조 제1호 규정에 의거하여 사업을 영위하는 자와 그 사업체에서 6개월 이상 노무를

---

[22] 박천응, "한국 사회의 다문화 현실 비판과 정책적 과제," 45. 박천응은 2004년 고용 허가 제도는 사업장 이동의 자유 제한의 문제, 이주 노동 조합 설립의 봉쇄와 이주 근로자를 '일시적인 노동력'으로만 보려는 시각이 고용 허가 제도에 나타났다고 비판하고 있다.
[23] 2007년 1월 1일부터 업종 단체 추천 산업 연수 제도는 폐지되고 고용 허가 제도로 통합되어 사라졌다.

제공할 것을 조건으로 선원 근로 계약을 체결한 자로서 선원법 제3조 제5호의 규정에 따라 부원(部員)에 해당하는 자에게 국내 취업을 허용하는 제도로 1회 체류 기간 상한은 1년이다. 2010년 기준 내항 선원은 175명으로 그 숫자는 미미하다. 이상 네 가지 외국 인력 제도가 아닌 방법으로 국내에서 취업하고 있는 미등록 노동자가 있다.[24]

3) 이주 근로자 연구 조사

인천 남동공단에 노동하는 이주 근로자 90여 명을 만나 유효 68명 설문 결과와 1명의 인터뷰 내용을 중심으로 연구 조사를 하였다. 이주 근로자 설문 조사는 주제와 관련하여 필자가 11항목을 정하여 이주 근로자가 문항에 대답하는 형식을 취하였다(부록 참조). 크게 네 가지 영역으로 나누어서 질문을 설정하였다.

첫째 영역, 개인적 신상(성별, 나이, 기간)
둘째 영역, 노동 시간과 임금(시간, 월급, 만족도, 임금 체불)
셋째 영역, 의료 보험과 주거 상태
넷째 영역, 회사 생활에서 가장 어려운 점(2가지 선택)

(1) 개인적 신상(성별, 나이, 기간)

본 설문에서는 남성과 여성의 응답자의 비율은 총 68명으로, 남성 60명,

---

[24] 설동훈 외, "외국인 인력 제도 통합에 따른 효율적 사후 관리 방안 연구: 외국 인력 도입 및 사후 관리 대행 기관 통합 방안을 중심으로," 법무부, 2007.

여성 8명이다. 설문에 응답자는 대부분 남성이었고, 실제로 남동공단에서 일하는 대다수는 남성이다. 나이는 20-23세, 0명; 24-25세, 8명; 26-28세, 16명; 29-30세, 8명; 31-35세, 15명; 36-40세, 18명; 41세 이상, 3명이었다. 이들의 연령층을 보면, 30대가 33명(48.5%)으로 20대 중반 이후 20대가 32명(46.5%)으로 나타났으며, 40대 이상은 3명(4-5%)으로 나타났다. 20대 초반과 50대는 한 명도 없는 것으로 파악이 되었다.

주로 한국에 온 기간에 대하여, 0-1년, 6명; 1-2년, 12명; 3-4년, 30명; 5년 이상, 20명이었다. 대부분 이주 근로자들은 한국에 온 지 3년 이상 30명(44.1%)으로 나타났고, 5년 이상도 20명(29.4%)으로 나타났다. 한국에 온 지 1년 미만이 6명(8.8%)이었다. 3년 이상은 50명(73.5%)으로 대부분은 3년 이상 한국에서 취업하여 일하고 있으며, 장기적으로 계속 일하기를 원하고 있다.

(2) 노동 시간과 임금

*표 2-1 하루 노동 시간

8-9시간	10-11시간	12-13시간	14-15시간	16-17시간	18시간 이상
8명	16명	42명	2명		

설문 조사에 의하면 12-13시간의 일을 하는 외국인 근로자가 가장 많았다. 노동 시간의 과다에 대한 불만보다는 노동 시간에 적절한 임금을 주지 않는 것에 대한 불만을 가지고 있었다. 평균적으로 하루의 12시간 노동 시간을 계산해 보면 한 달(주당 6일 근무)에 280시간 이상 노동하는 것으로 나타났다.

*표 2-2 임금 수준(한 달 기준)

90-100 만 원	110-120 만 원	130-140 만 원	150-160 만 원	170-180 만 원	200만 원 이상
2명	6명	14명	16명	24명	6명

임금 수준은 90만 원부터 200만 원 이상까지 다양하게 분포하는 것을 알 수 있다. 평균적으로 보면, 주 평균 노동 시간 약 70시간을 노동하고, 임금은 월 평균 150만 원 정도 받는 것으로 나타났다.

2005년 통계를 보면, 이주 근로자의 주 평균 노동 시간은 55.1시간, 월 평균 임금은 101만 원, 또는 월 평균 근로 시간 228.3시간, 월 평균 임금 100.3만 원으로 나타났다.[25] 2015년 노동 시간이 증가한 것은 이주 근로자들은 잔업과 주말 근무를 희망하고, 임금을 더 받기를 원하고 있다.

* 표 2-3 임금에 대한 만족도

만족한다	다소 만족한다	불만족스럽다	많이 적다고 생각한다
20명	10명	22명	16명

임금의 수준에 대해서는 44.1%(30명) 정도는 만족하는 것으로 나타났으며, 55.9%(38명)는 불만족으로 나타났다. 실제로 노동 시간의 증가와 비례해서 임금에 대해서는 불만족스러운 결과를 낳았다. 2005년 조사에 의하면, 이주 근로자의 저임금 문제의 심각성 인식 정도에서 "심각하지 않다" 24.9%, "심각하다" 가 38.4%로 저임금 문제가 심각하다고 보는 이주 근로자가 약간 더 많았다.[26]

---

[25] 유길상, 이규용, 박성재, "외국인 고용 허가제 시행 1년의 평가 및 향후 발전 방향," 「고용허가제 기념 세미나」(서울: 노동부, 2005년 8월 9일), 1-42.

[26] 유길상, 이규용, 박성재, "외국인 고용 허가제 시행 1년의 평가 및 향후 발전 방향," 10-11.

* 표 2-4 임금 불만족에 대한 생각

임금에 만족	회사에서 올려 줄 때까지 기다린다	다른 회사로 이직	개인적으로 임금을 올려달라고 사장에게 말한다	외국인끼리 임금을 올려달라고 요구한다	기타
2명	6명	8명	38명	4명	10명

이주 근로자들은 임금 수준에 불만족에 대해서는 개인적으로 임금을 올려 달라고 사장에게 직접 요구하는 경우(38명, 56%)가 가장 많이 나타났다.

* 표 2-5 임금 체불

있다	없다	기타
20명	47명	1명

임금이 체불된 경험이 있는 사례가 20명으로 나타났다. 임금 지연과 체불로 인하여 이주 근로자들은 생활의 어려움을 겪었던 것으로 나타났다.

(3) 보험과 주거

* 표 3-1 의료 보험

있다	없다
55명(80.9%)	13명(19.1%)

약 80%의 이주 근로자는 의료 보험을 가지고 있었으며, 약 20% 정도는 의료 보험을 가지고 있지 않았다. 20%는 의료 보험 혜택을 받지 못하고 있기 때문에 산업 재해나 감기 같은 질병에도 어려움을 겪고 있는 실정이다.

* 표 3-2 주거 형태

기숙사	공장 내 공간	아파트	연립, 다세대	지하방
26명	8명	1명	28명	5명

이주 근로자의 대부분은 연립, 다세대 주택, 그리고 기숙사에서 주거하는 것으로 나타났다.

(4)회사 생활의 어려운 점(2가지 선택)

한국 회사 생활에서 가장 어려운 점을 물은 질문에 대한 대답을 살펴보자.

* 표 4-1 회사 생활의 어려운 점

임금 체불	임금이 너무 적음	한국 사람과의 관계성	사장의 욕과 폭력	노동 시간이 길다	말이 통하지 않는다
12명	40명	20명	10명	3명	31명

이주 근로자들이 회사 생활의 어려움이 다양하게 나타나고 있지만, 그중에서 임금이 적음, 그리고 3년 이상 체류하고 있는 사람이 73.5%(50명)이지만, 계속 한국말에 대한 어려움과 소통의 한계를 겪고 있음을 알 수 있다. 또한, 회사 안에서 한국 직장 동료와의 관계가 이주 근로자들에게 어려움으로 나타나고 있다.

연구자가 설문 조사와 더불어 2015년 5월 20일에 인터뷰를 실시한 판쿠어 호아이(Phan Quoc Hoai)[27]은 한국에 온 지 6년 차 정도였다. 인터뷰를

---

27 베트남, 31세 결혼한 지 2년, 아내와 아이(1세), 남동공단에서 일하는 지난 6년 동안 6번의 이직을 경험하였다. 6번의 회사 이직은 사출 회사, 형광등 제작 조립 회사, 금형, 냉동 회사, 열판, 프레스 회사였다.

하는 데 큰 어려움이 없을 만큼 한국어를 잘 하였다. 먼저 6년 동안 여섯 번의 이직한 것에 관해 물었다.

"이직을 하게 된 이유는 월급의 미지급과 노동이 힘들어서, 주·야간 근무가 잘 지켜지지 않아서, 냉동 회사에서는 근무 환경이 너무 열악해서, 월급을 안 주어서, 건강이 나빠져서" 등 여러 가지 이유를 들어서 이직을 설명하였다.

호아이에게 한국 회사 생활에서 가장 어려웠던 점은 무엇인지를 물었다. "호아이는 첫째로 일이 적응이 안 되어서 어려웠고, 둘째는 한국어 소통의 부재로 어려움을 겪었고, 셋째는 한국 사람과의 관계가 어렵다고 하였다. 한국 사람 상사(대리)로부터 맞은 적도 있었다"라고 말했다.

이주 근로자들의 가장 큰 어려움은 무엇이냐고 물으니, "무엇보다 불법 체류자들은 보험이 없어 많은 어려움을 겪는다고 했다." 실질적으로 주변에 보험이 없는 친구들을 보면, "의료 선교 센터와 교회에 다니는 의사로부터 치료를 받거나 친구의 보험을 빌리는 경우도 있다"라고 하였다. 대부분 이주 근로자들은 돈을 벌기 위해서 왔기에 잔업과 주말 근무도 원하고 있으며, 호아이 역시 평균 하루에 13시간 정도 일하고, 150만 원 정도의 임금을 받는다고 하였다.

인터뷰 내용과 표 4-1을 살펴볼 때, 노동 시간보다는 임금에 대하여 더 민감하게 반응하고, 일의 적응, 언어와 소통의 문제, 관계의 문제가 이주 근로자들에게 힘들게 하고 있다.

(5) 이주 근로자를 위한 사회 복지 서비스의 유형

국내 민간 선교 단체 중 외국인 지원 단체들이 제공해 오고 있는 사회 복

지 서비스를 몇 가지 유형으로 살펴보면 다음과 같다.[28]

첫째, 이주 근로자 단체는 이주 근로자가 피해를 보았을 경우, 그것을 구제받을 수 있는 방법을 무료로 상담해 준다. 이주 근로자 지원 단체는 임금 체불, 산업 재해, 여권, 폭행, 의료 등 각종 고충을 상담하고 문제를 해결하려 노력하고 있다.

둘째, 이주 근로자 단체 중 대부분은 한국어 프로그램을 제공하고 있다. 여기에 참가한 이주 근로자들은 상당히 운영이 잘 이루어지고 있다고 평가하고 있다. 아울러 귀환 후 재정착 프로그램, 컴퓨터 교육, 외국인 아동 교육 지원, 산업 안전 교육 등 프로그램을 제공하고 있다.

셋째, 이주 근로자 지원 단체와 선교 단체는 이주 근로자 자체 조직을 만들어 자주적으로 운영할 수 있도록 돕고 있다. 국내 이주 지원 단체 중 이주 근로자 공동체 활동을 지원하고 있다.

넷째, 선교 단체인 경우 선교 활동을 활발히 펼치고 있다. 이주 근로자들을 선교하여 교회나 성당으로 이끈다.

다섯째, 의료 지원을 하는 곳도 있으며, 대개 주말에 간이 진료소를 운영한다. 각 단체가 인근 지역의 의사, 간호사, 약사 등의 자원봉사자들을 동원하여 의료 서비스를 제공한다.

여섯째, 이주 근로자 단체 중 이주 근로자의 쉼터(숙소, 피난처)를 운영한다. 일시적으로 실업 상태에 있는 경우 이주 근로자들은 여기에서 생활한다.

일곱째, 이주 근로자의 인권과 복지를 위한 제도 개선을 한다. 이 사역을

---

[28] 설동훈, 『외국인 노동자 실태 및 지원 서비스 수요 조사』 (서울: 국제노동재단, 2003). 23. 류정순 외. 『한국 사회의 신빈곤』 (서울: 한울아카데미, 2006), 405-406.

위해 해외의 이주 근로자들과의 연대와 국내 이주자 조합을 지원하고, 이주 근로자 단체와 연대를 한다.

이외에도 이주 근로자를 위한 사회 복지 서비스는 국내 문화 환경에 따른 다양한 프로그램 지원과 문화 예술 참여 확대, 문화 관광 체험, 문화 교류를 통한 상호 존중 이해 등을 시행할 수 있다.

4) 이주 근로자의 빈곤과 복지 선교

다문화 사회에서 이주 근로자의 빈곤 복지 선교 전략을 세 가지 차원에서 접근해 보고자 한다.

첫째, 이주 근로자에 대한 인식 제고와 상호 문화 존중, 빈곤 복지 선교를 위한 총체적인 교회의 섬김과 봉사
둘째, CHE 선교 전략
셋째, 이주 근로자를 위한 빈곤 복지 선교 프로그램 개발

5) 이주 근로자에 대한 인식 제고와 상호 문화 존중

다문화 사회[29]에서 이주 근로자 사역이 일반 교회에서 잘 이루어지지 않는다. 그것은 교인들의 의식 속에 외국인 이주 근로자를 우리의 이웃으로

---

29 장훈태, "다문화 가정의 자녀 문제와 한국교회 선교 교육 방안,"「선교신학」제30집 (2012): 180-181. 다문화 사회란 '한 나라 안에 몇 가지 문화가 공존하는 것,' 문화간 공존을 통한 정체성의 정치학(Identity Politics), 우리와 다른 문화를 인정해 주고 우리와 피부색을 포용해 주며, 우리와 다른 전통을 존중하면서 공동체를 형성하는 것을 말한다.

받아들이지 않고 민족적인 배타성이 강하기 때문이다. 지역교회에서는 이주 근로자에 대한 거부감이나 잘못된 인식을 바꾸기 위한 선교 교육이 이루어져야 한다.

교회는 교인들이 이주 근로자 사역 현장에 관심을 가지고 접촉하고 봉사할 수 있도록 해야 한다. 하나님과 사람이, 사람과 사람이 만남을 통해서 관계가 개선되고 친밀해지듯이 이주 근로자들과의 만남의 기회를 많이 만들어야 한다. 이를 위해 교회의 행사에 적극적으로 초청할 필요가 있다.[30]

또한, 이주 근로자를 바라보는 교회의 관점에서 태도의 문제가 매우 중요하다. 김선은 다음과 같이 비판한다.

> 한국 사회에서 철저히 타자화된 이주 근로자들을 한국교회 역시 동일한 시선으로 바라보고 이주 근로자들을 열등한 존재로 여기고, '개화' 시키려는 노력해 왔으며, 지금까지 부의 관점에서 '개종자'를 사려는 모습을 보임으로 이주 근로자를 단순한 수혜자로 만들었다.[31]

또한, 선교 공동체로서의 교회는 이주 근로자로부터 많은 것을 배울 수 있다. 선교가 문화적, 인종적, 언어적 경계를 넘어서서 복음을 소통하는 것이라면 경계에 선 존재로서 이주 근로자의 존재 자체가 선교적이라 할 수 있다. 따라서 기독교 선교는 이주 근로자로부터 여러 가지 상호 문화적인 요소를 배우도록 해야 한다. 문화 간 커뮤니케이션(intercultural communica-

---

[30] 전석재, 『변화하는 현대 선교 전략』 (서울: 대한기독교서회, 2014), 95-96.
[31] 김선, "현상학적 연구 방법을 통한 한국교회 이주 노동자 선교에 대한 비판적 고찰," 「한국 기독교 신학 논총」 제92집 (2014): 268.

tion)을 정립하기 위해서도 한국교회는 이주 근로자로부터 배워야 한다.[32] 왜냐하면, 이주 근로자들은 상호 문화 간 만남에서 '소통'을 배울 수 있기 때문이다.

한국교회는 이주 근로자들의 삶의 정황에서 그들 스스로가 공동체를 만들게 해야 한다. 결국 그들 자신의 공동체가 이주 근로자들을 교회에 오게 하는 가장 중요한 원인이라는 점이다.[33] 한국교회는 성육신적으로 그들을 섬기며, 그들의 공동체가 스스로 참여적이고 관계적인 공동체가 되게 해야 한다.[34]

6) 빈곤 복지를 위한 총체적 선교 전략

(1) 지역 교회의 봉사와 섬김을 실천하라

지역교회가 섬김과 봉사를 통한 통전적 선교(Wholistic Mission)를 보여주어야 한다.[35] 대구평강교회는 '평화 나눔 가게'로 이주 근로자를 섬기고 있다. 후원으로 들어온 물품들을 팔아 얻게 되는 수입금의 전액을 이주 근로자의 인권 보호와 이주 근로자 자녀 보호를 위한 탁아방 운영으로 사용하고 있다. 서울 정동제일교회의 정동한글문화학교는 교회의 부설 기관으로 사회 교육관을 두어 정동한글문화학교를 개설하여 필리핀, 이란, 중국, 몽

---

32 황홍렬, "부산, 경남 지역 이주민 현황과 이주민 선교의 과제-결혼 이주 여성/다문화 가족을 중심으로,"「선교신학」제29집 (2012): 242-243.
33 김선, "현상학적 연구 방법을 통한 한국교회 이주 노동자 선교에 대한 비판적 고찰," 276.
34 김선, "현상학적 연구 방법을 통한 한국교회 이주 노동자 선교에 대한 비판적 고찰," 280. 김선은 "한국교회가 이주 근로자 공동체를 향해 '타자 덕분에 있는 선교의 자세'를 지니고, 그뿐만 아니라 타자를 환대하는 환대의 선교를 해야 함을 역설하고 있다."
35 전석재, "한국교회의 이주민 선교," 208.

골 등 각 나라의 외국인 노동자들에게 한글을 가르치며, 한국어 능력 시험을 대비할 수 있는 장을 열어 주고 있다.

갈릴리교회는 의료, 상담, 한글 등 다양한 프로그램을 운영하고 있다. 의료인들의 의료 봉사나 이용 기술로 봉사하는 분들도 있다. 노동 현장의 문제들과 송금, 출국, 비자 문제의 상담 등과 함께 한글 교실, 성경 공부도 매주 열린다. 1년에 한 번씩 전 교인과 각국 이주민들 특히 근로자들이 서로 친목하며 체육 대회를 개최하고 있다. 더욱이 이주 근로자를 위한 비정부기구(NGO) 사회 봉사의 선교[36]를 통하여 하나님의 뜻을 이땅 위에 실현하는 구체적인 섬김과 나눔을 실천해 나가야 한다.[37] 비정부기구(NGO) 선교는 이주 근로자 선교를 위한 중요한 전략이라고 생각한다.[38]

지역교회는 인적 자원 봉사자 파송과 물질적 지원이다. 지역교회는 인적 자원 봉사자를 외국인 근로자 사역에 참여시킬 수 있다. 지역교회는 빈곤한 삶을 살아가는 이·미용 기술자, 한글 지도자, 노무 상담자, 의료인, 레크리에이션 지도자 등 외국인 근로자가 꼭 필요로 하는 기술을 가진 다양한 인적 자원을 가지고 있다. 이런 전문 직종을 가진 사람들을 자원 봉사자로 파송해야 한다.

이주 근로자들은 국내의 시설을 이용하지 못하는 경우가 많다. 그래서 선교회나 단체의 도움을 받는데 교회의 자원 봉사자들이 그 일을 맡아서 책무를 이룰 수 있다. 교회는 인적 자원의 파송과 함께 물질적인 지원 예산

---

[36] 장남혁, "다문화 가족의 초국가적 네트워크를 활용한 해외 구호 및 개발 연구," 「선교신학」 제37집 (2014): 292-293. 장남혁은 지역 사회 개발 선교를 위해서 NGO 단체와 파트너십을 수립해야 한다고 설명한다.
[37] 전석재, 「21세기 세계 선교 전략」 (서울: 대서, 2011), 167-68.
[38] 전석재, "한국교회의 이주민 선교," 208.

을 지원해 주어야 한다. 이주 근로자를 향한 사회 봉사부나 선교회를 노회나 총회에서 만들어 지속적인 지원이 요청된다.

또한, 이주 근로자 사역을 하는 선교 단체나 선교회를 지역교회가 MOU를 체결하여 인적, 물적 자원을 지원할 수 있다. 장로교 통합 측에서는 모든 교회의 사회부 예산을 교회 재정의 10%로 책정해 달라고 요구하고 있다. 이중에서 일부를 외국인 근로자를 위한 예산으로 책정하여 노회를 통해 외국인 선교회나 선교 단체와 연결하여 지원 창구를 만들 수 있다.[39]

(2) 지역 사회 개발 선교(Community Health Evangelism, '지역 보건 선교'라고 칭함, 이하 CHE)[40]를 활용하라

이주 근로자들에게 절대적으로 필요한 것은 보건 의료 서비스 환경이다. 열악한 중소기업이나 건설 현장에서 일하는 외국인 근로자들은 불법 체류자인 경우, 실제로 산업 재해가 일어날 경우 의료 보상도 받지 못하고, 의료 혜택을 받을 수 없다. 불법 체류 신분으로 있는 외국인 근로자들은 보험 계약조차 할 수 없는 상황이기에, 본인뿐만 아니라 가족이 있는 경우, 감기 같은 질병에도 어려움을 겪고 있다.

장성진은 이러한 이주 근로자를 위한 "이주민전문의료센터를 설립하고, 이를 중심으로 CHE 전략을 수립하여 자체적인 건강 시스템(self-supporting

---

[39] 전석재, "한국교회의 이주민 선교," 207-208.
[40] CHE 전략은 1978년 스탠 롤랜드에 의해서 제3세계에서 처음으로 시작하여 가난한 지역에서 30년 동안 시행해 온 선교 전략이다. CHE는 성경적인 개발 원리로서 도움받은 사람들이 자발적으로 문제를 해결할 수 있도록 잠재력을 세워주는 것이다. 스탠 롤랜드, 『CHE를 통한 총체적 변화: 전인적 지역 사회 개발 선교』(서울: 에벤에셀, 2009), 28-29.

health system)을 형성하고 발전시켜야 한다"라고 강조한다.[41] 이주 근로자의 상황에서 중앙 전문 의료 센터에서 자체 공동체의 이주민 보건 의료 봉사자를 단순한 보건 의료 교육을 시켜 공동체 깊숙이 파고들어 자체적인 공동체의 삶의 개선과 도움을 단계별로 적절하게 받도록 하는 것이 효과적이라고 볼 수 있다.

CHE 선교 전략 중 이주 근로자들이 열악한 노동 임금 상황, 본국으로 돈 송금 후 재정 자립 불가능, 과다한 노동에 대한 스트레스, 임금 체불, 이직뿐만 아니라 한국 문화와 사회 시스템의 부적응으로 이주 근로자들이 건전한 경제관을 형성하여 저축하기가 어려움을 겪고 있다.[42] 교회 기관이나 선교 기관이 경제적 자립을 위한 교육과 상담, 지원 사업, 그리고 거주 지역 개선과 노동 시간 및 환경을 개선에 관심을 가지고 지원해야 한다.

7) 이주 근로자를 위한 교회의 빈곤 복지 선교 방향

미국 복음루터교회는 '세계 빈곤 프로그램'(ELCA WHP)에서 빈곤 프로그램 개발을 위해 다음과 같은 다섯 가지 실천 방법을 제시하고 있다.[43]

첫째, 긴급 구호(Relief)로서, 인간의 기본 욕구를 충족할 수 있는 의식주, 의료 서비스와 치료적 돌봄을 즉각적으로 제공하고, 필요한 교통 수단과

---

[41] 장성진, "총체적 복음화: 한국 기독교 다문화 선교를 위한 CHE 선교 전략,"「선교신학」제23집 (2010): 172-173.
[42] 장성진, "총체적 복음화: 한국 기독교 다문화 선교를 위한 CHE 선교 전략," 174.
[43] 손의성, "빈곤 복지 선교의 실천 방법과 사례,"「빈곤 복지 선교론」(서울: 학지사, 2010), 310-311.

공급처, 공간 등을 제공하는 것을 말한다.

둘째, 지속 가능한 발전(Sustainable Development)으로서, 자립과 자활을 의미한다. 즉, 생계 유지 및 자립에 필요한 농업, 기술, 주택, 직업과 일자리, 건강 보호와 질병 예방, 직업 훈련, 소액 대출 등을 지원하는 것이다.

셋째, 지역 사회 조직(Community Organizing)으로서, 정의 및 존엄성, 나눔을 위해 모든 역량을 강화하는 환경을 만들고, 그것을 유지하기 위한 공동 가치와 관심사의 교류를 갖는 것을 의미한다.

넷째, 교육(Education)으로서 하나님의 창조 목적을 인식하고 빈곤을 밝힌 후 이 땅에서 가난과 굶주림을 퇴치하는 것을 선포하는 것이다.

다섯째, 옹호(Advocacy)로서 가난과 빈곤의 원인과 결과를 극복하기 위해 행정 절차나 법을 개정하고, 사회 행동 및 각종 연대 활동을 전개하는 것을 의미한다.[44]

이주 근로자를 위한 빈곤 복지 선교에서 전략적인 차원은 완화적 전략(alleviative strategy), 치유적 전략(curative strategy), 예방적 전략(preventive strategy)으로 분류할 수 있다.

① 완화적 전략은 빈곤으로 인한 결과가 상당 기간 개선되기 어렵거나 재난이나, 사고로 인해 긴급 구호 성격의 지원이 필요한 경우 빈곤 대상자가 겪는 고통을 완화시키는 서비스를 제공할 수 있다. 여기에는 교회의 상담 서비스, 가호 방문, 일시 보호 등과 같은 서비스를 제공하며, 교회의 상황에 맞게 적절하게 제공하면 된다.

---

[44] 손의성, "빈곤 복지 선교의 실천 방법과 사례," 311.

② 치유적 전략은 빈곤의 원인과 장애물을 찾아내어 그것을 제거하는 것이다. 개교회의 차원에서 문제를 해결하기가 어려운 경우 노회나 총회 및 교회 연합 사업을 통해서 개입하여 치유하는 방법이다.
③ 예방적 전략으로 빈곤 상황에서 발생될 수 있는 위험한 요소를 사전에 예방하기 위한 전략이다. 여기에서는 복지 안전망을 구축하는 것을 의미하며, 제도나 시스템을 만들어야 하는 경우는 교단, 총회, 노회, 지교회가 빈곤 극복 전략과 전달 체계를 구축해야 한다.[45]

8. 나가는 말

한국에 다문화 사회의 변화의 중심에 있는 이주 근로자를 중심으로 빈곤 문제를 살펴보았다. 특별히 선교적 관점에서 빈곤을 이해하고, 이주 근로자들의 빈곤 문제를 복지 선교 차원에서 접근하고 방향을 제시하였다. 실제로 연구 방법에 필요한 외국인 근로자들의 설문 조사와 인터뷰를 위해 인천 남동공단을 방문하여 연구 조사를 시행하여 그 결과물의 토대로, 그들이 임금 문제, 주거 복지, 의료 보험의 부재, 비자와 체류 문제, 인권, 차별의 문제 등을 중요한 이슈였다.

이주 근로자를 위한 빈곤 복지 선교는 단회적으로 끝날 사역이 아니다. 한국교회와 기독교 비정부기구(NGO), 그리고 정부가 함께 연대하고 협력하여 이 문제를 풀어가야 한다. 교회의 섬김과 봉사로 인한 다문화적 접근으로 외국인 근로자 교육과 역량 개발, CHE를 통한 자발적 프로그램을 통

---

[45] 손의성, "빈곤 복지 선교의 실천 방법과 사례," 319-320.

한 지역 사회 보건 선교 등을 통하여 이주 근로자 선교의 기회와 접촉점을 가질 수 있다. 한국교회가 이주 근로자를 향한 빈곤 복지 선교 참여는 그들을 향한 복음화뿐만 아니라 본국으로 그들이 돌아가서 자국민 선교사의 역할을 할 수 있을 것이다. 한국교회가 어떻게 이주 근로자들을 섬기며 선교할 것인가에 대한 구체적인 사역의 내용과 프로그램, 사례를 발굴하고, 이주 근로자 선교를 감당해야 할 사역자를 양성하는 것이 중요한 과제임에 틀림없다.

참고 문헌

국내 도서

김범수 외. 『다문화 사회 복지론』. 파주: 양서원, 2007.
김선. "현상학적 연구 방법을 통한 한국교회 이주 노동자 선교에 대한 비판적 고찰," 「한국 기독교 신학 논총」 92집 (2014).
김은수. 『사회 복지와 선교』. 서울: 대한기독교서회, 2014.
김창운. "다문화 사회에서 기독교 선교 신학적 방향: 상호 문화적 변화," 「선교신학」 25집. 한국선교신학회 (2010).
대한예수교장로회총회전도부 『외국인 노동자 선교와 신학』. 서울: 한들출판사, 2000.
류정순 외. 『한국 사회의 신빈곤』. 서울: 한울아카데미, 2006.
박영숙, 제롬. 『유엔 미래 보고서 2045』. 서울: 교보문고, 2015.
박천응. "이주민 신학과 국경없는 마을 실천," 안산 : 국경없는마을, 2006.
박천응. "한국 사회의 다문화 현실 비판과 정책적 과제," 「선교와 신학」 제29집 (2012).
박찬식, 정노화 편집. 『21C 신유목민 시대와 이주자 선교』. 서울: 기독교산업사회연구소 (2008).
박찬식, 정노화 편집. 『다문화 사회와 이주자 선교』. 서울: 기독교산업사회연구소, 2009.

『세계 속의 디아스포라 선교와 이주자 선교』 서울: 기독교산업사회연구소, 2012.
설동훈. 『외국인 노동자 실태 및 지원 서비스 수요 조사』 서울: 국제노동재단, 2003.
손의성. "빈곤 복지 선교의 실천 방법과 사례," 「빈곤 복지 선교론」 서울: 학지사, 2010.
신명호. 『빈곤을 보는 눈』 서울: 개마고원, 2013.
유길상, 이규용, 박성재, "외국인 고용허가제 시행 1년의 평가 및 향후 발전 방향," 「고용 허가제 기념세미나」 서울: 노동부, 2005년 8월 9일.
이양호. 『불평등과 빈곤』 서울: 여성신문사, 2013.
장성진. "종교와 다문화: 글로컬 이주상황에서 한국 기독교의 다문화 선교," 「선교신학」 제21집 (2009).
장성진. "총체적 복음화: 한국 기독교 다문화 선교를 위한 CHE 선교 전략," 「선교신학」 제23집 (2010).
장훈태. 『선교적 관점에서 본 다문화 사회』 서울: 대서, 2011.
장훈태. "다문화 가정의 자녀 문제와 한국교회 선교 교육 방안," 「선교신학」 제30집 (2012).
장남혁. "다문화 가족의 이문화 역량 강화를 위한 프로그램," 「선교신학」 제27집 (2011).
장남혁. "다문화 가족의 초국가적 네트워크를 활용한 해외 구호 및 개발 연구," 「선교신학」 제37집 (2014).
전석재. 『21세기 복지와 선교』 서울: 대서, 2008.
전석재. 『21세기 세계 선교 전략』 서울: 대서, 2010.
전석재. 『변화하는 현대 선교 전략』 서울: 대한기독교서회, 2014.
전석재. "한국교회의 이주민 선교," 「선교신학」 제29집 (2012).
조성돈 외. 『더불어 사는 다문화 함께하는 한국교회』. 서울: 예영커뮤니케이션, 2012.
조흥식 외. 『빈곤 복지 선교론』 서울: 학지사, 2010.
출입국관리사무소, "출입국, 외국인 정책 통계 월보," 2014년 11월호.
통계청. "2013년 외국인 고용 조사 결과" 「보도-고용-노동」 외국인 고용 조사, 2013.
한국일. 『세계를 품는 교회』 서울: 미션아카데미, 2005.
한국로잔연구교수회. 『로잔운동과 선교신학』. 서울: 한국로잔위원회, 2015.
황홍렬. "부산, 경남 지역 이주민 현황과 이주민 선교의 과제-결혼 이주 여성/다문화 가족을 중심으로," 「선교신학」 제29집 (2012).

2009년 인구 통계청 자료.

번역서

브라이언트 L. 마이어스. 『가난한 자와 함께하는 선교』 장훈태 역. 서울: CLC, 2000.

스탠 롤랜드. 『CHE를 통한 총체적 변화: 전인적 지역 사회 개발 선교』 정길용 역. 서울: 에벤에셀, 2009.

해외 도서

Braziel, Jana Evans. *Diaspora: An Introduction*, Oxford: Blackwell Publishing, 2008.

Castles, Stephen & Miller, Mark J. *The Age of Migration: International Population Movement in the Modern World*. New York, NY: Guilford Press, 1998.

Judith Lingenfelter. *Teaching Cross-Culturally*, Grand Rapids: Baker Books, 2003.

Kane, Sharon & Kirby, Mark. *Wealth, Poverty and Welfare*. New York, NY: Palgrave Macmillan, 2003

Kymlicka, Will. *Multicultural Citizenship: A Liberal Theory of Minority Rights*, New York: Oxford University Press, 1996.

Seol, Dong Hoon & Skrentny, John D. "South Korea: Importing Undocumented Workers," *Harvard Asia Quarterly* (2004).

제8장

생태 체계 모형을 통한 난민 아동과 선교

1. 들어가는 말

난민은 전 세계적으로 증가하고 있으며 이와 더불어 난민 아동의 문제가 대두되고 있다. 영국의 경우 패젤(Fazel), 리드(Reed), 팬터브릭(Panter-Bric), 스테인(Stein)에 따르면 "10년 전부터 난민 신청 인구가 증가하고 있으며 이중 난민 아동은 1/4을 차지한다"라고 밝혔다.[1] 브론스테인과 몽고메리(Bronstein & Montgomery)는 "전 세계적인 난민 인구 중 1/4이 난민 아동이라는 점을 간과해서는 안 된다"라고 지적한 바 있다.[2]

국내 2017년 난민인권센터 행정 정보 공개 청구 결과에 따르면, 난민 인구가 최근 들어 증가하였고 2017년 난민 신청자가 2년 전에 비해 2배 정도 증가했다고 한다.[3] 2017년 기준 우리나라의 난민 인정률은 1.51%이며, 인

---

[1] Fazel, M., Reed, R. V., Panter-Brick, C., & Stein, A. *Mental Health of Displaced and Refugee Children Resettled in High-Income Countries: Risk and Protective Factors* (The Lancet, 2012), 266-282.
[2] Bronstein, I., & Montgomery, P. "Psychological Distress in Refugee Children: a Systematic Review." *Clinical Child and Family Psychology Review*, 14(1), 2011, 44-56.
[3] 난민인권센터(http://nancen.org/). 난민인권센터 행정 정보 공개 청구 결과.

도적 체류자는 1,474명이고, 2016년 난민 아동은 0세에서 18세 미만 879명으로 산출되고 있다.[4]

인간은 출생을 시작으로 발달이라는 단계적 과정에 들어서게 된다. 전통적인 발달 이론들은 발달 단계에 따른 과업의 성취에 관심을 두며 인간이 건강한 발달을 위해 필요한 요건들이 있음을 설명해 왔다. '유엔아동권리협약'에서는 난민 아동의 '생명, 생존과 발달의 원칙'(제6조)을 제시하고 있다.[5] 이는 난민 아동이 어느 국가로 난민을 신청하더라도 기본적으로 이들의 생명권, 생존권, 발달권이 보장되어야 한다는 것을 명시한 것으로 이해할 수 있다.

그러나, 난민 아동의 '생존과 발달의 원칙'은 난민 아동 부모의 체류 신분의 안정성, 일자리, 주거 환경 등에 영향을 받으며, 난민 아동의 '발달권'을 보장하기 위해서는 적절한 교육의 기회 제공, 또래 관계 형성의 가능성, 난민 아동에 대한 반사회적 가치가 배제된 학교 문화 등이 필요하다. 또한, 난민 아동의 발달은 정서적인 안정을 기반으로 해야 하는데 난민 아동은 피난 과정에서 경험했던 심각하고 고통스러운 신체적, 심리 사회적 외상의 영향도 있다.

난민 아동 보호를 위해 '생명, 생존과 발달의 원칙'을 내세우며 중요하다고 주장하고 있지만 정작 난민을 수용한 국가에서는 각 국가의 사정과 난민법과 정책에 따라 난민 아동은 보호받기도 하며 혹은 방임 상태에 놓이게 된다.

---

[4] 2017년 난민인권센터 행정 정보 공개 청구 결과, 위와 동일함.
[5] 고주애, 이상무. "유엔 아동 권리 협약 이행과 아동 청소년 권리 모니터링 권리 교육의 과제."「한국 청소년 학회 학술 대회」, (2017), 11.

고주애는 우리나라는 2012년 난민법을 제정했다고 설명하였다.[6] 이를 살펴보면, 우리나라의 난민법이 제정된 지는 9여 년밖에 지나지 않았고, 여전히 난민 아동 문제에 대한 이해도 부족하며 문제 해결을 위한 개선 방안도 논리적이고 구체적으로 다뤄지지 못하고 있다.

인간이 속한 환경에 주목했던 브론펜브레너(Bronfenbrenner)는 인간이 직면한 문제를 이해함에 있어 생태 체계적 관점에 근거한 이해를 제시하였다. 이를 난민 아동에게 적용해 보면, 난민 아동 개인이 직면한 문제, 부모 관계, 학교와의 관계, 지역 사회 기관 및 서비스 여건, 더 나아가 국가적인 법, 제도, 문화에 상호 영향을 받는 환경 속에 있는 난민 아동의 문제를 이해할 수 있을 것이다.

이러한 측면에서 난민 아동이 속한 환경을 구체적으로 이해하기 위해서는 개인인 난민 아동이 속한 체계, 부모와 학교 체계, 지역 사회 서비스 체계 그리고 사회 문화, 법적 체계를 중심으로 살펴볼 필요가 있다. 더욱이 최근 들어 우리나라의 난민 신청자 수가 증가하면서 난민 신청 후 난민 인정 자격을 부여받는데 1년이 넘게 소요되며 이러한 오랜 기다림 끝에도 매우 소수의 난민들만이 난민 인정 자격을 받는다고 밝혀지고 있어 이러한 상황에서 난민 아동의 문제 및 보호가 어떻게 이루어지는가에 대한 면밀한 고찰이 더욱 중요해지고 있다.[7]

이와 더불어 우리나라의 경우 2016년 이후 난민 신청 사유 중 기타 사유

---

6 고주애, 이상무. "유엔 아동 권리 협약 이행과 아동 청소년 권리 모니터링 권리 교육의 과제."「한국 청소년 학회 학술 대회」, (2017), 9-22.
7 고주애, 이상무. "유엔 아동 권리 협약 이행과 아동 청소년 권리 모니터링 권리 교육의 과제."「한국 청소년 학회 학술 대회」, (2017), 19쪽에서 보건복지부·한국 청소년 정책 연구원, 2017의 내용을 재인용함.

이외에 종교적인 문제[8]로 인해 난민을 신청한 신청자 수가 가장 높게 나타나고 있다. 이러한 부분은 성인 난민에게만 고려해야 하는 사항들이 아닐 수 있고 난민 아동을 수용하고 보호하는 측면에서도 고려해야 할 필요가 있기 때문이다.

따라서 필자는 오늘날 한국교회가 난민 아동에 대한 선교적 과제를 고찰하는 것은 매우 중요하다고 본다. 그럼에도 현재까지 진행된 선교학적 논의는 주로 성인 난민을 대상으로 하였을 뿐 난민 아동의 문제를 선교적 관점에서 해석하고 고찰한 연구는 매우 드물다. 이러한 부분을 보완하고자 이 장에서는 난민 아동의 문제를 생태 체계적 관점으로 분류하여 이를 기반으로 난민 아동의 문제를 이해하고 구체적이고 실제적인 선교 전략과 과제를 제언하고자 하였다.

2. 환경 체계와 난민 아동

인간의 신체, 정서, 사회적 성장은 환경과 밀접한 관련성을 갖는다. 인간의 발달을 이해하는 데 시간적인 관점을 적용한 시간의 흐름 속에서 나타나는 발달 성과를 볼 수 있다. 그러나, 환경과 인간 발달을 체계적이고 조직적으로 접목해 이해하는 것은 쉽지 않다. 따라서 환경 체계와 발달 단계에 놓인 아동을 이해하기 위해서 이를 체계적이고 논리적으로 접근하여 이해할 수 있는 모델이 도움이 된다.

---

[8] 우리나라의 경우 종교적인 문제로 난민을 신청한 난민이 정치적인 문제로 난민을 신청한 난민 신청자보다 높게 나타나고 있다. 또한, 국적국의 내전으로 인한 난민 신청 사유는 가장 낮은 순위로 나타났다.

위와 관련해서 개발된 생태학 이론에 기반한 브론펜브레너(Bronfenbrenne)의 생태학적 모델이 있다.[9] 생태학적 모델의 주요한 개념은 인간을 이해하는데 환경 체계와 인간 간의 상호 관련성 안에서 벌어지는 역동을 통해 환경에 영향을 받고 있는 인간을 이해한다는 것이다.

예를 들어, 난민 아동이 청소년 비행 행동을 보이며 많은 사회적인 문제와 비난을 받고 있다면 이러한 행동 문제를 개인의 책임으로만 돌리는 것이 아니라 이 아동이 속한 환경 체계 안에서의 사회, 문화, 제도적 문제점도 함께 파악할 수 있는 것이다. 이러한 과정을 통해 문제 행동의 원인을 진단하며 문제 해결을 위한 체계적 수준의 개입 마련이 가능하다는 것이다.

브론펜브레너는 '생태학의 본질인 환경에서 살아남은 종과 그렇지 못한 종의 특성을 이해하는 환경 적합성이 어떠한가'라는 생태학적 모델을 개발하였다. 브론펜브레너의 생태학적 모델은 최근까지도 아동, 청소년을 대상으로 하는 가정, 보육 시설의 아동 학대, 학교 폭력 등의 연구에서 활발히 적용되고 있는 모델이다. 이 모델에서 제시하고 있는 체계는 5개로 구성된다. 이 체계 구성을 살펴보면, 가장 기본적으로 미시 체계(micro system), 중간 체계(mezzo system), 외 체계(exo system), 거시 체계(macro system)로 구성된다.[10]

미시 체계는 대상을 중심으로 중간 체계, 외 체계, 거시 체계에 영향을 받은 관찰의 대상이다. 중간 체계는 미시 체계의 대상이 속한 직접적인 환

---

[9] 김성아. "작용-개인-맥락-시간 모델의 관점에서 본 초기 청소년의 환경 체계들과의 인지된 관계와 진로 성숙도," 「한국 아동 복지학」, (38) (2012), 5쪽에서 (Bronfenbrenner, 1995; 1999; 2000; 2006) 재인용함.

[10] 성아. "작용-개인-맥락-시간 모델의 관점에서 본 초기 청소년의 환경 체계들과의 인지된 관계와 진로 성숙도."

경으로 현재 다니고 있는 학교로부터 부정적이든 긍정적이든 영향을 받는 관계를 의미한다.

외 체계는 미시 체계의 대상이 속한 지역 사회, 국가의 환경으로 현재 미시 체계의 대상이 구체적인 도움과 지원을 받지 않더라도 구비되어 있는 사회 서비스, 언론 기관, 종교 시설 등을 말한다. 예를 들어, 교회, 아동 복지 시설, 문화 시설 등이 이에 속한다.

다음은 거시 체계로 거시 체계는 미시 체계의 대상에게 거시적 관점에서 직·간접적 영향을 미칠 수 있는 법, 사회 문화 특성 등이 이에 속한다. 난민 아동에게는 난민을 신청한 국가에서 난민 아동 보호법을 갖추고 있는가, 난민 수용 국가의 국민들은 난민에 대해 혐오적 태도와 인식을 갖고 있는가 등에 관한 것이다. 이러한 거시 체계는 하위 체계들 외 체계, 중간 체계, 미시 체계 등을 변화시키는 상호 영향력을 지닌다.

마지막으로 시간 체계는 미시, 중간, 외, 거시 체계 간의 상호 영향을 받으며 이러한 과정에서 난민 아동이 속한 환경의 변화가 난민 아동의 발달에 미치게 된다고 본다.

1) 미시 체계(micro system)

(1) 난민 아동의 정신 건강 문제

난민 아동은 신체적, 정신적 발달 단계에 있지만, 국적국에서 경험한 전쟁, 폭력, 학대에 노출되어 안정적 정서 발달을 이루어 나가는 데 큰 장벽에 직면하게 된다. 본국을 떠나 새로운 국가에서 난민 신청을 한 후에도 안정적인 체류 신분(난민 인정)을 획득하는 데 많은 시간이 소요되다 보니 난민 아동의 심리적 외상을 치료 받을 수 있는 기회를 놓칠 수 있다.

전쟁, 폭력, 기근 등에 노출된 난민 아동은 불안정한 정신 건강 상태를 보이게 되는데 루스팅, 키아 게이팅, 나이트, 젤트맨, 에리스, 킨지, 사제(Lustig, Kia-Keating, Knight, Geltman, Ellis, Kinzie … Saxe)에 따르면, 1990년부터 2003년까지 수행된 국외 연구들에서도 난민 아동의 정신 건강의 문제점을 보고했다고 제시하였다.[11]

난민 아동이 경험하는 정신 건강의 문제에 관해서는 브론스테인과 몽고메리(Bronstein & Montgomery)는 3,300명을 포함한 난민 아동의 정신 건강에 대한 체계적인 문헌 고찰 연구에서 가장 높은 난민 아동의 정신 건강의 문제점은 외상 후 스트레스 장애(PTSD)라고 보고했으며 다음으로 우울, 행동 문제들이 나타났다고 밝혔다.[12]

엔토우트와 율레(Ehntholt & Yule)는 난민 아동 중 전쟁과 폭력의 노출된 이력이 있는 난민 아동 및 청소년에 관한 연구에서 이들에게서 외상 후 스트레스, 불안, 슬픔 등이 관측되었다고 밝혔다.[13]

헵틴스톨((Heptinstall), 세트나(Sethna), 테일러(Taylor) 또한 이러한 심리적 문제들은 난민 아동이 새로운 국가로 이주한 이후에도 지속되고 있어 난민 아동의 정신 건강 문제가 국적국 내에서의 문제에 머물러 있지 않고 국적국의 문제를 피해 난민 캠프 혹은 난민 신청을 한 국가에서도 나타나는 문

---

[11] Lustig, S. L., Kia-Keating, M., Knight, W. G., Geltman, P., Ellis, H., Kinzie, J. D., … & Saxe, G. N. "Review of Child and Adolescent Refugee Mental Health," *Journal of the American Academy of Child & Adolescent Psychiatry*, 43(1)(2004), 24-36.

[12] Bronstein, I., & Montgomery, P. (2011). *Psychological distress in refugee children: a systematic review. Clinical child and family psychology review*, 14(1), 44-56.

[13] Ehntholt, K. A., & Yule, W. "Practitioner Review: Assessment and Treatment of Refugee Children and Adolescents who have Experienced War-Related Trauma," *Journal of Child Psychology and Psychiatry*, 47(12) (2006), 1197-1210.

제라는 점을 주목해야 한다고 설명한다.[14]

2) 중간 체계

(1) 부모의 정신 건강 및 가족 해체

난민 아동 부모의 정신 건강 상태가 난민 아동의 정신 건강에도 영향을 주게 된다. 헵틴스톨, 세트나, 테일러의 연구 결과에서도 확인할 수 있는데, 난민 아동의 외상 후 스트레스 수준과 심각성은 가족이 경험한 외상적 사건의 심각성 및 횟수와 연관되며 이들이 난민 신청을 하고 새로운 국가로 정착을 한 이후에도 부모의 정신 건강 상태가 난민 아동의 정신 건강에 영향을 주게 된다고 설명한다.[15]

난민 아동의 부모가 본국에서 어느 정도 수준의 전쟁, 기근, 학대, 죽음 등과 같은 외상적인 사건에 노출되었는가에 따라 난민 아동의 정신 건강 상태가 좌우됨을 파악할 수 있다. 특히, 난민 부모가 피난 후 불안정한 생활에 노출되는 기간이 길어질수록 난민 부모와 이들의 자녀의 정신 건강은 더욱 큰 위험 수준에 도달하게 된다.

몽고메리(Montgomery, E.)는 중동 지역 난민 아동이 경험한 전쟁, 폭력, 가족 해체에 관해 보고하였는데, 난민 아동 28%의 아버지, 어머니가 고문을 당했고 아버지가 고문을 당한 비율이 어머니보다 높게 나타났으며 또한 난민 아동 대부분이 폭력과 학대로 인해 난민촌에서 거주 시 부모와 한 달

---

14 Heptinstall, E., Sethna, V., & Taylor, E. "PTSD and Depression in Refugee Children." *European child & Adolescent Psychiatry*, 13(6), (2004), 373-380.

15 Heptinstall, E., Sethna, V., & Taylor, E. "PTSD and Depression in Refugee Children," 373-380.

이상 분리된 경험도 보고되었다.[16]

또한, 이 연구는 난민 아동이 불안을 느끼는 원인이 낯선 난민촌에 거주해야 하고 주변에는 고문, 폭력, 전쟁으로 외상을 입은 이웃과 마주해야 하며, 안전하게 놀 수 없는 환경, 직접적 폭력 피해, 부모와의 헤어짐, 부모의 폭력에 노출 등으로 보고하였다.[17]

난민 발생 국가의 분쟁은 풍부한 자원이 원인이 되기도 하고 종교적 이유가 원인이 되기도 한다. 난민 아동은 피난민이 되는 과정에서 부모의 사망, 난민 여자 아동의 강간 위험성, 교육 기회가 박탈되며 생존을 위한 노동에 내몰리는 경험을 하게 되기도 한다.[18]

2018에 보도된 「한겨레 신문」의 '나눔 꽃 캠페인 케냐 난민 캠프 15살 가장 마리암이 말하는 평화란?'

이 사례에서는 여자 난민 아동의 조혼, 성폭행에 노출되고 이후 난민 캠프에서 편견과 차별받는 경험이 보고되었다. 난민 캠프에서 난민 아동은 특별 보호의 존재로 인정받지 못했다. 이러한 문제는 난민 아동이 스스로 자신을 보호할 수 없는 법적, 제도적 지원이 필요한 문제임을 파악할 수 있다.

(2) 난민 부모의 불안정한 체류 신분과 일자리 문제

난민 신청 인정 확인 기간에서 난민 아동은 불안정한 생활 환경에 노출되

---

[16] Montgomery, E. . "Refugee Children from the Middle East," *Scandinavian Journal of Social Medicine Supplementum*, 54, (1998), 1-152.

[17] Montgomery, E., "Refugee Children from the Middle East." *Scandinavian Journal of Social Medicine Supplementum*, 54, (1998), 1-152.

[18] <한겨레> '나눔꽃 캠페인 케냐 난민캠프 15살 가장 마리암이 말하는 평화란?' http://www.hani.co.kr/arti/society/society_general/872087.html(2018년 11월 30일 확인.)

는 시간이 늘어날 수밖에 없다.[19] 난민 심사 기간의 장기화는 결국 체류 연장으로 이어지고 있으며, 이 과정에서 난민이 체류 연장 비용에 대한 부담과 체류 연장 허가에 대한 불확실성과 함께 일자리, 주거 등의 생활을 위협하게 한다.

표 1-1 2017년 기준 체류 허가 결과[20]

항목	내용
체류 기간 연장을 신청한 난민 신청자 수	11,376명
난민 신청자 체류 기간 연장 신청 접수 건수	30,813건
난민 신청자 체류 기간 연장 허가 건수	28,574건
난민 신청자 체류 기간 연장 불허 건수	2,239건

자료: 난민인권센터에서 제시한 "난민 신청자 체류 현황"

우리나라의 경우 난민 아동 부모의 난민 신청 인정 여부에 따라 국가 지원이 다르게 적용되고 있으며, 헵틴스톨, 세트나, 테일러는 난민 아동의 우울 수준은 경제적인 상태와 연관되고 있다고 설명한다.[21] 난민의 지위에 관한 협약, 제1조를 살펴보면, 난민 아동은 부모에게 종속된 대상으로 부모가 인종, 종교, 국적으로 인해 박해를 받고 공포를 느끼게 될 경우 난민이

---

[19] 홈페이지에 공개된 정보에 따르면 난민 심사에 소요되는 기간을 대략 평균 3~4년으로 제시하고 있으며, 이와 같은 장기화된 심사 기간으로 인해 단기 체류 신분을 유지하기 위한 번거로움이 지적되고 있다.

[20] 난민인권센터(http://nancen.org/1734), 난민인권센터 행정 정보 공개 청구 결과, "국내 난민 신청자 처우 현황-체류, 취업 허가 편 (2017.12.31. 기준) 중 2017년 난민 신청자 (G-1-5 비자 소지자) 체류 허가 현황('17.1.1~12.31 기준)."

[21] Heptinstall, E., Sethna, V., & Taylor, E. "PTSD and Depression in Refugee Children." 373-380.

된다. 난민 신청 이후 6개월 이후에야 취업 허가가 내려지는 것이다.[22]

다음 <표-2>와 같이 난민 신청자의 취업 허가가 매년 증가하고 있지만, 이들의 노동의 질과 난민의 능력이 연계되고 있지 않아 일용직에 머무는 일에 주로 종사하고 있는 문제들이 지적되고 있다.

표 2 난민 신청자의 취업 허가 결과[23]

합계	'13년	'14년	'15년	'16년	'17년
14,282	327	1,024	2,474	4,513	5,944

자료: 난민인권센터에서 제시한 "난민 신청자 체류 자격 외 활동 허가 현황"

(3) 교육 기회 박탈 및 적절한 교육 지원의 부재

난민 아동은 교육 기회에서 배제되거나 차별을 받는 문제가 나타난다. 쿨버트슨과 콘스탄트(Culbertson & Constant, 2015)는 시리아 전쟁이 중동 지역의 미래를 책임질 아동들의 교육을 파괴하고 있다고 보고하였다.[24]

UNHCR에 따르면, 40%에도 못 미치는 시리안 난민 아동이 공적 교육을 받고 있다고 보고 했으며, 시리아 난민 아동들은 학령기에 속한 연령 집단으로 연령별 교육 과정이 필요한데 이 연구에서는 542,000명의 시리아 난민 아동이 레바논, 터키, 요르단에서 공교육을 받지 못하며 언어 장벽, 본국의 사회 문화, 역사적 관점으로 구성된 교육 과정에 대해 적응의 어려

---

22 난민인권센터(http://nancen.org/1734), 난민인권센터 행정 정보 공개 청구 결과, "국내 난민 신청자 처우 현황-체류, 취업허가 편 (2017.12.31기준) 중 연도별 난민 신청자 체류 자격 외 활동 '허가' 현황 (2017.12.31 기준)."
23 356번 각주 내용 누락됨.
24 Culbertson, S., & Constant, L. *Education of Syrian Refugee Children: Managing the Crisis in Turkey, Lebanon, and Jordan*, 2015.

움을 나타낸다고 밝히고 있다.[25]

따라서, 난민 아동의 교육 기회에 대한 보장에 대해 부처(Butcher), 모도키(Motoki), 파우리스(Paullis), 손(Son), 토마스(Thomas), 와그너(Wagner)는 난민 아동들이 새로운 국가에서 적응에 대한 관심이 필요하다고 주장한다.[26] 특히, 이 연구는 난민 아동을 수용한 국가들이 난민 아동의 사회적 관계, 놀이, 학습 등에 관한 관심을 더욱 가지고 이들의 적응에 대한 실제적인 도움을 주어야 한다고 설명한다.[27]

우리나라의 난민법(제34, 35, 36조)에 따르면, 19세 미만의 자녀가 있는 난민 인정자의 자녀는 교육 기회와 지원비가 명시되어 있다. 교육의 종류로는 언어 교육 및 직업 교육, 외국에서 취득한 교육도 인정해 주고 있다. 난민법(40, 41, 43조)에서는 난민 신청자의 주거, 의료, 난민 자녀의 초·중등 교육 지원에 관한 보장을 규정하고 있다. 현행 난민법은 난민 신청자 및 그 가족 중 미성년자인 외국인은 국민과 같은 수준의 초등 교육과 중등 교육을 받을 수 있다고 규정한다. 이러한 난민법에 의거하여 난민 아동이 초등학교·중학교에 입학하려면 학교장에게 입학 또는 전학을 요구할 수 있게 되어 있다('초·중등 교육법'의 시행령 제19조와 제75조).

그러나 최근 신문 보도에 따르면,[28] 학교장이 재량으로 입학을 거절할

---

25 Culbertson, S., & Constant, L. *Education of Syrian Refugee Children: Managing the Crisis in Turkey, Lebanon, and Jordan*, 2015.
26 Butcher, K., Motoki, H., Paullis, E., Son, E., Thomas, H., & Wagner, A. "Literature Review: Occupational Analysis of Resettled Children of Refugee Background in the United States," 2018.
27 Butcher, K., Motoki, H., Paullis, E., Son, E., Thomas, H., & Wagner, A. "Literature Review: Occupational Analysis of Resettled Children of Refugee Background in the United States," 2018.
28 361번 각주 내용 누락.

수 있는 권한으로 인해 입학이 거절된 사례가 보고되었다. 실제로 2015년 '영종도 난민 지원 센터'에 입소한 난민 신청 아동의 사례가 있는데 한국인 학생과 정서적인 충돌 가능성을 제기하면서 난민 아동들의 입학이 거부당해 이들은 거주하고 있는 난민 지원 센터에서 상당히 거리가 있는 학교에 다니게 되었다.[29]

노충래, 윤수경, 김신영의 연구는 국내에 거주하고 있는 18세 이하의 난민 아동 70명을 대상으로 수행한 연구에서 난민 아동의 체류 자격으로는 난민 신청자가 가장 많았고 인도적 체류, 인정자, 재정착 난민의 비율은 유사하게 각각 22% 정도였고, 체류 기간은 5년 이상이 되는 경우가 41% 정도로 나타나 난민 아동의 체류가 장기적이라는 특성이 보였다.[30] 이는 난민 아동의 교육권 보장이 상당히 중요한 부분을 차지하고 있음을 확인할 수 있는 부분이다.

3) 외 체계(exo system)

(1) 난민법의 한계

난민에게 있어 가장 중요한 보장은 국적 취득이다. 이러한 국적 취득은 난민 아동, 청소년의 삶에도 영향을 준다. 그러나 난민법이 제정되었음에도 불구하고 법과 현실과의 간극이 벌어지고 있다. 김세진(2017)은 국내 체류하고 있는 난민의 생계권, 주거권, 건강권, 교육권에 관한 설명에서 난민

---

[29] 시사 IN 2018년 11월 08일 목요일, "'난민'이기 이전에 '아동'입니다." https://www.sisain.co.kr/?mod=news&act=articleView&idxno=33082
[30] 노충래, 윤수경, & 김신영, "국내 난민 아동의 문화 적응 스트레스가 우울에 미치는 영향." 「한국 아동 복지학」 (63) (2018), 23-53.

들의 생계권으로 김세진(2017)은 생계비 지원이 우리나라 난민법(제40조 제1항)에 있지만, 이 신청이 거부될 경우 난민은 사실상 아무런 지원을 받을 수 없게 되는 상황에 처하게 된다고 설명한다.[31]

또한 김세진(2017)은 국내 체류하고 있는 난민들은 매월 돈을 지불해야 하는 월세에 살거나 일하는 곳에서 제공하는 곳에 거주하고 있다고 보고하였다. 즉, 대부분의 난민의 일자리가 안정적이지 않은 것으로 알려져 있는데, 이는 매월 월급을 담보할 수 없고 해고를 당할 경우 임시적인 거처가 필요함을 의미한다. 이러한 성인 난민의 불안정한 주거권은 난민 아동의 잦은 이사 혹은 임시 거처에서 지내게 되는 경우가 발생하여 학교를 지속적으로 다닐 수 없거나 안정적인 또래 관계를 형성하는 데 방해가 될 수 있다.

김세진(2017)은 난민의 건강권으로 난민 인정자의 경우 국민 의료 보험 수혜 자격이 주어지지만, 보험료 납입에 대한 경제적인 부담이 밝혀지고 있다. 이는 난민 아동에게 직접 적용되는 사항으로 난민 부모가 국민 건강 보험료를 내지 않는 경우 병원 치료 혹은 검진을 받는 것을 포기하게 되어 결과적으로 난민 아동에 대한 의료 방임이 발생할 수밖에 없는 상황에 놓이게 된다. 우리나라의 경우 난민 심사 기간이 장기화되고 있어 난민 가족 및 아동의 건강권은 더욱 큰 위험에 빠질 수 있다. 특히, 난민 아동의 정신 건강은 잘 확인되지 않기 때문에 정신 건강의 치료는 배제되기 쉽다.

(2) 난민 아동의 국적 문제

난민 아동의 부모는 본국에서 내전, 정치적 박해, 경제적 붕괴, 재난 등

---

[31] 김세진, "한국 사회는 난민을 어떻게 바라보는가," 「기독교사상」, 708 (2017). 37-46.

으로 인한 생활권이 보장되지 않아 떠나온 사람들로 이러한 상황에서 아이의 출생은 국적에 관한 모호함, 출산 환경에서의 의료적 한계를 경험하였다. 특히, 난민 아이의 출생에 따른 국적 취득의 문제는 '유엔 아동권리협약'에 따라 난민 아동의 국적 취득 보호를 권고하며 명시하고 있다.

그러나 우리나라의 경우 부모의 국적에 따라 한국인으로 인정해 주는 속인주의를 따르고 있어 국적을 취득하지 못하는 난민 아동이 발생하고 있으며, 이는 난민 아동의 교육 및 안정적인 발달을 위한 기본권을 보장하지 못하는 주요한 원인으로 지적되고 있다. 따라서 한국에서 출생한 모든 아동이 출생 즉시 정확한 출생 정보가 공공 기관에 신고 될 수 있도록 보장하라고 수차례 권고를 받은 사례가 지적되고 있다.[32]

4) 거시 체계

■ 난민 보호 가치의 왜곡

난민을 사회적 불안 요인으로 여기게 되는 것은 세계에서 발생하고 있는 테러 문제와 관련성이 높고 이러한 국제 사회의 테러 문제가 어느 정도 해결되지 못하면 난민은 잠재적인 테러리스트로 간주되기 때문에 난민을 둘러싼 사회적인 불신감 혹은 거부감이 확산될 수 있다. 이로 인해 난민 캠프에서의 지원 정책 및 제도가 단절될 수 있고, 난민 신청자의 국내 취업도

---

[32] 플랜코리아, 아동 인권과 보편적 출생 신고 위한 'I'm sorry 캠페인' 동참.
[2] 018-11-13 15:38 http://news.heraldcorp.com/view.php?ud=20181113000690.

제한되어 난민 아동은 불안정한 경제 상태에 빠지게 된다.

또한, 난민 아동이 학교에 가도 잠재적인 테러리스트의 자녀로 간주되어 아무리 우리나라의 난민법에서 난민 신청자, 인도적 체류자, 난민 인정자 모든 그룹에 초·중등 교육이 가능하다고 제시하여도 학교장이 학부모와 학생들의 의견을 고려하여 난민 아동의 입학을 거부할 수 있다. 또한, 난민 아동의 입학이 허락된다 하여도 국내의 다문화 아동, 청소년과는 달리 이들은 또래 그룹에 들어가기도 어렵고 차별을 받게 된다.

표 3 난민 신청자의 난민 사유[33]

연도	합계	정치적 의견	종교	인종	특정 사회집단 구성원	가족결합	국적	기타
2008	364	126	67	66	29	-	0	76
2009	324	88	83	3	20	-	0	130
2010	423	79	57	86	7	-	0	194
2011	1,011	266	151	83	55	-	0	456
2012	1,143	348	291	35	52	29	3	385
2013	1,574	289	369	78	63	65	2	708
2014	2,896	595	903	106	169	114	7	1,002
2015	5,711	1,397	1,311	200	721	43	7	2,032 (내전428)
2016	7,542 (+1,831)	601 (+401)	1,856 (+545)	38 (+31)	1,224 (+503)	297 (+254)	38 (+31)	2,166 (내전227) (+134)
2017	9,942 (+2,400)	1,565 (+961)	2,927 (1,071)	778 (+740)	1,101 (-123)	267 (-30)	32 (-6)	3,272 (내전179) (+1,106)

자료: 난민인권센터에서 제시한 "난민 신청자 사율별 현황"

---

[33] 난민인권센터(http://nancen.org/1734), 난민인권센터 행정 정보 공개 청구 결과, "국내 난민 신청자 처우 현황-체류, 취업 허가 편 (2017.12.31기준) 중 신청 사유별 난민 신청자 현황 ('08-'17.12)"

3. 선교 실천과 과제에 관한 고찰

난민 아동에 대한 선교적 과제는 통합적인 선교(Wholistic Mission)적 차원에서 접근해야 한다. 난민 아동을 위한 정부와 비정부기구(NGO), 그리고 지역교회의 선교적 실천이 요구되며, 함께 연대하여 파트너십을 가지고 문제를 해결해 나아가야 한다.

1) 기독교의 "환대적" 선교를 위한 실천 방안

로스 랑그미드(Ross Langmead)는 난민 아동을 보호하고 안전한 삶을 영위하면서 선교적 실천을 이뤄 나갈 수 있는 환대적 선교 특징을 제시하였다. 이를 살펴보면 다음과 같다.

첫째, 가장 기본이 될 수 있는 부분으로 난민 아동에 대한 이들의 권리 보호에 대해 제시한다.
둘째, 난민 아동의 권리 보호와 같은 일들이 구체적으로 실현 가능하도록 정치적 차원의 참여를 제안한다.
셋째, 본국을 떠나 갈 길을 몰랐던 이들이 정주할 수 있도록 난민 아동의 정주 문제를 해결해 준다.
넷째, 쉘터(shelter)와 같은, 잠시 피해 있을 처소를 제공해 준다.
다섯째, 교회가 이들을 환대하는 문화를 조성한다.
여섯째, 이들에 대한 지식을 갖춰 이해의 폭을 넓힌다.
일곱째, 난민들의 종교를 이해의 관점에서 접근하여 소통한다.
여덟째, 윤리적 관점을 갖고 대한다.

아홉째, 식사를 통해 나눈다.
열째, 예수님이 보이셨던 섬김과 사랑의 실천을 통해 예수 그리스도를 초청한다.[34]

이로써 랑그미드가 설명한 바와 같이 난민 아동에 대한 기독교적인 실천의 가치는 환대적 선교 관점에서 논의되어야 할 필요가 있다고 본다.

위와 관련하여 구체적인 실천 방안을 논의해 보고자 한다. 기독교는 난민 아동이 갖고 있지 않은 정치적 발언권, 시민권을 이해하며 이들의 인권 옹호를 위한 구체적인 활동이 필요하다. 예컨대, 이들의 인권을 옹호하는 기독교적인 입장을 명확히 밝히고 이를 위한 국제 아동 보호 기관과 비정부기구(NGO) 단체와의 협력적 활동을 전개해 나가야 한다.

또한, 쉘터와 같은 임시 보호처 제공에 참여하여야 한다. 난민 아동의 부모는 불안정한 일자리로 인해 생활비 마련이 어렵고, 교회는 지역 사회의 난민 가족을 파악하여 음식과 임시 보호 주거를 제공함으로써 국가에서 지원하는 주거와 생계비의 제도적 기준이 엄격해서 이에 배제된 난민 가족을 도울 수 있다.

특히, 난민 가족 중에는 이슬람과 같은 타종교 가족이 있는데 이에 대해 처벌적 관점을 지양하고 다양한 종교를 이해하고 그들의 가치를 배려해야 할 필요가 있다.[35] 이로써 환대 선교의 중추적 가치인 '식탁으로의 초대와 환대'를 실현할 수 있을 것이다. 이는 궁극적으로 그리스도를 접하게 하고 알아가게 하는 중요한 시도가 될 것이다. 현한나는 다음과 같이 언급한다.

---

34 Ross Langmead, "Refugees as Guests and Hosts: Towards a Theology of Mission among Refugees and Asylum Seekers," *Exchange* 43, no, 1 (2014), 29-47.

35 현한나, "이주와 난민신학 기반세우기"「선교신학」제55집 (2019), 450.

섬김의 자리에서 환대를 받은 자가 타인이 아닌, 곧 예수 그리스도이셨음에 대한 교회의 고백으로 신의 임재 경험은 환대에 대한 본질이 우리가 아닌 그리스도의 임재에서 시작되며, 또한 환대는 하나님의 성품과 그분의 선교에서 시작된다는 '미시오 데이'를 보여준다.[36]

따라서, 연구자는 난민 아동에 대한 기독교의 환대가 난민 아동뿐만 아니라 이들의 가족까지 결과적으로 그리스도를 이들의 삶을 통해 알게 하는 것이고 이는 중요한 실천적 선교적인 과제라고 여긴다.

2) 난민 아동과 가족에 대한 정신 건강 지원 및 건강 지원

각 교단 협의체와 지역 교회의 도움을 청하여 구체적 선교적 실천의 일환으로 난민 아동의 정신 건강과 건강 지원에 참여해야 한다. 특히, 난민 아동의 정신 건강을 지원하기 위해서는 난민 아동 개인뿐만 아니라 이 아동이 속했던 가정, 집단의 특성을 파악하고 이에 기반한 지원의 필요하다. 정신 건강뿐만 아니라 신체 건강 및 감염 보호도 필요하다.

포티(Pottie), 그린웨이(Greenaway), 한산(Hassan), 후이(Hui), 키메이어(Kirmayer)[37]는 캐나다의 난민 정착을 위해 난민 보건 시스템을 통한 난민 아동의 폐결핵, HIV, 홍역, 디프테리아, 소아마비 등 접종의 필요성을 제시하

---

36 현한나, "이주와 난민신학 기반세우기," 451.
37 Pottie, K., Greenaway, C., Hassan, G., Hui, C., & Kirmayer, L. J. "Caring for a Newly Arrived Syrian Refugee Family," *Canadian Medical Association Journal*, 188(3) (2016) 207-211.

였다.³⁸ 따라서 지역 교회와 각 교단의 협의체는 정부, 지역 병원들과 협력하여 난민이 필요한 의료 서비스 제공에 참여해야 할 것이다. 특히, 아동의 정신 건강 치료 및 감염 방지, 예방 접종에 적극적으로 동참하는 것이 필요하다.

3) 교회가 난민법과 난민 인권 옹호에 목소리 내기

고광석은 작년에 예멘 사태에서 볼 수 있듯이 허술한 우리나라 난민법이 방향 설정을 하지 못해서 난민들에게 더 큰 어려움을 준 문제점을 지적하였다. 난민법이 난민들의 삶에 미치는 영향은 합법적 체류 신분 획득, 정착 지원비 지원을 받게 되어 안정적인 생활 기반을 마련하는 데 도움을 받게 된다.³⁹

그러나, 난민법에 기초한 난민 인정을 위한 심사 결과 기간이 2-3년 이상 소요되어 결과를 기약 없이 기다리는 동안 난민들 사이에 여러 불법 및 탈법 행위가 나타나고 있다. 이러한 난민 인정 기간이 장기화되면서 나타나는 문제를 교회가 인지하고 보다 실효성 있는 행정 처리가 될 수 있도록 난민법 개정에 난민을 옹호하는 목소리를 내고, 이 기간 동안 난민 가족을 위한 일자리, 주거, 의식주 문제를 지원하는 일에 적극 참여해야 할 것이다.⁴⁰

---

38 Pottie, K., Greenaway, C., Hassan, G., Hui, C., & Kirmayer, L. J. "Caring for a Newly Arrived Syrian Refugee Family," 210-211.
39 고광석, "난민에 대한 기독교적 이해와 한국교회의 대응 방안,"「복음과 선교」제43집 (2018), 41-43.
40 고광석, "난민에 대한 기독교적 이해와 한국교회의 대응 방안, 48-49.

특히, 난민 신청 결과가 지연되고 많은 시간이 소요되고 있는 현실에서 지역교회가 연합하여 선교적인 비전을 갖고 난민 아동에 대한 구체적인 실천 활동을 전개해 나간다면, 이를 통해 중요한 이웃에게 섬기고 나누는 그리스도의 사랑을 알게 하여 선교적인 사명을 이루어 나갈 수 있을 것으로 본다.

4) 기독교와 지역 교회의 교육 지원 문제

난민 아동의 교육 단절과 교육 습득에 있어 직면한 여러 장벽을 해결하기 위해 유엔 아동 기금(UNICEF-The United Nations Children's Fund)과 지역교회들이 협력하여 난민 아동의 교육 단절과 장벽을 해소하기 위한 교육 지원 프로그램 마련 및 제공이 필요하다. 특히, 난민 아동에게 제공되는 교육은 난민 아동 부모의 법적 체류 신분, 종교 등과 관계없이 이 난민 아동 맞춤형 교육 커리큘럼을 개발하여 제공하여야 할 것이다. 이와 같이 교회가 난민 아동 교육을 지원하여 난민 아동의 발달권을 보호함으로써 교회가 난민 아동 교육에 대한 선교적인 사명을 감당할 수 있으리라 본다.

5) 난민 아동 선교를 위한 지역교회와 선교 단체의 연합

난민 아동 선교는 이들이 새로운 국가에서 뿌리내리며 살게 되면서 영적 지원과 보호를 받을 수 있게 한다는 점에서 매우 중요한 과제이다.

사실 지역교회와 선교 단체가 연합하여 사역하되 보다 전략적인 차원에서 난민들의 출신 지역에서 사역했던 전문 사역자(선교사)들이 사역을 총괄

하도록 해야 한다.[41]

　예를 들면, 이슬람 지역에서 선교했던 전문가가 이슬람 지역에서 온 난민들을 위하여 일하게 하는 것이다. 이들은 아랍어, 이슬람 문화와 정서들을 알기에 보다 효율적인 선교를 감당하게 될 것이다. 교회와 선교 단체는 전문 사역자들을 지원하고 협력한다면, 전문 사역자들은 봉사와 섬김, 그리고 복음화에 보다 집중할 수 있다.[42]

4. 나가는 말

　이 장의 결론으로 난민 아동의 건강한 지적, 정서적, 신체적 발달을 지원할 수 있는 체계적인 지원을 고려한 교회와 지역 사회, 정부 간의 협력이 필요함을 확인할 수 있었다.
　미시 체계를 통해 확인한 것과 같이 난민 아동이 직면한 심리적 트라우마를 치료할 수 있는 치료 체계를 마련하여 정서적인 안정을 통한 신체적, 교육적인 성장을 도모해야 할 것이다. 이뿐만 아니라 난민 아동이 직면한 문제에 대한 욕구 파악조차 미비한데 이에 대한 욕구 조사가 구체적으로 시행되어야 할 것이다.
　중간 체계에서는 난민 아동의 가족 해체 경험, 난민 부모의 불안정한 일자리, 적절한 교육 과정 이수의 문제점을 알 수 있었고, 외 체계에서는 난민 관점에서 난민 인정에 대한 행정 절차가 진행되기보다 각 국가의 처지

---

[41] 고광석, "난민에 대한 기독교적 이해와 한국교회의 대응 방안," 48-49.
[42] 고광석, "난민에 대한 기독교적 이해와 한국교회의 대응 방안," 48-49.

와 형편에 맞춘 행정 절차로 인해 난민 부모의 불안정한 국적 신분 상태로 인해 난민 아동의 의료 보호권, 생활권, 교육권이 위협받고 있다.

거시 체계에서는 난민 보호에 대한 왜곡된 가치와 관련된 성인 난민과 아동에 대한 차별이 있다. 이러한 사항들을 전반적으로 고려한 생태 체계적 관점에서의 난민에 대한 환대적 선교 방침, 난민 아동의 신체, 정서적 건강 지원, 난민의 실제 생활 상태를 고려한 실정에 맞는 난민법 구축을 위한 교회의 입장 표명, 난민 아동의 교육 단절 예방 및 특별 교육 과정을 위한 교회의 노력 등에 관한 선교적 과제를 제시할 수 있었다.

이 장이 난민 아동의 신체, 정서, 교육적 환경 개선을 위한 선교적 과제의 필요성을 일깨우며 이러한 선교적 실천이 행하여지는 데 기초 자료가 되길 기대한다.

참고 문헌

국내 도서

강희경. "아동기 우울에 영향을 미치는 생태 체계 요인."「한국 콘텐츠 학회 논문지」15(12), (2015), 326-335.

고주애, & 이상무. "유엔 아동 권리 협약 이행과 아동 청소년 권리 모니터링 권리 교육의 과제."「한국 청소년 학회 학술 대회」(2017), 9-22.

고광석. "난민에 대한 기독교적 이해와 한국교회의 대응 방안."「복음과 선교」43집 (2018), 13-61.

김성아. "작용-개인-맥락-시간 모델의 관점에서 본 초기 청소년의 환경 체계들과의 인지된 관계와 진로 성숙도."「한국 아동 복지학」(38) (2012), 7-37.

노충래, 윤수경, 김신영. "국내 난민 아동의 문화적응 스트레스가 우울에 미치는 영향."「한국아동복지학」(63) (2018), 23-53.

난민인권센터(http://nancen.org/1734). 난민인권센터 행정 정보 공개 청구 결과, "국내 난민 신청자 처우 현황-체류, 취업 허가 편 (2017.12.31. 기준) 중 2017년 난민 신청자(G-1-5 비자 소지자) 체류 허가 현황('17.1.1~12.31 기준)."

난민인권센터(http://nancen.org/1734). 난민인권센터 행정 정보 공개 청구 결과, "국내 난민 신청자 처우 현황-체류, 취업 허가 편 (2017.12.31. 기준) 중 연도별 난민 신청자 체류 자격 외 활동 '허가' 현황 (2017.12.31 기준)."

이미선, 홍사훈. "Bronfenbrenner의 생태학적 체계 이론을 통한 정신 지체 학생의 공격 행동에 대한 분석과 이해에 관한 사례 연구."「특수 교육학 연구」45 (2010), 21-38.

신윤희, 박정희, 최미향, 이효신. "발달 장애 아동 행동 지원에 대한 실태 및 요구 분석 연구. 정서."「행동 장애 연구」24(4) (2010), 337-352.

홍선기. "유럽 인권 법원의 난민 보호와 우리의 방향-인권에 내재된 국가의 적극적 작위 의무." 241-267.

한종현, 황승종. "우리 난민 법제에서 가족 결합 원칙의 의의와 한계."「법학 연구」59(2) (2017), 287-320.

현한나. "이주와 난민 신학 기반 세우기."「선교신학」제55집 (2019), 450.

플랜코리아, 아동 인권과 보편적 출생 신고 위한 'I'm sorry 캠페인' 동참 2018-11-13 15:38 http://news.heraldcorp.com/view.php?ud=20181113000690

난민인권센터(http://nancen.org/). 난민인권센터 행정 정보 공개 청구 결과

시사IN. 2018년 11월 08일 목요일, "'난민'이기 이전에 '아동'입니다." https://www.sisain.co.kr/?mod=news&act=articleView&idxno=33082

<한겨레> "나눔꽃 캠페인 케냐 난민 캠프 15살 가장 마리암이 말하는 평화란?" http://www.hani.co.kr/arti/society/society_general/872087.html(2018년 11월 30일 확인).

해외 도서

Bronstein, I., & Montgomery, P. "Psychological Distress in Refugee Children: a Systematic Review." *Clinical Child and Family Psychology Review*, 14(1), 2011, 44-56.

Butcher, K., Motoki, H., Paullis, E., Son, E., Thomas, H., & Wagner, A. "Literature Review: Occupational Analysis of Resettled Children of Refugee Background in the United States," 2018.

Culbertson, S., & Constant, L. *Education of Syrian Refugee Children: Managing the Crisis in Turkey*, Lebanon, and Jordan, 2015.

Ehntholt, K. A., & Yule, W. "Practitioner Review: Assessment and Treatment of Refugee Children and Adolescents who have Experienced War-Related Trauma," *Journal of Child Psychology and Psychiatry*, 47(12) (2006) 1197-1210.

Fazel, M., Reed, R. V., Panter-Brick, C., & Stein, A. *Mental Health of Displaced and Refugee Children Resettled in High-Income Countries: Risk and Protective Factors*. (The Lancet, 2012), 266-282.

Heptinstall, E., Sethna, V., & Taylor, E. "PTSD and Depression in Refugee Children." *European child & Adolescent Psychiatry*, 13(6), (2004), 373-380.

Heptinstall, E., Sethna, V., & Taylor, E. "PTSD and Depression in Refugee Children. 373-380.

Lustig, S. L., Kia-Keating, M., Knight, W. G., Geltman, P., Ellis, H., Kinzie, J. D., ⋯ & Saaxe, G. N. "Review of Child and Adolescent Refugee Mental Health," *Journal of the American Academy of Child & Adolescent Psychiatry*, 43(1), (2004), 24-36.

Montgomery, E. "Refugee Children from the Middle East." *Scandinavian Journal of Social Medicine Supplementum*, 54, (1998), 1-152.

Papageorgiou, V., Frangou-Garunovic, A., Iordanidou, R., Yule, W., Smith, P., & Vostanis, P. "War Trauma and Psychopathology in Bosnian Refugee Children." *European child & adolescent psychiatry*, 9(2), (2000), 84-90.

Pottie, K., Greenaway, C., Hassan, G., Hui, C., & Kirmayer, L. J. "Caring for a Newly Arrived Syrian Refugee Family," *Canadian Medical Association Journal*, 188(3) (2016) 207-211.

Ross Langmead, "Refugees as Guests and Hosts: Towards a Theology of Mission among Refugees and Asylum Seekers,"*Exchange* 43, no, 1 (2014), 29-47.

제9장

남북 통일을 향한 한국교회의 선교

1. 들어가는 말

　남북 문제가 최근의 극단적인 상황으로 대치되었다. 북한은 2016년 1월 6일 수소탄 핵 실험, 그리고 2월 7일 장거리 핵 미사일 광명성 4호 발사, 급기야 우리 남한의 2월 12일 개성 공단 폐쇄, 또한 사드 배치 논의, 북한의 포 발사, GPS 전파 교란, 북한 조국 평화 통일 위원회의 정부(박 대통령)를 향한 막말, 최근에 북한의 핵 실험, 북미 갈등의 고조 등으로 인하여 남북 관계가 갈등과 악화로 변하여 지금 대치 국면으로 전쟁에 대한 위협 가운데 놓여 있다.

　이러한 가운데 2016년 9월 9일 북한 5차 핵 실험(4차 핵실험 2016년 1월 6일, 5차 핵 실험은 4차 핵실험의 2배의 폭발력을 가짐)은 남북 간의 문제뿐만 아니라 북한과 미국과의 관계, 중국과 미국과의 관계, 한국과 일본, 중국의 관계 등이 여러 가지 양상으로 국제적인 이슈가 되고 있다. 북한 핵 실험의 국제적인 이슈와 문제는 남한 정부의 깊은 고민이 아닐 수 없다.

　또한, 한국교회도 깊이 생각하며 고민해야 할 중대한 이슈와 과제이다. 남북 통일에 대한 논의는 국제적이고, 남한의 정부적인 차원을 넘어서서 한국교회의 선교적 논의에 있어서도 중요한 과제이다. 그러므로 남한교회와 기독교인들은 남북 관계에 대한 변화 추이에 관심을 갖고, 통일에 대한 인식의 전환이 요청된다.

이러한 남북 관계에서 기독교인과 교회가 어떻게 역사적으로 참여하였는가?

기독교의 관점에서 북한을 선교 현장으로 생각한다면, 남한 기독교인들은 북한에 대한 인식이 선행되어야 한다. 따라서 남한 기독교인들이 북한 선교를 준비를 위해서 인식의 틀과 함께 북한 선교를 논의해야 한다.

한국교회가 통일을 바라보는 시각은 에큐메니칼(Ecumenical) 입장과 복음주의(Evangelical)의 입장에 분명한 차이가 있다. 복음주의 입장에서는 선교라는 관점에서 북한의 복음화에 집중하고 있다. 반면에 에큐메니칼 입장은 '하나님의 선교'라는 개념에서 통일 자체가 선교라는 전제로 삼고 통일 문제를 인식하고 있다.[1] 에큐메니칼 입장과 복음주의 입장에 차이가 있음에도 불구하고, 남북 간의 통일 문제는 특정한 선교신학적인 차이를 넘어서서 민족적인 문제이고, 한국교회가 함께 머리를 맞대고 풀어가야 할 선교적인 책무이다.

사실 통일에 대한 논의는 통전적인 시각에서 바라보아야 한다. 본 연구는 선교적인 관점에서 남북의 통일 문제를 설명함으로 에큐메니칼 입장이나 복음주의 입장, 어느 한쪽의 입장에 치우치지 않고 총체적이고, 통전적인 관점에서 다루고자 한다. 이 장은 통일을 향한 선교신학적인 관점으로서 북한 선교를 어떻게 접근해야 할지를 다루며, 통일에 대한 한국 선교 역

---

[1] 에큐메니칼의 관점에서 "통일 자체를 선교"라고 보는 이유는 통일 선교가 사회 정의를 실현하는 것으로 인식하고, 분단을 극복하고 민족 통일을 이루는 것 자체가 선교라는 관점으로 이해한 것이다.

사적인 관점을 설명하고, 남북 간의 통일에 대한 인식의 차이를 이해하면서, 통일에 대한 한국교회와 기독교인의 입장에서 신중한 접근과 전략을 시도하는 것이 이 장의 목적이며 필요성이다.

이 장의 내용을 전개하는 데 있어서 중요하게 고려한 점은 다음과 같다.

첫째, 통일에 대한 에큐메니칼 입장과 복음주의 입장의 차이를 정리하고, 통합적으로 바라보는 관점에서 논의할 것이다. 하나님의 선교에서 통일 자체가 선교라고 보는 에큐메니칼의 입장과 복음주의 입장에서 북한의 복음화라는 중요한 과제를 어떻게 통전적 선교(Wholistic Mission)의 관점에서 통일을 볼 것인가는 매우 중요하다.

둘째, 역사적인 관점에서 북한 선교와 통일에 대한 한국교회의 활동과 역사를 다루어 보고자 한다. 남한교회가 역사적으로 남북 통일을 위한 북한 선교를 지금까지 어떻게 해 왔는지, 이것이 통일과 어떤 연관 관계가 있는지를 살펴볼 것이다.

셋째, 선교적 관점에서 남한교회와 기독교가 어떻게 통일을 준비해야 하는지를 살펴보면서, 통일을 향한 우리의 자세와 태도를 언급하고자 한다. 또한, 통일을 위한 북한 선교를 실천적인 내용과 관점에서 살펴보고, 통일을 위한 한국교회의 선교적 제언과 과제를 설명해 보고자 한다.

기독교적 시각에서 남북 문제와 북한 전문가, 선교 학자들의 저서, 논문을 중심으로 문헌 연구를 하였다.[2] 사실 남북 통일을 다루는 데는 여러 가

---

2   한국 선교 신학회,「선교신학」선교학자들이 "통일과 북한 선교"에 대하여 많은 연구 주제와 논의가 있었다. 그중에 김상근, "우리의 소원은 통일? 통일 혹은 북한 붕괴 시나리오와 한국교회의 통일 준비,"「선교신학」14집(2007); 박영환, "통일, 남과 북, 기독교의

지 관점과 차원이 있다. 학계에서는 통일에 대한 국제적, 정치적, 사회적, 교육적, 문화적인 차원에서 논의가 계속되어 왔다. 하지만 본 연구에서는 여러 측면의 관점을 보다는 한국교회가 선교 역사 가운데 남북 문제를 그리고 통일의 문제를 어떻게 바라보며, 실천했는지를 다루어 보고자 한다.

2. 통일과 한국교회

통일을 바라보는 한국교회의 관점은 에큐메니칼 입장과 복음주의적인 교회 입장으로 분류해서 생각해 볼 수 있다. 복음주의 입장은 복음 전도, 교회 개척과 성장, 개인의 구원, 성령의 역사와 능력, 회심과 복음화에 초점을 두고 있다. 이러한 강조에 따라 복음주의적 교회는 교회의 선교라는 관점에서 북한 선교를 북한의 복음화, 북한교회 회복과 재건을 주장하고 있다. 또한, 복음주의 입장의 교회는 대북한 원조 역시 복음화, 영혼 구원, 그리고 회심을 위한 통로로 생각한다.

에큐메니칼 입장의 교회는 하나님의 선교라는 개념과 통일은 선교라는

역할," 「선교신학」 22집(2009); 안신, "남북한 평화 통일과 한국 종교의 다양한 모델들," 「선교신학」 25집(2010); 김광건, "한반도 통일상황 이해를 위한 문화 인류학적 고찰," 「선교신학」 38집(2015); 방연상, 김철민, "남북분단 70년과 북한 선교의 방향성 모색," 「선교신학」 38집(2015); 허성엽, "남북 관계에서 본 북한 선교 정책 전망,"「선교신학」 39집(2015); 허성엽, "통일 관계에서 본 북한 선교 정책 전략," 「선교신학」 42집(2016); 조은식, "남한교회의 통일 운동 연구: 해방 이후부터 문민 정부까지"『선교와 신학』 제 15집 (2005); 임희모, "남북한 분단 체제와 평화 통일 운동으로서의 선교,"「선교와 신학」 35집(2015);탈북자 선교에 대한 주제는 조은식, "북한 이탈 주민들의 적응 과정 연구,"「선교신학」 14집(2007); 조은식, "탈북자를 위한 중국교회의 역할," 「선교신학」 41집(2016); 정원범, "탈북자 이해와 한국교회 탈북자 선교의 과제," 「선교와 신학」 38집 (2016).

전제를 기초로 한 관점을 가지고 통일에 대하여 접근해 왔다. 그러나 통일 문제나 남북교회 교류 문제는 특정한 교단의 목표가 아니라 민족적인 문제이고, 남한교회 모두의 선교에서 핵심적인 과제이다. 남한교회가 교파의 경계와 신학적 차이를 초월한 교류를 확대하고, 서로 협력하여 북한 선교 사역을 함께 준비하고, 남북 통일을 이루는 데 교파와 교단을 초월하여 한국교회가 함께해야 할 선교적 과제로 놓여 있다.

또한, 통일을 향한 선교 사역은 점진적으로 발전시켜야만 한다. 그리고 그것을 이루기 위해 모든 가능한 방법을 동원해야 할 것이다. 직접적인 선교 사역이 허용되지 않는 북한에 간접적인 방법을 사용해야 한다. 그런 간접적인 선교는 장기적인 계획의 부분으로 그 자체의 효율성을 갖고 있다. 한국교회는 통일을 향한 다양한 방법의 선교적인 방법과 전략을 발전시켜 나가야 한다.[3]

이 장에서는 북한은 선교의 대상인지를 밝히고, 복음주의 시각의 교회의 선교로서 복음화와 에큐메니칼 선교에서의 통일은 선교라는 관점과 사회봉사적인 차원에서의 북한 선교를 논의해 보겠다.

1) 북한을 선교 대상으로 볼 것인가?

복음주의 시각에서 한국교회가 북한의 복음화를 이루는 것이 중요한 목표이다. 실제로 교회 선교의 관점에서 보면, 현실적으로 많은 장애가 있지만 궁극적으로 북한에 교회를 세우고, 전도자를 세워서 그들로 하여금 최

---

[3] 조은식, "남한교회의 통일 운동 연구: 해방 이후부터 문민 정부까지," 「선교와 신학」 제15집 (2005): 14-38.

종적으로 북한의 복음화를 이루어 가는 과정과 목표이다.

하지만 사실상 북한은 김일성, 김정일, 김정은 체제로 넘어오면서 주체사상이 그들의 삶의 기준과 정신적인 지주로 교육을 받으며 살아왔다. 그것이 곧 북한의 이데올로기, 문화요, 종교인 셈이다. 북한은 사회주의 체제 속에서 70년 동안 발전해 왔다. 주체사상이 뿌리 깊이 자리 잡은 북한의 세계관을 이해하는 것이 중요하다.[4]

'북한은 선교 대상인가'라는 관점에서 박영환은 남한 기독교와 교회는 북한에 복음을 증거 하려는 동일한 시각으로 선교 현장을 바라보아야 한다고 했다. 북한은 선교의 대상이다. 2007년까지 북한 선교를 보는 시각이 다양해졌다. 북한 선교는 북한 복음화를 말한다. 복음화란 다시 오실 예수 그리스도를 증언하며, 보여주는 삶의 고백이며, 선언이다. 선교 대상은 북한 전역이다.[5]

남한 기독교와 교회는 약 2천 5백만 명이 되는 북한 사람들에게 복음을 전하는 것이 중요한 사명이라고 할 수 있다. 북한 사람과 북한 전 지역이 선교의 대상이자 선교의 사역임에 틀림이 없다. 복음 증거 앞에서는 누구든지 예외는 있을 수 없다. 북한은 북한 선교와 동시에 통일 한국을 향한, 그리고 국제 정세가 긴밀하게 교차되는 장소이기에 선교의 다양성과 총체성을 살려야 되는 곳이다. 북한 동포들에게 구원을 알리는 구원의 중재와 선포, 그리고 넓은 의미에서 봉사와 섬김, 복음의 증인과 해방, 이 모든 것이 함께 공존하는 것이 북한 선교의 타당한 이유가 된다고 할 수 있다.[6]

---

[4] 박영환, "한반도 통일과 북한 선교," 「통일 시대로 가는 평화의 길」 (서울: 열린서원, 2015), 290.

[5] 박영환, "한반도 통일과 북한 선교," 291-292.

[6] 박영환, "한반도 통일과 북한 선교," 293.

복음 증거의 영역으로 북한을 바라보아야 한다.

어떻게 선교 사역을 할 것인가?

이것은 교단의 신앙 고백과 성격, 선교 단체의 북한 선교를 위해서 유형과 형태가 다를 수 있다. 하지만 어느 누구도 북한 선교의 서로 다른 점을 비난하거나 비판하는 것을 주의해야 한다. 그것은 하나님이 일하고 계심을 믿기 때문이다. 단지 남한교회는 그 일에 어떻게 순종하고 있느냐가 중요한 문제이다.[7]

2) 한국교회의 북한 선교와 통일에 대한 견해

복음주의 입장에서 남한 기독교와 교회는 북한 사람들에게 복음을 전하여 그들을 복음화 하는 것이 중요한 역할이라고 할 수 있다. 북한 동포의 복음화를 이루는 것이 중요한 선교의 과제이며, 선교의 사역으로서 막중하다. 마태복음 28:18-20의 말씀처럼 "모든 족속으로 제자를 삼아라"에 근거하여 복음 증거 앞에서는 누구든지 예외는 있을 수 없다. 복음주의 입장에서 북한 복음화와 더불어 북한교회의 회복과 재건이 중요한 선교의 목표이다.[8]

에큐메니칼 입장에서 하나님의 선교에서 통일은 선교의 전제라고 하는 기초에서 통일을 논의하고 접근하였다. 그렇다면 하나님의 선교적인 관점에서 남북한의 통일을 통한 북한 선교를 이루어야 한다는 점이다. 실제로 진보적인 교단과 선교 단체는 통일을 위하여 많은 노력을 해 왔다. 이를 위

---

[7] 박영환,『북한 선교의 이해와 사역』(고양: 올리브나무, 2010), 89-90.
[8] 박영환, "한반도 통일과 북한 선교," 293.

해서 간접적인 북한 동포 돕기 운동, 의료 지원, 농산물 지원, 건축 등 북한을 위해 다양한 사회 봉사적인 방법으로 섬김과 봉사를 해 오고 있다. 임희모는 에큐메니칼의 입장에서 북한 선교를 논의하였는데, 이는 북한 선교의 방향을 사회 복지 선교로 제시하였다. 또한, 대북 지원 활동을 통한 북한 선교 정책을 재조명하였다.[9]

사실상 NCCK를 중심으로 한 진보 진영의 통일론과 한국 기독교 총연합회를 중심으로 하는 보수 진영의 '선 북한 선교 후 통일론'[10]으로 서로 간의 갈등과 때로는 대립의 형태를 가져왔다. 이러한 갈등 속에서도 남한 교회는 에큐메니칼 입장과 복음주의 입장을 넘어서 에큐메니칼의 사회 운동 기반과 보수 진영의 신앙과 열정으로 물적 자원으로 1993년 진보수 연합 운동, '평화와 통일을 위한 남북 나눔 운동'을 발족시켰다.[11]

에큐메니칼과 복음주의 입장이 서로 다른 형태와 유형으로 북한 동포 돕기 운동을 하고 있다. 통일로 본 북한 선교는 중요한 과제를 가지고 있다. 이것에 대하여 박영환은 다음과 같이 설명하고 있다.[12]

첫째, 남한교회의 공산주의 이해와 월남한 성도와 한국 전쟁으로 인해 상처받은 성도와 유가족이다.

둘째, 남한교회와 기독교의 대표성 논쟁이다. 즉 NCCK와 한기총(한국 기독교 총연합회), 그리고 통일인가? 북한 선교인가? 하는 논쟁도 끊임없이

---

[9] 임희모, "한국교회의 북한 사회 복지 선교," 한민족 선교 정책 연구소, 『한국교회 북한 선교 정책』 (서울: 한민족과선교, 2001). 임희모는 북한 선교를 생명 통진적 선교로서 사회 복지 선교 시각에서 논의하였다.
[10] 정성한, 『한국 기독교 통일 운동사』 (서울: 그리심, 2006), 240.
[11] 박영환, 『북한 선교의 이해와 사역』, 109.
[12] 박영환, "한반도 통일과 북한 선교," 311-312.

논의되고 있다.

셋째, 개체적 통일안(개교회주의, 개인주의, 교파주의, 이념주의, 방법 개발주의 등)이 통합적 통일안보다 우위 개념으로 북한 선교와 통일 운동을 주도해 가고 있다. 그 결과 교파 혹은 각 교회의 중심의 선별적 북한 지원 사역과 독점적 운영 형태는 남한교회의 갈등과 대립을 불러일으키고 있다. 또한, 교파 간, 개교회 간의 서로 간의 비난도 가져오고 있다.[13]

그러므로 남한교회는 북한 선교를 통한 통일을 어떻게 준비하며 나아가야 할 것인가?

첫째, 북한 선교를 위한 북한 지원 사역이 북한교회와 북한 사회를 만나는 첩경이며, 신뢰와 화해를 만들어 나가는 기초이다.[14]

둘째, 북한 선교는 통일의 준비 운동으로서 남한 기독교의 통일 정책과 방향성에 대한 연구와 실험이 필요하다. 특별히 한국에 와 있는 새터민을 중심으로 북한 선교를 연구해 볼 수 있는 중요한 대상이며, 북한 선교의 통로이다. 새터민을 통일 이후 북한 선교사로 교육하고 훈련하여 양성해야 한다.[15]

셋째, 북한 선교는 세계 교회의 협력을 얻어 내는 중요한 통로이며, 연결

---

[13] 박영환, 『북한 선교의 이해와 사역』, 109-110.
[14] 주도홍, 『통일로 향하는 교회의 길』 (서울: CLC, 2015), 279-281. 박영환, "한반도 통일과 북한 선교," 312. 주도홍은 동·서독 통일은 주요한 핵심 키워드는 "디아코니아"라고 설명하면서 찾아가는 교회로서 '봉사와 섬김'으로 동독 사람들에게 찾아가서 예수님의 사랑을 증언하고 실천하였다. 실제로 북한 지원 사업은 남한교회가 총 역량을 모아 행하여야 하는 통일을 준비하는 중요한 과정이다.
[15] 전석재, 『21세기 복지와 선교』 (서울: 대서, 2008). 206-8. 전석재는 기독교인 탈북자(새터민)을 육성하여 훈련시키고 신학 교육 이후에 북한 선교와 통일 이후의 선교사로 양성할 것을 강조했다.

고리이다. 통일은 세계 정치 경제와 맞물려 있기에 남한교회는 세계교회협의회와 국제 복음주의 협의회의 기독교 그룹과 연대와 협력이 절실히 요청되고 있다.[16] 북한 선교와 통일 운동은 세계 모든 교단과 교회의 과제요, 선교적 사명이라고 생각한다. 그러기에 남한교회가 북한 선교와 통일을 위하여 세계 교회와 함께 연대의식을 가져야 한다. 그렇다면 한국교회가 통일에 대하여 역사적으로 어떤 과정을 겪어 왔는지를 살펴보고자 한다.

3. 선교 역사적 관점에서 본 통일

남한교회가 통일 논의에 대하여 접근하는 태도를 시기별로 간략하게 살펴보고자 한다. 남한교회의 역사적인 관점에서 논의해 보면, 역사적인 상황과 시대적 배경에 따라 통일 논의에 대한 쟁점과 이슈가 다르게 나타나는 것을 알 수 있다.

1) 1945년 해방 이후 - 1953년 (한국 전쟁)의 시기

1945년 한국 해방[17]이후, 남한교회에서는 통일 문제에 있어서 크게 세 가지 입장을 취해 왔다.

---

16 박영환,『북한 선교의 이해와 사역』, 111.
17 방연상, 강철민, "남북 분단 70년과 북한 선교의 방향성 모색,"「선교신학」제38집 (2015): 205-208. 방연상은 1945년의 해방은 예상 밖의 시간에 도래한 해방이며, 일본 식민지 이후의 새로운 한국 사회의 건설에 대한 연구가 부족한 시점에서의 해방이며, 1945년의 해방은 한반도가 하나의 독립 국가를 형성하지 못하고 남북한 분단으로 되었기 때문에 절반의 해방인 성격을 지니고 있다고 했다.

첫째, 김창준이 조직한 "기독교 민주 동맹"으로 미 군정과 남한의 단독 정부를 반대했다. 1946년에는 통일된 정부를 수립하려고 시도하였다. 김창준은 경제적인 평등을 강조했고, 사회주의자가 되었다.[18] 기독교 민주 동맹의 대부분의 구성원들은 이 입장을 지지했지만, 이 운동은 붕괴되었고, 김창준은 월북하였다.[19]

둘째, 공산주의자들이 신앙을 가질 권리와 종교의 자유를 인정한다면, 그들과 함께 통일된 민주 정부를 세우려는 움직임이 있었다. 김재준은 1945년 8월 내적으로는 민족주의와 민주주의를 유지하면서 대외적으로는 한국이 영세 중립국을 선포하는 내용의 정책을 제안했다.[20]

셋째, 북에서 월남한 사람들과 신앙적으로 보수적이고, 정치적으로는 극우파인 조선 민주당의 일부 구성원들로 형성되었다. 이들은 공산주의자들을 적그리스도 집단으로 보았고, 그들과의 투쟁을 루시퍼와 가브리엘 사이의 형이상학적인 투쟁으로 보았다.[21]

한국 전쟁 시기(1950-1953)에는, 북에 있는 많은 기독교인과 기독교 지도자가 공산주의자들의 박해를 피해 월남하였다. 한국 전쟁 기간 동안 계획의 부분으로 그 자체의 효율성을 갖고 있다.[22] 한국 전쟁은 남한에 강한 반공 사상을 가져왔다. 1953년 남한교회는 특히 구국 기도회 북진 통일을 주장하고, 휴전 반대를 강하게 주장하였다. 반공주의 기독교인들은 공산주의

---

[18] 김흥수, "한국교회의 통일 운동 역사에 대한 재검토," 「희년 신학과 통일 희년 운동」 (서울: 한국신학연구소, 1995), 424-425.
[19] 조은식, 『선교와 통일』 (서울: 숭실대출판부, 2014), 113-4.
[20] 조은식, 『선교와 통일』, 114.
[21] 조은식, "남북한 통일 정책 비교 연구," 「생명 봉사적 통전 선교 이해와 전망」 (서울: 케노시스, 2015), 207-208.
[22] 조은식, "남한교회의 통일 운동 연구: 해방 이후부터 문민 정부까지," 「선교와 신학」 제15집, 17-18.

자들을 설복되지 않은 마귀로 규정하고, 이 전쟁에서 공산주의자들과 끝까지 싸워 승리를 해야 한다고 주장하였다. 남한 기독교는 반공적이었다.²³

2) 반공교회와 정체된 교회 시기(1960-1970)

1960년대에 이르러서는 이승만의 장기 집권에 대항하는 학생 혁명이 일어났다. 대부분의 사람들은 이 운동에 참여했다. 학생 운동으로 이승만은 대통령직을 사임하고, 자유당은 붕괴되었다. 이때부터 5·16 쿠데타가 발생한 1961년까지의 기간에 대한 남한 기독교 내의 경향은 강한 반공주의 흐름으로 특징지어진다. 이것은 대학생들이 통일 논의에 앞장서는 동안 한국 교회 내에서는 분명한 통일 논의가 없었던 이유이다. 남한교회는 사회를 이끌어 갈 동력을 잃었고, 오히려 학생 운동이 더욱 주도적으로 기독교인들과 교회를 일깨웠다.²⁴

1961년 성공적인 군사 정변과 경제 발전의 시기인데, 1960년대에 남한 기독교와 교회는 정치와 소원하게 되었다. 남한교회는 반공을 토대로 하여 '선 건설 후 통일' 정책과 같은 태도를 선택하였다. 남한 기독교는 정치 권력의 이익과 냉전 제도에 대해서 비판적이지 않았다.²⁵

한일 국교 관계가 정상화 회담이 1965년 열렸다. 남한교회는 전체적으로 국교 관계를 수립하는 것에 반대하였다. 이 사건은 박정희 정권과 남한

---

23 임희모, "남북한 분단 체계와 평화 통일 운동으로서의 선교,"「선교와 신학」제35집 (2015), 131.
24 조은식, "남한교회의 통일 운동 연구: 해방 이후부터 문민 정부까지,"「선교와 신학」제15집, 18.
25 허문영, "기독교 통일 운동,"「민족 통일과 한국 기독교」(서울: IVP, 1994), 125.

교회 상이의 대립을 만들었다. 그 결과 박정희 정권은 종교 등록법, 성직자 소득세, 기독 학교 성경 과목을 인정하지 않으므로 기독교를 압박했다.

이러한 갈등은 논리적으로 해결될 수 없었으나, 일부 기독교인들은 박정희 정권에 대해 타협적인 태도를 보이기도 하였다. 그들은 친정부적인 성향을 갖게 되었다.[26] 이러한 상황 속에서 경제적인 불평등과 사회적 갈등, 정치적 억압 등과 같은 사회적 부조리와 이슈들이 기독교의 선교적인 영역에 포함되었다. 이 시기부터 일부 진보적인 기독교와 교회 지도자들이 점차 빈민 선교와 농민 선교, 그리고 산업 선교에 참여하기 시작하였다.[27]

1960년대의 개신교 사회 참여 운동은 1965년 한일 국교 정상화에 대한 개신교 성명서 발표, 1967년 7월 6.8 부정 선거 규탄 성명서 발표, 1969년 3선 개헌을 반대하는 개헌 문제와 양심 자유 선언 발표 등 주로 정치적인 이슈에 도덕적인 입장을 표명하는 방식이었다. 학생과 지식인 운동의 특징이 점차 변하여서 노동자와 도시 빈민, 그리고 농민 등 기층민의 인권 문제를 중심으로 사회 운동과 통일 논의로 전환되었다.[28]

이러한 상황 가운데 남한교회는 통일 논의에 대하여 반공 노선을 따랐고, 수동적이었다. 하지만 한국 기독교 협의회 총무 김관석은 1970년 12월호 「기독교 사상」의 "교회와 한국 통일"이라는 글에서 남한교회가 통일 신학을 제시해야 한다고 주장하였다. 김관석은 통일은 잃어버린 땅의 회복 그 이상의 것이라는 인식과 함께 시작되어야 한다는 것을 역설했다. 통일은 땅의 통합뿐만 아니라 갈라진 사람들의 통일이어야 한다. 그것이 바로

---

26 김용복, "민족 분단 40년과 기독교," 「한국 사회 연구」 (서울: 한길사, 1985), 123-124.
27 김용복, "민족 분단 40년과 기독교," 124.
28 윤은주, 『한국교회와 북한 인권 운동』 (서울: CLC, 2015), 86.

화해라는 것이다.²⁹

김관석은 '민족의 통일'이라는 차원을 처음으로 분명하게 제시했다. 또한, 김관석은 통일 논의가 화해와 평화라는 중요한 주제와 이슈를 남한교회에 제시하였다.

3) 반공과 통일에 대한 논의가 활발히 일어났던 시기(1970-1979)

이 시기에는 남한교회는 두 개의 서로 다른 시각을 가지고 있었다.

첫째, 반공에 초점을 둠
둘째, 민주주의와 사회 정의에 초점을 둠

복음주의적인 교회는 반공에 초점을 두었고, 에큐메니칼 교회들은 자유, 인권과 사회 정의를 포함하는 민주화 운동에 앞장섰다. 복음주의 교단과 교회는 정부를 직·간접적으로 도왔고, 에큐메니칼 교회는 군사 정권과 갈등을 가졌다.³⁰

남북 정부에 의한 1972년 "7·4 공동 성명서"를 채택한 이후에도 한국교회들은 1950년대에서 1960년대에 걸쳐 갖고 있던 냉전적인 태도를 유지했다. 한국 개신교회들은 어느 정도 보수적인 입장을 취했고 남북 대화의 적극적인 추진을 미심쩍게 지켜보았다. 이 시기에 통일에 대한 한국교회의 열망은 차단되었다. 통일에 대한 이루지 못한 열망이 두 가지의 다른 현상

---

29 손규태, "평화를 위한 통일의 신학," 「기독교 사상」(1990.1), 51-52. 조은식, 『선교와 통일』, 115.
30 조은식, "남한교회의 통일 운동 연구: 해방 이후부터 문민 정부까지," 20.

으로 나타났다. 보수적인 대다수의 기독교인들에게 있어서 통일은 가장 대중적인 기도 제목으로 떠오르게 된 반면, 진보적인 소수의 개신교회에서는 사회 운동 참여라는 적극적인 방법이 증가하게 되었다.

① 종교적인 차원에서 통일에 대한 열망이 표출된 것
② 선교 운동의 하나로서 통일을 위한 민주주의와 사회 정의를 건설하려는 것[31]

함석헌은 이 시기에 통일에 관한 논의에 대하여 설명하기를, 체제를 초월하여 민중들이 중심이 되는 통일을 추구해야 한다고 주장했다. 1972년 7·4 남북 공동 성명이 발표되기 전 6월 20일 강연에서 남북의 민중들이 주체가 된 만남이야말로 참된 만남이며, 민족 전체를 아우르는 통일 운동이 이루어질 수 있다고 보았다.[32]

1970년대 한국교회가 통일 운동에 대한 논의는 1972년 7·4 남북 공동 성명과 1973년 6월 23일 '평화 통일 외교 정책 선언'을 통해서 조국 통일 3대 원칙과 조국 통일 5대 강령을 제시하였다. 이후 남북 조절 위원회와 남북 적십자 회담 등 남북 교류가 이루어져 국민적 통일 열망이 고조되었다. 그러나 1972년 10월 비상 계엄 선포에 이어 11월 21일 유신 헌법이 통과되고, 북한에서도 12월 사회주의 헌법이 등장하면서 남북 관계가 급속히 냉각되었다.

---

[31] 이원설, "한반도 분단에 대한 역사적 고찰," 『성숙한 교회와 통일 교육』, 대한 예수교 장로회 총회 교육부 편 (서울: 대한예수교장로회 총회출판국, 1989), 235-236.
[32] 통일 노력 60년 발간위원회, 『하늘길 땅길 바닷길 열어 통일로』 (서울: 도서출판다해, 2005), 126-7.

이러한 통일 운동을 적극적으로 펼쳤던 NCCK 인권 위원회와 기독교 사회 운동 연합 등 진보적인 단체들은 1973년 반독재 민주화, 민족 통일 등을 내용으로 하는 '1973년 한국 그리스도 선언'을 발표하게 되었다.[33] 그 당시 정부에 대한 진정성 있는 통일 정책 실행을 요구한 최초의 성명서였다. 이 시기에 북한 선교를 위한 최초의 선교 단체는 1977년 4월 29일 예수교 장로회 통합 측의 '기독교 북한 선교회'였다.[34] 1970년대 이 시기에는 복음주의적인 교회의 반공주의와 에큐메니칼의 통일 논의와 민주화 운동이 함께 공존하였던 시기이다.

4) 자각의 시기(1980-1989)

이 시기는 통일에 대한 논의가 활발히 일어났던 시기이다. 1980년 5월 광주 민주화 운동을 기점으로 남한교회는 통일을 우선 과제로 보기 시작했다. 진보적인 교회 지도자들은 한국 기독교교회협의회를 중심으로 통일 운동에 앞장서는 동안, 복음주의 교회들은 북한 선교의 관점에서 통일을 다루었고 선교 단체를 조직하기 시작했다. 일부 선교 단체들은 1970년대에 이미 존재해 있었다. 대한 예수교 장로회(통합)의 북한선교대책위원회(1971), 사단 법인 기독교북한선교회(1974), 세계체육인선교(1976), 북한선교원(1977), 아주문화센터(1979) 등이 조직되었다.[35]

남한 기독교와 북한 기독교와의 만남이 구체적으로 실현된 것은 1986년 스위스 글리온 회의였고, 남한에서는 1988년 NCCK 37차 총회에서 북한

---

[33] 윤은주, 『한국교회와 북한 인권 운동』, 107-108.
[34] 박영환, "한반도 통일과 북한 선교," 294.
[35] 조은식, "남한교회의 통일 운동 연구: 해방 이후부터 문민 정부까지," 23.

을 광범위한 선교 대상으로 보았으나 복음적 선교 활동을 찾아보기는 어려웠다.[36]

하지만 1980년대에 통일을 위하여 각 교단과 선교 단체들의 움직임이 태동하여 활발히 진행되었다. 공산권 선교연구위원회(고신, 1980), 모퉁이돌선교회, 중국선교회(1982), 한국 기독교장로회의 북한선교위원회(1984), 북한선교 통일훈련원(1984), 국제 기독교 공동선교회 한국지부(1984), 생명의강선교회(1984), 땅끝까지선교회(1984), 여의도순복음교회 공산권선교회(1985), 한국 기독교 남북문제대책협의회(1985), 러시아선교회(1985), 지하(UMA)선교회(1985), 감리교 북한선교회(1987), 북한 사회과학연구원(1988), 민족선교학회(1989), 루터교 대북선교회 등이다.[37]

이들의 주요 목적 중의 하나는 북한에서의 선교 사역이었다. 그 사역에는 성경 배포, 전도지, 선교 목적의 안내서, 잡지 발간, 기도 모임과 세미나 개최, 선교 사역 지원 등이 포함되었다. 이러한 노력의 대부분은 비정치적인 활동으로 제한되었다. 왜냐하면, 북한 선교는 매우 제한되고 간접적인 방법 안에서만 가능하였고, 선교 단체들은 대부분 보수적이었기 때문이었다. 그들의 선교 사역은 매우 조용히 이루어졌기 때문에, 그들의 활동은 남한교회와 사회에는 널리 알려지지 못했다.[38]

5) 통일을 갖추는 시기(1990-1999)

이 시기에는 복음주의 교회들은 북한의 이슈를 민족의 문제로 접근하기

---

36 박영환, 『북한 선교의 이해와 사역』, 92.
37 조은식, "남한교회의 통일 운동 연구: 해방 이후부터 문민 정부까지," 24.
38 조은식, 『선교와 통일』, 117.

보다는 선교의 관점에서 접근하며, 통일 운동에 참여하기 시작하였다.[39] 복음주의 교회에는 진보적인 교회의 경험과 전략이 필요하였고, 에큐메니칼 교회들은 복음주의적인 신앙의 열정과 헌신이 필요하였다. 1993년 4월에 형성된 평화와 통일을 위한 남북 나눔 운동은 이러한 복음주의와 에큐메니칼 진영의 협력의 한 사례이다.

1994년 12월 120개 교단이 모여 북한 동포 돕기 운동과 북한교회 재건 운동을 목표로 '한국 기독교 평화통일 추진위원회'를 구성하여 구체화하였다. 이 시기가 남한교회가 북한 선교와 통일 운동을 구체화하여 활발히 진행한 시기로 볼 수 있다.[40]

1994년 6월에 일본 도쿄에서 제4차 조국의 평화 통일과 선교에 관한 리더십 회의가 개최되었다. 이 컨퍼런스에는 북한의 조선기독 연맹의 대표자들, 남한교회의 다섯 개 교단의 대표자들, 에큐메니칼 및 복음주의 지도자들, 재일 한국기독교회, 그리고 그 외에도 평신도 대표자들이 참여하였다.[41]

1996년 6월 5-7일까지 제5차 조국의 평화 통일과 북한 선교에 관한 기도 리더십 회의가 일본에서 개최되었는데, 여기에서도 남한과 북한의 교회 대표자들뿐만 아니라 호주, 독일, 스위스, 그리고 미국에 있는 목회자, 그리고 선교 단체의 지도자들이 참석했다. 이러한 회의에서 에큐메니칼 교회와 복음주의 교회의 지도자들이 함께 모여 평화 통일을 논의하였다.[42]

1990년 이후 복음주의적인 교회들은 북한 문제를 북한 선교의 관점에서

---

[39] 조은식, 『선교와 통일』, 119.
[40] 박영환, 『북한 선교의 이해와 사역』, 92-93.
[41] 『한국교회 공보』, 1994년 6월 25일.
[42] 조은식, "남한교회의 통일 운동 연구: 해방 이후부터 문민 정부까지," 34.

접근하기 시작했다. 그러면서 복음주의 교회들과 에큐메니칼 교회들은 북한을 위한 인도주의적 구호 사업에 관여하였다. 마침내, 에큐메니칼 지도자들과 복음적인 지도자들이 통일에 관련된 회의에 함께 참여하며 통일 문제에 대해서 협력하기 시작했다.

또한, 북한 주민을 돕는 인도주의적인 구제 사업에 에큐메니칼과 복음주의 지도자가 함께 연대 의식을 가지고 협력하게 되었다. 이때부터 사회 활동의 중심의 통일 운동이 구제 사업 또는 인도주의적인 차원으로 방향을 전환하게 되었다.[43]

6) 북한교회 회복과 재건 운동

1993년 8월 30일 한기총 남북교회 협력위원회가 발표한 북한교회를 위한 재건 운동 중 5가지 중요한 강령을 주목할 수 있다.

첫째, 남북 통일과 북한교회 재건이 하나님의 뜻임을 깨달아 최선을 다한다.
둘째, 남한교회가 '범교단적으로 북한교회 재건 위원회'를 구성한다.
셋째, 물량주의를 지양하며, 북한에 단일 교단을 세운다.
넷째, 북한교회의 재건을 위해 가능한 현존하는 북한교회를 강화한다. 황폐화된 북한교회의 남은 자들을 찾아 그들로 하여금 북한교회의 재건을 돕게 한다.

---

[43] 조은식,『선교와 통일』, 119-120.

다섯째, 북한교회 재건에 필요한 재정 모금 운동을 적극적으로 전개한다.[44]

한기총이 1993년 8월, 한국 전쟁 전 북한에 존재했던 교회를 재건축하기 위해 북한교회 재건 위원회가 형성되었다. 북한교회 재건위원회는 개신교 47개 교단과 13개 기독교 단체로 구성되었다. 첫 번째 계획 중의 하나는 한국 분단 이전 북한에 존재했던 2천여 개의 교회에 대한 확실한 정보 수집이다. 북한교회 재건위원회는 북한교회 재건 자료집 『무너진 제단을 세운다』를 발간하면서 황해도에 542개, 평안북도에 336개, 평양시에 272개, 평안남도에 247개, 함경북도에 177개 등 2천69개의 교회가 존재했었다고 밝혔다.

그 후 8백26개 교회가 추가로 발견되었다. 황해도 355개, 평안북도 104개, 평안남도 101개, 함경남도 95개, 강원도 78개, 함경북도 60개, 경기도 32개, 개성직할시 1개 등이다.[45] 다음으로 남한에 있는 교회, 선교 기관, 개인의 영적 및 재정 지원으로 명단에 있는 교회를 재건하는 사역이다.[46]

재건 위원회는 북한교회 재건에 대한 세 가지 원칙을 천명하였다.

첫째, 단일 창구를 형성할 것

둘째, 단일 교단을 만들 것

---

[44] 주도홍, 『통일로 향하는 교회의 길』 (서울: CLC, 2015), 271-2. 조은식, "평화 통일 선교에 대한 통전적 접근" 『평화와 통일신학 2』 (서울: 평화와 선교), 158-163.

[45] 『조선일보』 1996년 5월 12일, 19; 『들소리 신문』 1996년 7월 28일

[46] Stan Guthrie, "North Korea: if and when the doors open," *Evangelical Missions Quarterly* 32, no. 2 (April 1996): 202-203.

셋째, 궁극적으로 북한에 재건할 교회는 독립적이고 자립적으로 해야 한다는 것[47]

북한교회 재건에 대해 고려해야 할 사항은 다음과 같다.

첫째, 북한교회의 재건 운동은 현재 남한교회의 복잡한 상황을 다시 북한 지역에 재현 혹은 이식하는 방식의 선교보다는 북한교회 혹은 북한 주민과 함께 호흡하며, 북한 지역에 창의적인 선교 전략이 요청된다.[48] 북한은 새로운 선교지이기 때문에 통일이 되면 선교 경쟁이 치열할 것으로 예상된다. 남한의 많은 교회는 통일 첫날부터 북한에 그들의 교회를 세우려고 할 것이 우려되고 있다. 남한교회는 그들의 경제적 부와 선교적인 열정을 바탕으로 북한에 지역교회를 세우려는 유혹을 받을 수 있다.

만일 남한교회가 자기들의 개인적인 이익을 희생하지 않고 경쟁적인 개별 선교 사역을 경솔하게 강행한다면, 그들의 선교 활동은 치열한 경쟁과 혼란을 야기할 것이다. 치열한 경쟁은 효과적인 복음화를 가져오지 않는다. 오히려 북한 주민들에게 부정적인 영향을 줄 것이다. 그것 때문에 그들은 복음 그 자체를 의심할 수도 있을 것이다. 무질서한 선교 사역은 효과가 없다는 것을 알아야 한다. 한국교회는 이런 점에 주의해야 한다.

둘째, 북한교회는 교파적인 교회가 되지 말아야 하고, 연합교회의 형태가 되는 것이 좋을 것이다.[49] 한국 기독교 역사를 보면 단일 기독교단을 세

---

[47] 「크리스챤 저널」 1995년 8월 27일, 2.
[48] 방연상, 강철민, "남북 분단 70년과 북한 선교의 방향성 모색," 229.
[49] 박종화, "한국교회 통일 운동에 관한 신학적 반성과 미래 전망," 「교회와 사회」 (1992) 7-9월, 8, 6-9.

우려고 했던 모델들이 있다. 초기 개신교 선교사들은 공의회를 형성하여 협조적이고 효과적인 선교를 위해 한국이라는 선교지를 분할하였다. 북미 연합장로교와 호주 빅토리아장로교는 1889년 연합선교공의회를 결성하였다. 이것이 한국에서의 첫 연합 협의체가 되었다. 1905년 장로교의 네 개의 선교부와 감리교의 두 개의 선교부가 한국 복음주의선교회 연합공의회를 조직하였다.

이 공의회의 목적은 선교 협력뿐만이 아니라 한국에 하나의 복음적 교회를 세우는 것이었다. 이 공의회는 장로교나 감리교라는 명칭 대신 "대한예수교회"라는 명칭을 사용하였고, 캐나다 연합교회로부터 교리를 가져왔다. 불행하게도 이런 시도들은 이루어지지 못했고, 공의회는 1910년에 해체되었다. 비록 이 공의회가 연합교회로서 대한예수교회를 형성하지 못했을지라도 그것은 최초의 에큐메니칼 노력이었다.[50]

북한을 위한 단일 기독 교단의 목적을 이루기 위해 장로교 연합선교공의회나 한국 복음선교회 연합공의회 또는 캐나다 연합교회의 모델을 따르는 것도 좋을 것이다. 이것을 이루기 위해 한국교회들은 북한 선교협의회나 연합체를 조직하여야 하고, 다른 교파의 선교에 선교 사역 일부를 지정하여 주어야 한다. 그러나 필요한 공동 과제나 사회 사업에는 협력하도록 해야 한다.[51]

무엇보다 북한에 독립적이고 자립적인 교회를 세울 필요가 있다. 분명한 것은 북한교회 재건은 북한교회의 주도로 이루어져야 한다는 것이다. 남한교회는 북한교회를 지배하려고 하지 말아야 하고, 북한교회는 남한교회에

---

50 한국 기독교사 연구회, 『한국 기독교의 역사 I』 (서울: 기독교문사, 1989), 208-211.
51 조은식, "평화 통일 선교에 대한 통전적 접근," 160-161.

의지하려고 하지 말아야 한다. 남과 북에 있는 교회들이 서로 존중하고 협력해야 할 것이다.

주도홍은 북한교회 회복에 대하여 다음과 같이 설명하고 있다.

> 남한교회는 먼저 통일 후 북한교회 재건에 대한 잘못된 환상을 버려야 한다. 통일 후 많은 돈을 들여 멋있는 예배당을 북한 땅에 짓고, 잘 교육된 목회자들을 파송하면, 북한교회 재건이 쉽게 되리라고 생각한다면 오산이다.[52]

북한에 자립적이고 독립적인 교회를 세우고, 북한교회가 그 일에 앞장서서 실행할 수 있도록, 남한교회는 지지하고 협력과 연대해야 한다.

4. 남북 통일을 향한 남한교회의 과제

지금까지 남북 통일의 중요성과 복음주의와 에큐메니칼이 주장한 통일에 대한 관점을 살펴보았다. 또한, 남북 통일을 위한 교회의 역사적 관점을 설명하였다. 이제 선교적인 관점에서 남북 통일을 향한 제언과 과제를 설명하고자 한다.

첫째, 남북 통일에 대한 남한교회의 인식을 전환하고, 전문성 있게 다양한 준비를 해야 한다.[53] 확고한 복음에 선 남한교회는 사랑의 봉사를 통해

---

[52] 주도홍, 『통일로 향하는 교회의 길』, 281-2.
[53] 주도홍, 『통일로 향하는 교회의 길』, 283.

교회에 대한 북한 사람들의 왜곡되고 잘못된 인식과 선입견을 먼저 극복하고, 영적으로 무장하여 북한교회나 북한 사람들과 어떻게 소통하고 받아들이며 하나가 될지에 대해 진지하게 고민해야 한다.

둘째, 에큐메니칼 입장과 복음주의적인 입장의 차이가 있다고 하나 통일을 향하여 서로 존중하면서 각각의 교파, 교단, 개교회의 신학적인 차이를 넘어서야 한다. 하나님의 선교의 관점에서 서로 협력하고 연대하여 통일의 과제를 한국교회가 함께 풀어나가야 한다. 통일의 문제는 특정한 교파나 특정한 선교 단체의 목표가 아니다. 이것은 민족적인 이슈이고, 세계적인 관심사요, 더 나아가서 하나님께서 한국교회에 부여하신 과업이요, 사명이라고 생각한다.

셋째, 한국교회의 북한 선교 정책의 통일성과 일관성이 필요하다. 교파별, 개교회별, 또는 선교 단체별 특성화 사역이 중요하다. 허성업은 한국교회의 북한 선교 방향성에 대하여 네 가지 측면을 강조하고 있다.

① 한교협이 조선 그리스도교 연맹과 동역하는 구조
② 한기총을 중심으로 북한 지하교회와의 파트너십
③ 한교협과 한기총이 연계하되, 한교협에 가까운 형태
④ 초교파적인 연합으로 비정부기구를 통한 선교 구조

교단과 기구를 초월하여 함께 연대하고 파트너십을 가지고 북한 사역을 하는 것의 중요성을 의미한다.[54]

---

54 허성업, "남북 관계에서 본 북한 선교 정책 전망," 「선교신학」 제39집 407-408.

넷째, 통일을 위한 새터민(탈북자)[55] 선교사의 양성과 파송이다. 한국과 세계에 체류하고 있는 탈북자들을 선교의 대상으로 삼아서 효과적으로 북한 선교와 통일을 준비하는 중요한 자원과 역군으로 삼아야 한다. 새터민은 남한 사회와 교회에서 양육하여 실제로 통일 후 북한교회의 회복과 재건 운동을 할 수 있는 가장 좋은 자원이다. 한국교회는 새터민에 대한 구체적인 경제적인 지원과 재적응 교육, 그리고 선교를 위한 접촉점을 가질 수 있도록 말씀 훈련과 세계관의 변혁을 통하여 전도자와 선교사로 양성해야 한다.[56]

다섯째, 인도주의적인 대북 지원과 북한 동포의 인권 문제에도 깊은 관심을 갖고 대처해 나가야 한다.[57] 현재 '북한의 핵무기 개발'이라는 명분으로 이명박 정권과 박근혜 정권에서는 정부 차원의 대북 지원이 차단되었고, 민간 단체의 대북 지원도 어렵게 되었다. 하지만, 한국교회와 기독교 비정부기구(NGO)는 여러 방법을 동원하여 대북 지원을 계속해야 한다고 생각한다.

기독교의 정신은 화해와 용서, 그리고 평화의 정신이기 때문이다. 또한, 김일성, 김정일, 김정은으로 이어진 3대의 세습 정권은 정권 유지를 위해 북한 동포의 인권을 유린하고 있다. 이러한 북한의 인권 유린에 대한 남한교회는 세계의 교회와 연대하고 세계 나라와 UN과 연대하여 이러한 북한의 인권 문제에 깊은 관심을 갖고 참여해야 한다. 한국교회와 기독교인들

---

55 허성업, "통일 관계에서 본 북한 선교 정책 전략," 「선교신학」 제42집 331. 허성업은 2016년 3월 말 현재 탈북민 수가 29,137명으로 추정한다고 하였다.
56 전석재, 『21세기 복지와 선교』, 207-208.
57 정종훈, "생명 봉사적 통전 선교와 한반도 평화 통일의 과제," 「생명 봉사적 통전 선교 이해와 전망」, 330-332.

은 북한이 수용한 인권 관련 권고안을 중심으로 북한의 인권을 위한 창의적이고 선제적인 제안을 하도록 노력해야 한다.

여섯째, 한국교회는 지역교회, 지방회와 노회, 총회 차원에서 통일 교육과 통일 캠프[58]를 열어 기독교인의 통일에 대한 관점과 당위성을 교육하여 올바른 성경적인 통일관을 갖도록 한다. 무엇보다 기독교 세계관을 가진 통일 지도자를 양성하여 통일 교육을 시행하며, 한국교회에서 통일을 위한 프로그램 개발하고, 통일 인재를 양성해야 한다.

7. 나가는 말

이 장에서는 남북 통일에 대한 에큐메니칼 입장과 복음주의 입장의 차이를 정리하였고, 남북 통일을 통합적인 관점에서 논의하였다. 에큐메니칼 입장에서 통일 자체가 선교라고 보는 관점과 복음주의 입장에서 북한의 복음화와 북한교회의 회복과 재건 운동이라는 관점을 어떻게 함께 통합적 선교(Wholistic Mission)로 이해해야 하는지를 설명하였다. 또한, 역사적인 관점에서 북한 선교와 통일에 대한 남한교회의 활동과 사역의 내용을 1945년부터 2000년까지 다루었다.

이 장에서는 2000-2016년 사이의 통일에 대한 논의는 다루지 않았으며, 후속 작업으로 남겨놓았다. 남한교회가 역사적으로 북한 선교를 지금까지 어떻게 해 왔는지, 이것이 통일과 어떤 관련이 있는지 역설하였다. 그리고

---

[58] 한국 기독교 통일 연구소, 『손에 잡히는 통일 선교 캠프 가이드북』 (서울: 포앤북스, 2015). 이 책은 어린이 통일 캠프부터 장년 통일 캠프에 이르기까지 구체적인 프로그램을 소개하며, 통일 교육의 가이드북이다.

선교적 관점에서 남한교회와 기독교가 어떻게 통일을 준비해야 하는지를 살펴보았고, 또한 북한 재건 운동에 대해서도 논의하였다.

남북 통일의 최종적인 목표는 한 민족 한 국가를 이루는 것이다. 남북 통일은 우리 민족을 위한 통일이어야 한다. 땅의 통일도 중요하고 정치, 경제의 통일도 중요하다. 그러나 무엇보다 민족이 화해, 평화와 일치를 이루는 통일이어야 한다. 남·북한이 서로의 적대감, 불신, 오해, 이념, 사상을 초월하여 서로 화해하고 동질성을 회복하여, 평화적인 민족 통일을 이루는 것이 한국교회의 과제이다. 통일은 한반도의 평화를 의미하고, 이산가족들이 형제애를 가지고 결합하고, 민족 동질성을 회복시키고, 민족 번영을 가져오는 민족 자존의 길이다.[59]

또한, 이것은 하나님이 이 시대에 한국교회와 기독교인들에게 부여하신 사명이며, 중요한 과업이다. 남북 통일을 이루어 가는 길은 샬롬의 평화를 이루어 가는 길이다. 무엇보다 북한의 복음화와 하나님의 정의를 실현해 가는 중요한 과정이며, 하나님의 선교이다.

참고 문헌

국내 도서
기독교 통일 연구소. 『성경으로 읽는 북한 선교』. 고양: 올리브나무, 2013.
김영욱. 『복음주의 입장에서 본 북한 선교』. 양평: 아세아연합신학대학교, 2012.
김영한. 『개혁주의 평화 통일신학』. 서울: 숭실대출판부, 2012.
김흥수. "한국교회의 통일 운동 역사에 대한 재검토." 「희년 신학과 통일 희년 운동」.

---

59 조은식, "평화 통일 선교에 대한 통전적 접근," 163.

서울: 한국 신학 연구소, 1995.
남태욱.『한반도 통일과 기독교 현실주의』서울: 나눔사, 2012.
노정선.『통일신학을 향하여』서울: 한울아카데미, 2007.
모퉁이돌 선교회.『김정일 이후의 북한 선교』서울: 예영, 2008.
박영신 외.『통일, 사회 통합, 하나님 나라』서울: 대한기독교서회, 2010.
박영환.『북한 선교의 이해와 사역』고양: 올리브나무, 2010.
박영환.『개성 공업 지구와 북한 선교』인천: 바울, 2008.
박영환. "통일, 남과 북, 기독교의 역할."「선교신학」제22집, 2009.
박영환. "통일 과정에서의 북한 선교의 기능적 역할로 본 북한교회 재건."「선교신학」
    제15집, 2007.
박종화. "한국교회 통일 운동에 관한 신학적 반성과 미래 전망."『교회와 사회』. 1992.
방연상, 강철민. "남북 분단 70년과 북한 선교의 방향성 모색."「선교신학」제38집,
    2015.
배희숙.『평화 통일 신학』서울: 장로회신학대학교, 2015.
서울신학대학 평화통일연구원.『통일 시대로 가는 평화의 길』서울: 열린서원, 2015.
유경동.『남북한 통일과 기독교의 평화』서울: 나눔사, 2012.
유석렬.『김정일 정권 와해와 북한 선교』서울: 문광서원, 2011.
윤은주.『한국교회와 북한 인권 운동』서울: CLC, 2015.
이만열.『한국 기독교와 한민족 통일 운동』서울: 한국역사연구소, 2001.
이원설. "한반도 분단에 대한 역사적 고찰."「성숙한 교회와 통일 교육」서울: 대한예
    수교장로회총회출판국, 1989.
임헌만.『마음 치유를 통한 북한 선교』부산: 두날개, 2012.
임희모.『한반도 평화와 통일 선교』서울: 다산글방, 2007.
임희모.『생명 봉사적 통전 선교 이해와 전망』서울: 케노시스, 2015.
임희모. "남북한 분단체계와 평화 통일 운동으로서의 선교."「선교와 신학」제35집,
    2015.
전석재.『21세기 복지와 선교』서울: 대서, 2008.
전석재.『변화하는 현대 선교 전략』서울: 대한기독교서회, 2014.
정성한.『한국 기독 통일 운동사』서울: 그리심, 2006.
정일웅.『한국교회의 통일 노력』서울: 범지출판사, 2015.
정원범.『평화 운동과 평화 선교』서울: 한들출판사, 2009.

정종훈. "생명 봉사적 통전 선교와 한반도 평화 통일의 과제," 「생명 봉사적 통전 선교 이해와 전망」 서울: 케노시스, 2015.
조요셉. 『북한 선교의 마중물 탈북자』 부산: 두날개, 2013.
조은식. 『삶에서 찾는 문화 선교』 서울: 숭실대출판부, 2009.
조은식. 『선교와 통일』 서울: 숭실대출판부, 2014.
조은식. "남한교회의 통일 운동 연구: 해방 이후부터 문민정부까지" 「선교와 신학」 제15집, 2005.
조은식. "북한 이탈 주민의 적응 과정 연구," 「선교신학」 제14집, 2007.
주도홍. 『통일, 그 이후』. 서울: IVP, 2008.
주도홍. 『통일로 향하는 교회의 길』 서울: CLC, 2015.
통일 노력 60년 발간위원회. 『하늘길 땅길 바닷길 열어 통일로』 서울: 도서출판다해, 2005.
한국 기독교 통일 연구소. 『손에 잡히는 통일 선교 캠프』 서울: 포앤북스, 2015.
한국 기독교사 연구회. 『한국 기독교의 역사 I』 서울: 기독교문사, 1989.
한기양. 『한반도 통일과 기독교』 서울: 열린출판사, 2011.
허문영. "기독교 통일 운동." 「민족 통일과 한국 기독교」 서울: IVP, 1994.
허성엽. "남북 관계에서 본 북한 선교 정책 전망." 「선교신학」 제39집, 2015.
허성엽. "통일 관계에서 본 북한 선교 정책 전략: 북한의 인권과 탈북민 문제를 중심으로." 「선교신학」 제42집, 2016.
허호익. 『통일을 위한 기독교 신학의 모색』 서울: 동연, 2010.
「들소리 신문」. 1996년 7월 28일.
「조선일보」. 1996년 5월 12일.
「크리스찬 저널」. 1995년 8월 27일.
「한국교회공보」. 1994년 6월 25일.

해외 도서

Guthrie, Stan. "North Korea: if and when the doors open," *Evangelical Missions Quarterly* 32, no. 2 1996.

제10장

한족 선교를 통한 중국 복음화

1. 들어가는 말

중국은 14억이 넘는 현재 세계 최대의 인구를 가진 나라이다. 공식적으로 56개의 다른 소수 민족이 있고, 이 가운데 한족은 92%(1,149,538,850)로서 대다수를 이루고 있다.[1] 또한, 대다수 이슬람 국가를 포함한 주변에 16개국이 중요한 인접 국가이기에 매우 중요한 지리적 요충지이다.

또한, 중국은 동북아시아의 정치적, 경제적, 사회적, 인류학적인 측면에서 중요한 위치를 차지하고 있을 뿐만 아니라, 북한과의 관계에서 중요한 정치적인 영향력을 미치고 있다. 특히 중국은 국제 사회의 정치적인 어려움이 있을 때마다 전략적인 관심을 일으키는 것을 비롯해 모든 문제에 단일한 관점을 지닌 집단으로 간주할 수 없는 국가로 알려져 있다.[2]

중국의 종교적 상황과 신념을 볼 때, 정령 숭배, 유교, 불교가 혼합되어 있다. 그중 지배적인 신앙은 유교이다. 이론적으로 보자면 "유교는 도덕

---

[1] Mary Chung, "중국에서의 기독교 선교의 반성과 도전,"「선교와 신학」(2003) 11집 (서울: 장신대세계선교연구원), 89-101.

[2] 장훈태,『국제 정치 변화 속의 선교』(천안: 혜본, 2014), 86.

체계이고, 도교는 자연의 신격화이며 불교는 형이상학 체계이다." 그러나 실제로 셋 다 많은 변화를 겪었다. 세대가 바뀜에 따라 도교의 성격이 변화되어 왔다. 현대 도교는 너무도 잡다한 성격을 갖고 있어서 그 혼돈으로부터 어떤 잘 정돈된 체계를 도출하려는 시도는 거의 무모할 정도이다. 불교에 관해 말하자면, 창시자가 오늘날 중국을 방문한다면 못 알아볼 정도이다. 전형적인 중국인들은 유교 신자인 동시에 불교 신자이며 또한 도교 신자라서, 상황에 따라서 세 종교의 의식을 모두 지킨다.

즉, 조상에게 제사를 지낼 때에는 유교 신자이며 자비의 여신의 도움을 구할 때에는 불교 신자이며 존재하는 펭-쉬(바람과 물의 정령들)를 달래려 할 때는 도교 신자이다.

사무엘 체스터(Samuel H. Chester) 박사는 자기가 상하이에 있을 때 불교 사원에서 유교 의식을 집행하는 도교 승려를 보았다고 했다. "따라서 오늘날 중국의 종교는 세 가지 신앙 체계의 분리할 수 없는 융합체가 된 것이다. 본질적으로 다신론적인 동시에 범신론적이다."[3]

이러한 다양한 상황 때문에 중국에서 대부분을 차지하는 한족에 대한 이해의 폭은 중국 땅이 큰 것처럼 너무 넓고 다양한 견해들이 있다. 중국의 선교를 이해함에 있어서 인구, 종족, 정치, 행정, 종교, 언어, 외교, 경제, 군사, 교육, 문화, 민족성을 연구해야 중국 선교를 통전적으로 이해하며 바라볼 수 있다.

이 장은 여러 종교적인 상황과 문화 속에 있는 중국 한족의 현황을 살펴보고, 중국 한족 선교 전략과 이를 통한 중국 복음화에 대하여 서술하고자 한다. 이를 위하여 본 발제에서는 먼저 간략한 중국 한족의 일반적인 이해

---

[3] 아더 J. 브라운, 『한. 중. 일 선교사』 김인수 역 (서울: 쿰란출판사, 2003), 154-155.

를 기술하고, 중국 한족 가운데 있는 삼자교회와 가정교회에 대한 현황과 한족 선교 전략을 다룰 것이다. 또한, 중국을 한족 선교가 중국 복음화를 이룰 수 있는 방법과 전략을 논의할 것이다. 이러한 관점을 중심으로 중국 한족 선교를 향한 적절한 한국교회의 선교적 협력과 파트너십을 모색해 보고자 한다.

하지만 이 장에서는 다양한 상황에 처해 있는 중국 선교에 있어서 56개 소수 부족에 대하여 세부적으로 다루지 않으며, 중국 한족을 중심으로 종합적이고 개괄적인 논의와 평가를 하여 한족 선교가 중국 복음화에 미치는 영향에 대하여 설명하였다.

2. 중국 기독교 역사

1) 중국 기독교의 이해

영국의 역사가 토인비는 일찍이 21세기는 중국의 세기가 될 것이라고 예고하였는데, 인구 13억의 거대한 중국은 세계 정치는 물론 기독교 선교 역사의 초점이 되고 있다. 1979년 가을 덩샤오핑이 중국에서 종교 정책 개방을 취한 이후 서구의 많은 선교 단체들은 서로 앞다투어서 중국 선교를 비밀리에 진행하였고, 한국교회도 현재 많은 사람이 중국 선교를 시도하였다. 그러나, 한국교회의 중국 선교는 반성을 요하는 많은 문제점이 있다. 현재 중국 한족교회와 선교를 이해하기 위해서 중국 기독교를 이해하려고 한다.

중국과 기독교의 관계를 역사적으로 정확하게 추측하기란 결코 쉬운 일이 아니다. 중국의 기독교 선교는 대체로 4단계로 구분할 수 있다.

첫째 단계, 당나라 때 경교 선교로 시작한다. 505년에 네스토리우스파의 수도승들이 중국에서 선교를 시작했으며,[4] 페르시아에서 발전된 경교는 실크로드를 통해서 전통적인 기독교와는 전혀 다른 교리 체계로 7세기 당나라 때에 전래되어 잠시 동안 중국에서 번창하였으나 외국 종교라는 인식 때문에 뿌리를 내리지 못하고 심한 박해 시기를 지나 사라지게 되었다.[5]

경교의 신앙은 하나님을 하늘과 땅과 바다를 창조하신 하나님으로 그리고 그의 형상으로 인간을 만드시고 모세를 통해 율법을 주시며 선지자들에게 영을 부어주시며 마지막으로 세상에 그리스도를 보내심을 말한다. 죽은 자의 부활과 세례의 신비를 믿으며, 신의 어머니로서 마리아를 경배하며 신상을 배격한다. 아울러 연옥설을 반대하면서도 죽은 자를 위하여 기도한다. 성찬에서 그리스도의 실재적 임재를 믿으며 교회 조직은 성직자를 8직분으로 분류한다.

둘째 단계, 몽골 때의 서구 선교이다. 당나라 때 경교 선교 이후 11세기와 12세기에 중국의 북부와 동부 해안 지방에 신자가 있었던 것으로 전해지나, 그 세력은 미미하여 중국 사회에 거의 영향을 미치지 못하였다.

셋째 단계, 16세기 예수회 선교회에 의해 재개되었다. 예수회 선교사 프란시스 자비에르가 일본에서 몇 년 동안 선교 활동을 하다가 일본의 복음화를 위해서 중국을 먼저 영적으로 정복해야 한다는 판단을 하게 되었다. 그 이유는 일본의 모든 문화가 중국에서 연유한 것을 알았기 때문이다. 그

---

[4] 아더 J. 브라운, 「한. 중. 일 선교사」, 177.
[5] Mary Chung, "중국에서의 기독교 선교의 반성과 도전," 89.

리하여 그는 중국 선교를 시도하였으나 뜻을 이루지 못하였다.[6]

1557년에 명나라 정부는 포르투갈 사람들에게 마카오에 거주하며, 장사를 하도록 허락하였고, 1574년에는 예수회의 알렉스 발라나노가 마카오에 신학교를 설립하였다. 1582년 마테오리치가 마카오에 도착하였고, 광주 가까운 곳에서 거주하면서 선교 사역을 할 수 있도록 정부로부터 허락을 빋았다. 그는 1601년에는 명나라 정부로부터 북경에 선교부 개설을 허락받았지만, 1610년 북경에서 사망하였다.[7]

중국은 아편 전쟁을 통하여 서구 열강과의 싸움에서 패하자 억지로 문호를 개방하게 되었고 여기에 서양 선교사들이 따라왔다. 이 때에 처음 들어온 선교사는 스코틀랜드 장로교 선교사 로버트 모리슨이다. 그는 중국어 문법 사진을 편집하였고, 성경을 번역하여 보급하였다.[8]

넷째 단계, 그 뒤를 이어 칼 구츨라프, 허드슨 테일러 등 많은 선교사가 중국에서 복음을 전파하였는데, 19세기 말에는 그 수가 무려 1,300명이나 되었다. 개신교 선교가 의료, 교육, 문화 등에 끼친 영향은 지대하다. '선교의 위대한 세기'인 19세기 서구 기독교는 '너도나도 식'의 경쟁으로 중국 선교에 참여하였다. 미국과 유럽의 대부분의 교단들과 초교파 선교회들은 중국에 선교사를 파송하거나 간접 선교에 참여하여 중국은 서구 선교의 경쟁 터전이 되었다.[9]

1913년에 학생 자원 운동을 일으킨 존 모트(John R. Mott)가 중국을 방문

---

[6] 아더 J. 브라운, 「한·중·일 선교사」, 178
[7] 장훈태, 『국제 정치 변화 속의 선교』, 88.
[8] 장훈태, 『국제 정치 변화 속의 선교』, 89.
[9] 전호진, 『아시아 기독교와 선교 전략』 (서울: 도서출판영문, 2003), 115-117.

하기도 하였고, 1922년에는 중국교회 협의회가 창설되었으나, 중국 내 학생들의 반기독교적 동맹이 결성되면서 다수의 선교사들이 떠나기도 하였다. 그러나, 1927에서 1939년 사이에는 중국 북부와 중앙 남부에서 부흥운동이 크게 일어났다. 이때 존 성, 앤드류 지, 르란드왕, 위치만니, 왕 밍다오 등의 대부흥 전도자들이 출현하기도 하였다.[10]

1949년 중국이 공산화됨으로 중국의 기독교는 억압과 고난의 험한 여정에 들어가게 된다. 조나단 차오는 공산화 때부터 개방화 때까지의 중국교회를 시련기의 교회(1949-1958), 탄압받는 교회(1958-1966), 고난 중의 교회(1966-1976), 소생하는 교회(1976-1980)로 구분한다. 개방화 이후 중국의 교회는 다섯 가지 집회 형태로 분류하였다.

① 자기의 신앙을 남에게 전혀 공개하지 않는 개인형 신자
② 온 가족이 같이 기도하고 예배드리는 가족형 교회
③ 친척들이 같이 모여 기도하고 예배드리는 친척형 교회
④ 예수를 믿는 소그룹이 모이는 그룹형 교회
⑤ 수백 명이 모이는 대교회

그러나, ①-④의 형태는 공인교회에 참여하기를 거부하는 신자들로서, 어떤 점에서 이들이 순수한 신앙의 하나로 말한다. 초기 단계는 공인교회와 '지하교회' 간에 갈등이 있으며, 3자 애국 운동에 가담하지 않은 많은 성도와 지도자는 투옥과 핍박을 받았다. 개방을 전후하여 중국의 교회는 영적 생명력을 나타내고 고난 중에도 교회는 급성장하였다. 개방 전후의

---

10   장훈태,『국제 정치 변화 속의 선교』, 89.

가정 교회에 대하여 로렌스는 사도행전의 교회, 즉 배우는 교회, 기도하는 교회, 이적이 역사하는 교회, 하나님께 찬양하는 교회, 전도하는 교회, 성장하는 교회라고 높이 평가한다.[11]

2) 중국 기독교 역사에 나타난 문제

중국 기독교 학자인 린찌핑(Lin Zhi Ping)과 차쉬지에(Cha Shi Jie)는 다음과 같은 문제점 등을 지적하고 있다.[12]

(1) 문화적 갈등

대부분의 선교사들은 중국 문화에 관한 이해가 부족하여 결국 문화적인 갈등을 가져올 수밖에 없었다. 서구 선교사들은 중국 문화 안에 있는 긍정적인 것보다는 오직 이방인인 중국을 구속하고 있는 미신적인 것과 후진적인 요소들만 보았다. 그들은 중국을 이러한 것으로부터 해방해야 한다고 느꼈고 또한, 그리스도 안에서 기독교적인 문화를 따름으로 얻는 자유함을 중국인에게 찾아주어야 한다고 느꼈다. 더욱이 그들은 서구 문명이 모든 면에서 중국 문명보다 우월한 것이며 중국이 서구와 같은 현대화의 길로 나가야 한다고 믿었다. 어떤 선교사들은 현대화를 통해 중국을 문명화해야 한다고 느꼈다. 이런 관점에서 보면 문화적 충돌은 불가피한 것이다.

---

[11] 전호진, 『아시아 기독교와 선교 전략』, 130-131.
[12] Mary Chung, "중국에서의 기독교 선교의 반성과 도전," 90-93.

(2) 문화적 지배

난징 조약 후 개신교 선교사들이 무장 선박과 함께 들어와 중국 관리 눈에는 기독교가 중국 국가의 존엄성과 명예에 수치심을 주는 심각하고 불평등한 것으로 인식하게 되었다. 기독교는 문화적인 지배와 제국주의 수단으로 여겼고 회심하는 것은 중국인의 정체성과 문화를 버리는 문화적인 탈구 현상으로 인식하게 되었다. 반유교적이고 명예감과 성구별을 통한 윤리적인 예절을 무시하는 것으로 인정하게 되었다.

(3) 중국 문화와 공동체의 결속에 대한 거부

중국인은 집단 중심적인 생활을 하며 공동체의 우상 숭배 축제를 통해 함께 어울리는데, 회심자가 그런 제의에 참석지 않는 경우 이것을 중국 전통과 관습을 거부하는 것으로 여겼고 관계의 결속을 해치는 것으로 이해했다.

(4) 과학의 진보와 실용주의와 물질주의의 장애

서구 현대 교육이 지식인을 양성하고 배출하므로 과학이 근대화의 첩경이라고 생각하게 하였으며 새로운 지식을 추구함에 버트런드 러셀(Bertrand Rusell), 존 듀이(John dewey)와 같은 무신론자의 영향을 받게 되었다. 무신론자의 능한 언변이 중국 지식인에게 영향을 주었다. 무신론 중국 지식인들은 기독교야말로 중국이 과학과 실용주의와 물질주의를 통한 진보를 이루는데 장애가 된다고 보았다.[13]

---

13 Mary Chung, "중국에서의 기독교 선교의 반성과 도전," 94.

3) 1949년 공산화 이전의 중국 기독교 선교의 평가

1949년 공산화 이전까지의 중국 선교를 우리는 어떤 관점에서 평가할 것인가?

중국 한족 선교를 논의하기 위해서는 먼저 과거 중국 선교의 역사적 배경을 토대로 이해해야 한다. 지금 중국의 교회는 제한된 자유 속에서 다른 나라와의 접촉을 제한한 채 기독교의 '중국화'를 요구하고 있다.

그러면 중국 정부는 왜 교회의 세계성과 보편성을 외면하고 중국을 위한 중국인의 교회를 강요하는가?

첫째, 기독교를 외세의 앞잡이로 간주하기 때문인데, 이것은 서구 선교에도 책임이 있다. 중국 선교는 처음부터 여러 가지 어려움으로 시작하였다. 현대 교회 성장 이론을 적용하여 말하자면 중국이라는 밭은 수용성이 약하였고, 오히려 기독교에 대한 강한 거부 반응이 강하였다. 1980년 파타야 대회는 복음에 대한 중국의 저항성을 역사, 문화, 선교 전략의 3요인을 지적하였는데, 역사적 요인으로서 기독교가 서구 식민주의, 즉 제국주의의 힘의 논리인 '대포 외교'(gunboat diplomacy)의 물결을 타고 들어왔기 때문이라고 하였다.[14]

둘째, 중국 선교가 실패한 중요한 원인으로 기독교를 외국 종교로 만들고 외국 자금에 의존한 데 있다. 한국교회는 처음부터 네비우스 정책에 의해 토착 교회 원리를 실천하여 성장하였으나 중국은 예배 의식, 건물 등을 서양식으로 하였으며, 전도자를 선교사의 자금으로 고용하였으며 중국인

---

[14] 전호진, 『아시아 기독교와 선교 전략』, 125.

지도자를 세우는 데 인색하였다. 이리하여 중국에서는 신자가 되면 중국인이 아닌 외국인 냄새를 풍기게 되었다.[15]

셋째, 중국 선교의 실패를 초래한 선교 전략적 요인으로 신학 사상을 들 수 있다. 팔머 교수는 한국 선교와 중국 선교의 비교 분석에서 한국교회는 처음부터 보수주의 신앙의 선교사들이 개인 구원의 복음을 전한 반면, 중국 교회는 허드슨 테일러 같은 엄격한 근본주의와 디모데 리차드 같은 사회 구원의 자유주의가 공존하였다. 허드슨 테일러는 기독교 복음을 서구 세속주의와 혼합하지 아니하고 하나님의 말씀의 능력에 의존하였다. 반면 자유주의는 개인 구원보다는 사회 변화에 더 치중하였다. 팔머 교수에 의하면 사회 변화의 방법이 오히려 선교 실패의 요인이라고 지정한다.

넷째, 중국 선교는 처음부터 중국의 '자부심' 때문에 장벽에 부딪쳤다. 중국은 오랜 문화와 역사에 대한 자부심이 대단한 나라이다. 이러한 자부심 때문에 외국 문화와 사상에 대해 강한 거부 반응을 표시하였다. 자부심이 강하다는 것은 장점도 되지만 지나칠 때는 교만이 된다. 거기에다 보수적인 유교 사상이 기독교 선교에 도전이 되었다. 제사와 가족 중시의 사회 제도 및 현실 위주의 사상은 선교를 더욱 어렵게 만들었다.

다섯째, 중국은 기독교가 들어온 직후 또한 진화론, 유물론 사상, 계몽주의, 과학주의 등 반기독교적 세속주의가 들어와 지식인들과 청년들에게 어필하였다. 19세기 후반기 중국 사회는 근대화에 대한 강한 열망이 있었는데 중국 사회의 많은 사람은 기독교를 통하여 근대화를 추구하기보다는 서구의 세속주의와 유물주의를 대안으로 채택하였다. 20세기 초기에 일어난 5·4운동은 민족주의, 민주주의, 과학 정신의 영향을 받은 것인데, 이 또한

---

15 전호진, 『아시아 기독교와 선교 전략』, 126.

반기독교 운동이며 유교도 신랄하게 비판하였다. 한국은 기독교가 근대화에, 교량 역할을 한 것으로 평가되는 데, 반대로 중국은 기독교를 근대화의 장애로 간주하였다.[16]

여섯째, 중국 선교의 대표적인 문제로 지적하는 것은 '쌀 신자'(Rice Christian)이다. 선교사들이 가난한 중국인 초신자들에게 쌀을 줌으로써 신자가 되는 것은 곧 쌀을 얻는 것이라는 물질적인 동기로 인하여 과거 중국 선교는 실패한 것으로 분석한다. 이러한 쌀 신자의 폐단 때문에 네비우스는 산둥성에서 철저하게 자립 원리를 강조하였다. 그런데 현재도 한국교회나 일부 선교사들은 중국에서 물량 공세로 인하여 새로운 쌀 신자를 만들 가능성을 가지고 있다.[17]

3. 중국 한족 선교와 중국 복음화

1) 중국 한족 선교의 이해

현대 선교의 흐름과 동향을 살펴보면, 선교의 패러다임 변화가 비서구

---

[16] 장훈태,『국제 정치 변화 속의 선교』, 94-95. 장훈태 교수는 선교사들이 중국에서 활동하는 동안 반선교 운동으로 인해 어려움을 겪었다고 설명하고 있다. 중국 사회의 전통과 관습, 선교사의 특권 의식, 중국 사회의 이해의 부족, 또한 아편과 선교, 양주 사건, 천진 사건 등의 반응이 나타났다. 그러한 성격은 태평천국의 난, 의화단 사건, 5.4운동, 비기독교 학생 연맹, 5·30 사건 등이다. 서구 선교사들의 전략적 미숙은 중국 선교의 흐름을 방해하였다. 선교와 정치 문제, 중국 문화의 몰이해, 신학 논쟁 등이 선교의 장애가 되었다.

[17] 전호진,『아시아 기독교와 선교 전략』, 126-130.

세계로 이동하고 있다.[18] 중국이 선교의 패러다임 중심에 서서 새로운 시대를 맞이하고 있다. 중국 정부는 외부인에 의한 기독교 선교를 금지하고 다만 물질 제공은 '애덕 기금 위원회'(Amity Foundation)를 통하여 창구를 일원화하고 교회 기구적으로는 삼자 애국 운동[19]과 관계를 수립하는 정도만 허용하고 중국인에 의한 중국교회의 건설을 표방한다.

이러한 금지 조치에도 불구하고 많은 서구인은 여러 명목으로 중국에 들어가서 비밀리에 선교 활동을 전개한다. 중국 선교를 가장 복잡하게 한 교회들은 한국교회로 알려질 정도이며, 중국 정부는 공식으로 유감을 표시하였다. 먼저 우리는 중국 선교를 위하여 다음 사항을 신중하게 고려해야 한다.

첫째, 중국 한족 선교는 중국교회를 올바르게 이해하는 것에서부터 시작된다. 중국교회는 크게 삼자교회와 가정교회로 구분할 수 있다. 삼자교회는 일반적으로 삼자 애국 위원회가 주가 되어 정부에 등록하는 교회로 때로는 정부의 지도, 간섭을 받는 교회라고 볼 수 있다. 반면에 가정교회는 일명 지하교회 혹은 광야교회로 불린다. 지금의 중국 선교는 80% 이상이 조선족 선교에 밀집되어 있을 뿐만 아니라, 가정교회 중심으로 밀집되어 있다.

중국교회를 이해하는 데 가장 큰 장애 요인은 편견을 가지고 삼자교회와

---

[18] 전석재, 『21세기 세계 선교 전략』 (서울: 도서출판대서, 2010), 85.
[19] 장훈태, 『국제 정치 변화 속의 선교』, 96. 장훈태 교수는 중국 교회의 신학적 근간으로 삼자 애국 운동을 이해할 필요가 있다고 설명한다. 삼자 운동은 "나라 사랑, 교회 사랑, 자치 자양 또 자전 중화 신도 단결하여 거룩한 교회 건설"을 지향하는 것을 말한다. 이것이 "삼자 애국 운동의 노래이다"라고 설명하고 있다.

가정교회를 보는 것이다. 삼자교회든 가정교회든 편견을 갖고 바라보기 때문에 중국교회의 상황과 필요를 정확하게 파악하기 힘든 것이다. 중국 선교를 이해하기 위해서는 삼자교회나 가정교회 중 한쪽만을 인정하려는 것은 위험한 시각이다.

둘째, 중국은 지금 종교의 자유를 허용하고 더 합법화하면서도 또 다른 한편으로는 억압과 박해를 계속하는 양면성을 보인다. 중국 선교의 난제는 1994년 2월 5일 제정되고 공포된 새 종교법이다. 이 종교법은 사회주의 법제화의 일환이다. 즉, 당과 종교의 분리이고, 다양한 종교 활동으로 인하여 야기되는 종교 문제를 처리하기 위한 조치이며 해외의 많은 종교 단체가 중국에 들어와 독자적인 집회와 활동을 하여 비정상적인 가정교회와 관계를 가지므로 이를 차단하기 위한 수단으로 본다. 즉, 통제와 단일화의 조치가 주목적이다.

이 법은 삼자교회는 유익하나 등록되지 않은 가정교회는 오히려 불리하게 작용할 수 있다. 종교법에 대해 중국의 왕쓰웨 전도사는 당시 한국교회를 방문하여 이 법으로 인하여 가정교회는 앞으로 핍박이 예견된다고 하면서 심각한 우려를 표하였다. 또한, 정부나 삼자교회와 관련을 맺지 않은 교회나 선교가 선교하는 것은 불법으로 간주되기 때문에 처벌이 불가피하다.

중국의 가정교회는 기하급수적으로 성장하고 있지만, 문제점도 있다. 신자의 80%가 농민이고, 90%가 비지식층이란 점이다. 물론 지식층과 상류층 사람이 전혀 없는 것은 아니지만, 이들은 공개적으로 신앙을 표현하지 않으며, 여기도 지도자의 부족으로 체계적인 신앙 훈련이 없기 때문에 비합리적 신앙 형태가 나타나고 있다.[20]

---

20 전호진, 『아시아 기독교와 선교 전략』, 135-139.

셋째, 현재 중국 정부의 교회 정책은 집중화를 통한 통제의 효율성이다. 중국은 대도시나 지방에 하나의 교회만을 허용함으로 지역의 신자들이 주일 낮 예배에 집중하게 하고, 저녁에는 관역별로 소위 처소 예배를 허용한다. 그리하여 한국교회나 해외교회에 교회 건축에 원조를 부탁한다.

이러한 정부의 정책에 대하여 가정교회 신자들은 대단히 불만이다. 한화로 수백만 원이면 하나의 가정교회를 세울 수 있는데 구태여 수억대의 돈을 들여서 큰 교회를 세우는 것을 바람직하지 않다고 생각한다. 이것은 가정교회 신자들의 정부에 대한 불신을 의미하지만 동시에 한족의 중국교회를 지원하는 데 대하여 못마땅해하는 눈치이다.

넷째, 중국 선교의 다른 시각은 중국의 어떤 교회와 유대 관계를 유지하느냐이다. 법적으로는 삼자교회만이 인정을 받으며, 가정교회는 부분적으로 통제와 억압을 받고 있다. 물론 지역에 따라서 상황이 다르다. 중국이 개방된 직후, 해외의 교회는 비공인 교회를 더 인정하고 이들과 비밀스러운 관계를 시도하였다. 그러나 거기에는 어려운 점이 있다. 지난 30-40년간 중국에서는 회심 운동으로 중국교회의 부흥이 일어나고 있다. 이러한 엄청난 성장은 공식적인 교회보다 비공식적인 교회의 현상이다.

중국이 종교적으로 자유 국가가 아니기 때문에 기독교인들의 사역은 제한되고 정부의 종교국의 감시 아래 있다. 삼자교회에 속한 공식 교회와 비공식 교회와는 많은 이유로 인해 서로 신뢰를 하지 않기 때문에 불편한 관계 속에 있다.[21]

---

21 Mary Chung, "중국에서의 기독교 선교의 반성과 도전," 99.

중국교회에 대하여 하워드 스나이더(Howard A. Snyder)[22]는 『21세기 교회의 전망』에서 21세기 세계교회의 10가지 주요 동향 가운데 중요한 관점은 중국이 '공산주의 국가에서 많은 기독교의 성장으로 기독교 국가'로 변화해 갈 것이라고 주장하였다. 스나이더는 '중국이 기독교가 끊임없이 성장하게 될 것'이라고 보는 근거로써 무엇보다도 공산 치하에서 보인 중국교회의 경이적이고도 건실한 성장을 손꼽는다. 그러면서 스나이더는 21세기 중국교회가 세계교회에 미칠 영향을 이론적인 측면에서 다음과 같은 구체적인 전망을 하였다.

① 중국의 그리스도인들이 세계교회의 성장률을 결정할 것이다.
② 중국교회는 중국이 새로운 사회 질서를 신설하는 데 중요한 공헌을 할 것이다.
③ 중국교회는 세계교회의 새로운 활력과 리더십, 그리고 조직 구조의 출원지가 될 것이다.
④ 중국교회는 세계교회의 신학과 자기 이해에 주된 공헌을 하게 될 것이다.[23]

---

[22] 하워드 A. 스나이더는 현재 캐나다 틴데일신학대학원 선교와 교회 갱신 석좌 교수로 있으며, 전에는 애즈베리신학대학원 교회 갱신과 선교학 교수로 재직하였다. 대표작인 『새 포도주는 새 부대에』를 포함하여 수십 권의 선교와 교회 갱신에 관련된 책을 서술하였다.
[23] 정현진, "향후 10년과 중국교회" 「중국을 주께로」 (1995) 11, 12월 (중국어문선교회), 7-10.

2) 삼자교회(three-self church)를 통한 중국 한족 선교

삼자교회 교세에 대한 정확한 통계는 없지만, 중국 기독교 협회가 발표한 중국 삼자교회의 통계를 보면, 교회 수는 3만7천 개(농촌 지역 2만2천 개 포함), 교인 수는 1천6백만 명이다.[24]

(1) 삼자교회의 생성

19세기 초부터 이루어진 중국 선교가 당시 중국의 극심한 경제적 피폐함 가운데서 점차 물질적인 지원을 강조하게 되어서 마침내는 교회에서 주는 보조금 때문에 신앙생활을 하는 그리스도인들(rice christians)을 양산하는 문제가 생기게 되었다. 이러한 당시의 배경에서 영국 성공회선교협회(Church Missionary Society, CMS)의 총무였던 헨리 밴과 미국의 북미주해외선교회(American Board of Commissioners for Foreign Missions, ABCFM)의 총무였던 루푸스 앤더슨에 의해서 토착교회 설립 전략이 드러나게 되었다.

토착교회 설립 전략은 이전의 선교 기지적 접근 전략의 문제점을 인식하고 이 접근 전략을 떠나서 현지인들 중심의 교회를 설립하려는 전략이었다.[25] 이들은 토착교회의 핵심 개념으로 자양(自養), 자치(自治), 자전(自傳)의 삼자 원리를 제시하였다.

자치(自治)란 중국 교회 관리에 있어서 제국주의와의 관계를 철저히 차단하고 중국인이 직접 중국교회를 관리해 나가야 한다는 원리이다. 자양(自養)이란 경제적인 면에 있어서 제국주의와의 관계를 철저히 단절하고 중

---

[24] 갈렙, 린센까오, "중국교회 현황과 21세기 선교 비전," 「중국교회와 선교」, (2006) 13호, 118.
[25] 이현모, 『현대 선교의 이해』 (대전: 침례신학대학교출판부, 2003), 267-268

국인이 직접 중국교회의 경제를 담당해야 한다는 원리이다. 자전(自傳)이란 복음 전파 측면에서 제국주의와의 관계와 제국주의의 잔재인 사상을 철저히 제거하며 복음을 중국인이 스스로 전하여야 한다는 원리이다.[26]

삼자교회는 이 삼자 운동의 목표로서 애국애교(愛國愛敎)를 항상 강조하는 데, 그들이 말하는 애국(愛國)이란 공산주의 정권을 지지하며 사회주의를 옹호하고 적극 건설하는 방식으로 국가를 사랑하자는 것이다. 애교(愛敎)는 그들이 원하는 바 삼자교회를 사랑하는 것을 통해 중국교회를 사랑하는 것을 말한다. 즉, 공산당과 공산당 정부의 종교 정책을 철저히 시행해 나가는 방법을 통한 애교(愛敎)를 의미한다.[27]

삼자교회는 1949년 10월에 중국 공산당이 건국을 하고 나서, 전체 중국을 통치, 장악하기 위해 통일전선(統一戰線, 줄여서 통전이라고 한다)의 방침을 채택하여, 사회 각 영역에 통전을 목적으로 한 군중 조직을 건립하였다. 오늘날 삼자교회는 바로 이런 중국 공산당의 일원화(一元化)된 당의 지도를 실행하기 위한 대중 운동의 일환인 '삼자 혁신 운동'(三自革新運動)을 통해 생겨났다. 삼자 혁신 운동의 목표는 정부의 지도를 받는 전국적인 성격을 띤 기독교 조직의 건립이었기 때문이다.

삼자 혁신 운동을 통해 결국 1954년에 '중국 기독교 삼자 애국 운동 위원회'(中國基督敎三自愛國運動委員會, 줄여서 '삼자회'라고 한다)가 건립이 되었다. 삼자교회는 전국적인 기독교 기구인 '삼자회'에 가입한 교회를 말한다.

중국 정부는 삼자 원칙에 따라 삼자 애국 위원회를 내세워 근본적으로 외국인들의 종교 활동을 통제하고자 하는 의도이다. 즉, 자양이란 현지인

---

26 김학관, 『중국 선교의 전망』(서울: 예영커뮤니케이션 2008), 80-81.
27 김학관, 『중국 선교의 전망』, 81.

교회가 선교 자금에 의존하지 않고 재정적으로 독립되어서 운영되어야 한다는 원리이며, 자치란 선교사들의 지도력을 벗어나서 현지인 지도력에 의해서 교회가 운영되어야 한다는 원리다. 자전은 현지인 교회 스스로가 선교사의 도움이 없이도 복음을 전파하고 증식할 수 있어야 한다는 것이다. 오늘날 삼자 원리는 모든 토착교회의 설립의 기초가 되고 있다.

(2) 삼자교회의 입장과 유형

① 삼자교회의 입장

삼자교회의 지도자들은 자신들의 신뢰성을 얻기 위해 세 가지 성명을 발표했다.

첫째, 그들은 자기네가 진정한 애국적 그리스도인들을 대표한다고 주장했다.

둘째, 삼자교회는 기독교가 서양 종교라는 낙인을 지워 냄으로써 신용을 얻어냈다.

셋째, 삼자교회는 자기네 조직을 통해서만이 옛 교회 건물을 개방할 수 있으며 성경 인쇄에 필요한 종이를 공급할 수 있으며, 기독교 서적 출판 허가를 얻을 수 있다는 사실을 지적했다.[28]

또한, 삼자교회가 그리스도인들을 전도하는 내용을 보면, 삼자교회는 중국에서 유일한 합법적인 교회로 국가의 보호를 받고 있으며, 대량의 성경,

---

28 데이빗 애드니, 『중국 선교』, 168-169.

찬송가와 영적인 서적들을 출판하고, 삼자교회 안에서 신앙이 순전한 많은 목사가 사역하고 있으며, 그리고 상당히 많은 해외 교회와 유명한 목사가 이 삼자교회를 인정하고 있다.[29] 이러한 전도의 내용들을 중심으로 그리스도인들에게 복음을 전하고 있다.

② 삼자교회의 유형

삼자교회라도 다 같지 않고 다양한 유형으로 존재한다. 최근의 삼자교회의 유형에 대해 다음과 같이 분류할 수 있다.

첫째, 날로 부흥하는 교회이다.

이런 교회의 특징은 집회나 사역자가 많고, 점차 큰 교회로 성장하면서 목회자 또한 풍부한 경험으로 열심히 성공적인 목회를 해 나간다. 절강성에 이런 교회가 많이 있다.

둘째, 황량형 교회이다.

교인 수가 오히려 감소하고 청년 신자가 거의 없을 뿐만 아니라, 선임 목회가 없거나 있어도 무자격자여서 교인들의 필요를 채워주지 못하는 경우가 대부분이다. 이런 유형의 교회는 주로 경제적으로 아주 어려운 내륙의 농촌 지역에 많다.

셋째, 보통형 교회이다.

부흥하는 교회와 황량형 교회의 중간에 있는 교회이다. 이러한 상황은 목회자의 부족이 주원인이다.

넷째, 애국 애족형 교회이다.

---

29 데이빗 애드니, 『중국 선교』, 169-170.

이러한 교회의 강단에서는 애국 교육을 목적으로 한 메시지가 공허하게 메아리치고 있다. 따라서 교인들의 영적 욕구에 부응하지 못하고 교인들을 종교적인 신도로 머무르게 한다. 이런 교회들이 적지 않다.

다섯째, 혼란형 교회이다.

성경 말씀에 온전히 선 목회자가 없거나 극히 적어 종종 성경 말씀에서 벗어난 내용을 가르치고, 극단으로 가기도 해 많은 혼란을 일으키는 교회이다.[30]

중국의 삼자교회는 원론적으로 볼 때 정부 중심의, 정부의 통제를 받는 교회임에 의심의 여지가 없다. 그렇다고 해서 삼자교회를 구원도 없는 잘못된 교회로 인식하여 일방적으로 매도해서는 안 되며, 삼자교회에 복음적인 교역자들과 신도들도 있다. 삼자신학의 영향을 받기 전에 복음적인 신앙을 갖게 되었거나, 삼자신학을 졸업한 후 어떤 획기적인 사건을 통하여 변화되었거나, 복음적인 선교사를 만나 제자 훈련을 받는 등 깊은 영향을 받았기 때문이다. 삼자교회의 지도자들을 만나보면 복음적으로 무장되어 바른 사역을 하려고 노력하는 목회자들이 의외로 많은 것을 알 수 있다.[31]

오늘날 중국의 삼자교회는 세대교체를 겪으면서 서서히 복음주의 교회로 전환하고 있다. 젊은 목회자들의 목회와 선교에 대한 열정이 지금 중국에서는 요원의 불길처럼 일어나고 있는 모습을 도처에서 발견할 수 있다. 지하교회 사역을 옹호 내지는 두둔하는 전문가들에 따라 삼자교회와 삼자

---

30 인병국, 『조선족교회와 중국 선교』 (서울: 에스라서원, 1997), 98-99.
31 최요한, 『중국 선교의 과제와 방향』 (서울: 기독교신문, 2005), 113.

교회 사역자들의 진면목이 가려지고 있다고 볼 수 있다.

지하교회에 대해 편협된 사고로 무조건 동정만 할 것이 아니라, 중국 정부가 인정하는 삼자 교회와 교회의 상급 치리 기관인 양회(삼자 애국 위원회, 기독교 협회)를 통한 선교적 협력 방안을 모색해야 할 시점이다.[32] 삼자교회와 교류하고 협력하는 것이 중국 선교의 기회를 활용하는 것이다. 삼자교회와 교류하고 협력하는 것을 금지할 필요는 없다. 그러나, 그들의 통전 전략을 정확하게 간파하고 삼자교회와 교류하고 협력하는 것의 실상을 확실히 알아야 한다. 또한, 협력하려는 삼자교회 교역자의 노선을 정확하게 간파해야 실책을 줄일 수 있다.

삼자교회와 교류하고 협력하는 것은 나름대로 의미가 있다. 삼자교회와 협력하여 성경과 신앙 서적을 출판하는 '애덕 기금회'의 역할도 필요하고, 평신도 사역자 훈련과 신학 교육 신앙생활에 필요한 서적을 출판하는 '홍콩 복음 증주 협회' 등의 사역도 가치가 있다. 그런 기회를 삼자교회와의 협력이라 하여 거부한다면 그를 통하여 삼자교회는 물론 가정교회에 성경과 신앙, 신학 서적을 공급할 수 있는 길이 차단되는 것이다.

한국교회가 삼자교회에 교회를 지어주고 삼자신학교 건축과 운영을 후원하고 신학생들의 장학금을 후원하는 것도 의미 있는 일이다. 삼자교회와 공개적인 교류를 하는 것도 긍정적인 영향을 주고 있지만, 공개적으로 교류하고 협력할 때 통일 전선 전략에 이용당하지 않도록 주의하고 가정교회에 피해가 가지 않도록 주의가 요청되고 있다.

삼자교회의 여러 가지 유형을 가지고 있지만, 무엇보다 중요한 것은 삼자교회의 신학을 바로 세우는 것이다. 장훈태 교수는 삼자교회에서 중요한

---

[32] 최요한, 『중국 선교의 과제와 방향』, 137.

것은 중국의 변화와 더불어 기독교 지도자들의 인식 변화는 정치적인 토착신학으로서 삼자신학을 형성하게 되었다고 역설하고 있다.

중국 삼자교회신학은 성경의 권위, 삼위일체 등에 대하여 보다 분명한 입장 표명과 신학 교육이 절대적으로 요청된다고 설명하고 있다.[33] 중국 삼자교회가 성경적인 권위와 삼위일체 등 신학적인 정립을 통하여 한족 선교를 책임지고 감당하여야 한다.

(3) 독자적인 가정교회[34]를 통한 중국 한족 선교

중국의 독자적인 가정교회는 21세기에 들어 격변의 시기에 있다. 가정교회들은 격변하는 시대 속에서 하나님의 역사적인 섭리를 깨닫기 위해서 노력하고 있다. 현재 상당수의 가정교회들은 전환기에 들어가고 있다. 전환기에 들어선 가정교회들은 사사의 전환, 조직의 전환, 교육과 훈련의 전환, 해외교회들의 자극에 대한 응전으로서의 전환 등을 요구하고 있다. 따라서 전통적인 가정교회에서 벗어나 독자적인 가정교회로 나아가는 사례들이 늘어가고 있다.

독자적인 가정교회의 출발은 모호하다. 중국 최근 상황에 따라 자연스럽게 형성된 교회로 그 출발은 소수가 모인 가정교회로부터 출발한다. 처음에는 어떠한 지도자나 인도자가 있는 것이 아니라 필요와 상황에 따라 인도자가 생기고, 그에 따른 적합한 리더가 세워진다.[35]

---

[33] 장훈태, 『국제 정치 변화 속의 선교』, 102.
[34] 최정아, "선교적 관점에서 본 중국 독자적 가정교회의 활성화 방안에 관한 연구," (서울신학대학교, 박사학위 논문, 2012). 86. 현재 최정아 선교사는 실제로 중국에서 여러 가정 교회를 담임하고 있다.
[35] 최정아, "선교적 관점에서 본 중국 독자적 가정교회의 활성화 방안에 관한 연구," 88.

독자적인 가정교회는 도시 지역에 많이 분포되어 있다. 독자적인 가정교회의 형태는 다양한 지역에 따라 조금씩 차이가 있겠지만, 대체로 세 가지 유형으로 볼 수 있다.

첫째, 독자적인 소형 가정교회이다.

소형 가정교회는 30명 이하로 모여 말씀을 나누는 유형이다. 삼자교회에서 나와서 독자적인 가정교회를 구성하기도 하고, 기존 교회에서 개척하는 경우도 있다.

둘째, 독자적인 중형 가정교회이다.

구성원의 규모는 100-1,000명이며, 빌딩, 단독 건물 등에서 모임을 가고 있다. 독자적인 중형 가정교회는 정부의 간섭 속에서도 흔들리지 않는 신앙의 터전 위에서 지속해서 성장하고 있다. 시대의 흐름을 따라 도시화가 되면서 독자적인 소형 가정교회가 독자적인 중형 가정교회로 발전해 간다.

셋째, 독자적인 대형 가정교회이다.

인원수는 1,000-10,000 이상의 규모를 가지고 있으며, 한 예배당에서 함께 신앙생활을 하는 것이 아니라 각 처소와 가정에 분포해서 예배를 드리고 있다.[36]

현재 독자적인 가정교회의 비공식 통계에 의하면 비등록 독자적 가정교회는 삼자교회의 5배 이상이다. 이러한 독자적 가정교회 수는 18만 5천 개, 교인 수는 8,350만 명으로 추산된다는 것이다. 그리고 교인 수는 많게는 1

---

36 최정아, "선교적 관점에서 본 중국 독자적 가정교회의 활성화 방안에 관한 연구," 89-90.

억 2천만 명에 이른다.[37] 독자적인 가정교회는 중국교회의 대다수이다. 다음에서 독자적인 가정교회의 특징을 보면 다음과 같다.

① 토착적이다. 기구나 조직에서 미가입 상태이며, 해외교회와의 형식적인 관계가 없다.
② 가족 단위에 기초한다.
③ 불필요한 것들을 제거했다. 교회의 부수적인 모든 것들이 없다.
④ 그리스도의 주되심을 강조한다.
⑤ 하나님의 통치하심을 확신한다.
⑥ 하나님의 말씀을 사랑한다.
⑦ 고난으로 정결케 되었다.
⑧ 열심히 전도한다.[38]

이러한 독자적인 가정교회의 특성 때문에 성장하고 부흥하고 있다.
하지만, 독자적인 가정교회는 지도자들의 정규 신학 훈련과 삼자교회와의 신앙적 갈등 해소를 통한 협력 관계 구축, 다음 세대를 위한 인재 양성이 절실히 요청되고 있다. 독자적인 가정교회를 위한 문서 보급과 정기적인 컨퍼런스, 교회와 사회에 대한 바른 이해를 할 수 있도록 돕는 일이 필요하다.[39]

---

[37] 갈렙, 린센까오, "중국교회 현황과 21세기 선교 비전," 「중국교회와 선교」, 118.
[38] 데이빗 애드니, 『중국 선교』, 165.
[39] 장훈태, 『국제 정치 변화 속의 선교』, 104.

4. 나가는 말

현재 중국 선교에 대한 다양한 접근 방법과 여러 가지 문제점이 있음을 알 수 있다. 우리가 중국 선교를 시행할 때, 현지 문화와 상황을 이해하지 못하고, 또한 선교 정책과 전략의 부재 속에서 선교사를 파송하고 있고, 물량주의 선교와 제국주의적인 군림의 자세로 선교를 하고 있다. 여기에 대한 뼈아픈 반성이 선행되어야 한다. 무엇보다 현재 중국 한족 상황에서 선교를 위하여 절대적으로 염두에 두어야 할 사항이 중국의 종교 정책, 삼자교회에 관한 것, 독자적인 가정교회의 실태이다. 이러한 상황을 염두하면서 중국 한족 문화, 그들의 종교, 계층 등을 고려하여서 적절한 선교 정책과 전략을 세워나가야 할 것이다.

중국의 한족 선교를 통한 중국 복음화를 위해서 제언하고자 하는 것은 다음과 같다.

중국 한족 선교 현장과 상황에 따라 실행되는 선교 전략이다. 이러한 선교 전략은 삼자교회와 가정교회가 연합, 동맹, 그리고 협력을 한다면 보다 실질적이고 효과적인 선교의 결과를 낳을 수 있을 것이다. 21세기 중국 한족 선교에서 발전하고 관심을 가져야 할 형태는 비즈니스 선교와 비정부기구(NGO) 선교이다.

비즈니스 선교[40]는 선교의 목표를 이루기 위하여 중요한 플랫폼(platform)이다. 비즈니스 플랫폼은 가장 뛰어난 효과를 보임에도 불구하고, 가장 개발이 안 된 플랫폼이다. 선교 전초 기지로 접촉점을 가지고 다가갈 수 있는

---

[40] Tetsunao, Yamamori, *On Kingdom Business* (Weaton, IL: Crossway Books), 2003. 비즈니스 선교에 대한 상세한 전략과 방법을 제시한 저서이다. 최형근, 『킹덤 비즈니스』 (서울: IVP, 2010).

비즈니스 플랫폼은 선교사가 합법적인 사업가의 신분으로 비기독교인의 실생활에 접근하여 복음 전도가 가능하다.[41]

비정부기구(NGO) 선교는 국내의 기독교 비정부기구들과 중국의 기독교 NGO(애덕 기금회)[42] 간에 네트워크를 이루어 함께 연대와 협력 사역을 통하여 이루어진다면 보다 효율적인 선교를 이룰 수 있다.

---

[41] Michael Pocock, Gailyn V. Rheenen, Douglas McCoNNell, *The Changing Face of World Missions* (Grand Rapids, MI: Baker Academic, 2005), p.242.

[42] 임희모, "중국 기독교 NGO의 사회 봉사적 역할," 「선교신학」 제14집, (2007), 145. 애덕 기금회는 중국의 기독교 민간 단체(NGO)이다. 애덕 기금회는 동쪽 해안 지방으로부터 서쪽 내지 소수 민족에 이르기까지 교육, 맹인, 사회 봉사, 위생 및 농촌 개발을 위하여 1985년 설립된 중국의 기독교 민간 조직이다. 애덕 기금회는 상호 존중의 신앙 원칙을 가지고, 국내외 사람들과 친교를 도모한다.

참고 문헌

국내 도서

강성광. 『중국은 지금』 서울: 죠이출판사, 1995.
김학관. 『중국 선교의 전망』 서울: 예영커뮤니케이션, 2008.
김형철. "중국 선교 상황 고찰을 통한 한국교회의 선교 전략 연구." 아세아연합신학대학원, 선교학 전공 석사 논문, 1996.
이관숙. 『중국 기독교사』 서울: 쿰란출판사, 1995.
이병길. 『중국 선교의 어제와 오늘』 서울: 개혁주의신행협회, 1987.
이현모. 『현대 선교의 이해』 대전: 침례신학대학교출판부, 2003.
인병국. 『중국 선교 안개 걷기』 서울: 도서출판서역, 2001.
_____. 『한족 가정 교회와 중국 선교』 서울: 도서출판서역, 1996.
_____. "선교 중국에 쓰임 받으려면," 「중국을 주께로」 중국어문선교회, 2008년 11.12월호.
임희모. "중국 기독교 NGO의 사회 봉사적 역할: 북한에 주는 함의." 「선교신학」14집, 한국선교신학회, 2007.
장훈태. 『국제 정치 변화 속의 선교』 천안: 혜본, 2014.
전석재. 『21세기 세계 선교 전략』 서울: 도서출판대서, 2010.
전호진. 『아시아 기독교와 선교 전략』. 서울: 도서출판영문, 2003.
정현진. "향후 10년과 중국교회" 『중국을 주께로』 중국어문선교회. 1995년 11.12월호.
최요한. 『중국 선교의 과제와 방향』 서울: 기독교신문, 2005.
최정아. "선교적 관점에서 본 중국 독자적 가정 교회의 활성화 방안에 관한 연구." 서울신학대학교 박사학위 논문, 2012.
Chung, Mary. "중국에서의 기독교 선교의 반성과 도전." 「선교와 신학」 11집. 장신대 세계선교연구원, 2003.

번역서

데이빗 애드니, 데이빗. 『중국 선교』 김묘경 역. 서울: IVP, 1990.
브라운, 아더 J. 『한·중·일 선교사』 김인수 역. 서울: 쿰란출판사, 2003.

해외 도서

Pocock, Michael, Rheenen, Gailyn V., McCoNNell, Douglas. *The Changing Face of World Missions*. Grand Rapids, MI: Baker Academic, 2005.
Yamamori, Tetsunao. *On Kingdom Business*. Weaton, IL: Crossway Books, 2003.

용어 설명

중국 기독교 협의회: CCC(China Christian Council): 삼자 애국 운동 위원회의 자매 단체
중국 공산당: CCP(Chinese Communist Party)
공안국: PSB(Public Security Bureau, 경찰)
종교 사무국: RAB(Religious Affairs Bureau)
삼자 애국 운동: TSPM(Three-Self Patriotic Movement)
통일 전선 부문=통전부: UFWD(United Front Work Department)